武士道と男色物語

―『賤《しず》のおだまき』のすべて―

伊牟田經久

小径選書 5

はじめに

江戸時代の末期に鹿児島で作られた美少年物語が、新しい時代を迎えた明治初期の東京で、若者たちにもてはやされたことがある。森鷗外も読んだし、坪内逍遥や徳田秋声も手にした。その美少年の名は「平田三五郎」、物語の名は『賤《しず》のおだまき』という。

この物語は、戦国島津の時代、義久・義弘治世のころの話で、その内容は、美少年・平田三五郎宗次《むねつぐ》が武士の鑑《かがみ》と称えられた吉田大蔵清家《おおくらきよいえ》と義兄弟の契《ちぎ》りを結び、互いに文武両道に励み、終には慶長四年（一五九九年）の庄内の乱に二人うち連れて出陣し、「死なば共に」の約束どおり、先に討死した吉田の跡を追って三五郎も敵陣に駆け入り、義を貫き愛を全うした、というもの。そして、この『賤のおだまき』という書名は、古歌「古《いにしへ》のしづのをだまき（倭文の緒環）くりかへし昔を今になすよしもがな」に基づき、「昔を今に」という願望（この物語では平田三五郎の生きざまへの憧れ）を表している。

このような男どうしの愛（「男色《なんしょく》」とか「衆道《しゅどう》」などと呼ばれる）は、洋の東西を問わず古くからあったが、新しい開化思想や西欧化の風潮の世となると「旧弊」として否定されるようになる。しかし、古来の伝統や風習を大切にし、年長者（兵児二才《へこにせ》）が年少者（稚児《ちご》）をいたわり導くことを重んじてきた鹿児島では、それを認める風潮が残っており、堅い契りで結ばれた義兄弟の理想像として平田三五郎の物語が語り継がれていたのである。

そのような地方生まれの物語が、都から地方へという文化の流れに逆行するかたちで東京の若者たちに迎えられたのは、近世から近代へと移り変わる混沌たる時代のなせる業であったろう。新旧の思想や文化の相克する明治初期の世相の中で、開化・西欧化の新しい風潮を軟弱として反発し、戦国武士の義と愛に生きる男どうしの関係を純で美しいものとして憧れる若者たちに受け入れられていった。初めは貸本屋の写本や自分たちが手写した本で読んでいたが、やがて活字翻刻されるようになり、明治十七年（一八八四年）から二十年までの四年間に数種の本や新聞の連載が出されており、さらに広く多くの人々の知るところとなった。

しかし、その後は明治十七年の「叙」「跋」を持つ本を基にした大正五年（一九一六年）の刊本が出版されたのみであり、本を入手することも容易ではなくなり、本家の鹿児島でも知る人は少なくなってしまった。現在は、国立国会図書館のデジタルコレクションに収める明治時代に出版された五種の本を、比較的容易に見ることができるようになったが、その文章表現は古文を読み慣れていない人にとっては難解であり、ごく一部の関心を持つ人にしか知られていない状況にあった。

近年（二〇一七年）鈴木彰氏（現代語訳）と笠間千浪氏（解説・論考）によって『現代語訳　賤のおだまき』（平凡社ライブラリー）が刊行され、久しぶりにこの作品に光が当てられ、しかも平易に読むことができるようになったが、これは明治十七年の刊本に拠るものであり、鹿児島の古典文学の見直しを志してきた者にとっては、原文の正しい継承と味読、ならびに、この物語の成立・伝承の経緯の解明を進めたいという願いは、まだ果たされたとは言えない。幸いに今回その願いが実現されることになったのは誠に喜ばしい限りである。

本書は、三部から成る。まず初め（第一部）に『賤のおだまき』の現代語訳である「美少年・平田三五郎物語」を置き、広く多くの人々が平易にこの作品を味わえるようにした。次の第二部には、本文ならびに注を収めたが、この作品を本来の形で後世に遺せるように、現存する数少ない写本と明治・大正期に刊行された数種の本を校合・研究し、正しい本文を定めるとともに、今では難解になっている語句・表現の解明、典拠となった古典の探求に努めた。第三部は『賤のおだまき』に関する研究で、この作品が明治初期の多くの若者たちに迎えられた歴史的意義を考え、作品の成立（歴史的事件や人物を基にした民間のさまざまな伝承が精選されて一つの物語にまとめ上げられた過程）を考察し、文章表現の特徴（古典和歌の用語を巧みに利用した表現、辞書には見えない特異語や鹿児島方言など）を取り上げて解明した。本文についても、解釈や研究についても、なお明らかにしえないところも多々あるが、後考に俟つほかはない。

本書が成るに当たって、国立国会図書館・東北大学附属図書館・鹿児島県立図書館・鹿児島県歴史・美術センター黎明館・都城市立図書館・出水市歴史民俗資料館・財部郷土館ならびに野邉盛雅氏には貴重な資料の閲覧・利用をお許しいただき、橋口晋作・五味克夫・内倉昭文・高橋均・宮野直也・桐野作人・氏家幹人・鈴木彰・笠間千浪の各氏を初め、多くの方々に直接・間接の御教示を賜った。心より御礼申し上げる。

また本書が世に出ることができたのは、ひとえに鈴木彰氏のお力添えと小径社の稲葉義之社長の御尽力のおかげである。篤く篤く御礼申し上げたい。

目次

第二部『賤のおだまき』―本文・注―

第三部　『賤のおだまき』の世界

第一部　美少年・平田三五郎の物語

―『賤のおだまき』現代語訳―

【現代語訳に当たって】

「美少年・平田三五郎の物語」は、江戸時代の末期に鹿児島で作られた物語、『賤のおだまき』の現代語訳である。現代語訳に当たっては、『賤のおだまき』の本文（原文、第二部参照）に忠実であるように努めることは当然であるが、単なる直訳ではなく、現代語訳だけでも独立した物語として読めるようにするために、次のような処置をとった。

1 「物語」という名にふさわしく、語りの文体（デス・マス体）とした。

2 原文には切れ目なく続く長いセンテンスがあるが、読みやすくするために、途中で適宜文を切り、改めてつなぐようにしたところがある。また、話の展開を考えて、原文の語句や段落の順序を変え、前に移したり後に回したりすることがある。

3 原文の表現が言葉足らずで分かりにくい場合には、語句を補ったり説明を加えたりし、逆に重複または冗漫と思われる場合には語句を省略したところがある。

4 引歌表現や枕詞・掛詞・縁語など歌の修辞を用いた表現は、それを生かして訳すことが難しいので、現代語訳では文脈を追うことを主とし、修辞については第二部の【注】で指摘することにした。

5 原文の中には、地の文の敬語の用法に若干の不統一が見られる（第三部第四章の4、参照）が、現代語訳では平田三五郎や平田五次衛門尉らには敬語を用いないことで統一した。

6 原文中の人名呼称は多様である。平田三五郎を例にとれば、次のようになる（後に「公・様・殿」などの敬称がつく例を含む）。

平田三五郎宗次（一〇例）、平田三五郎（一一例）、平田宗次（一例）、三五郎（四八例）、宗次（八三例）、平田（六例）

しかもこれらが、「倉田軍平、後ろより三五郎を大抱きに抱きければ、宗次、心得たりと脇差を抜かんとするところを」（第二部の本文〔二の3〕）のように、異なる呼称を近接して用いることもあるが、現代語訳では、原則として次のようにした。

①手紙・会話・心中思惟での呼称は原文に拠る。
②平田と吉田の名のみの呼称には「三五郎」「清家」を用いる（ただし、二人が義兄弟の契りを交わすまでは、
　原文に「大蔵」「清家」とあっても「吉田」とする）。
③倉田軍平・尾上権六・石塚十助・伊集院忠真については原文に拠る。

7　原文では、会話文中の自称には「それがし」、対称には「君」を用いることが多いが、現代語の「君」とは語感が異なるので、武士らしさには欠けるが、「私（わたくし）」「あなた」を用いることにした。

序　死なば共に

「昨日《きのう》は今日《きょう》の昔」という言葉があるように、時の過ぎ去るのは早いもので、慶長四年（一五九九年）から五年にかけての「庄内の乱」は、すでに遠い昔のことになってしまいました。

庄内の乱のことは後で詳しくお話しすることになりますが、そのあらましは――日向国《ひゅうがのくに》都 城《みやこのじょう》の城主で島津の重臣であった伊集院忠棟《いじゅういんただむね》（幸侃《こうかん》）が薩隅日《さつぐうにち》三国の守護になろうと画策していることを知った島津忠恒公《ただつねこう》（義弘の子、のちの家久）は、慶長四年三月九日、京都伏見で手討ちにされた。これを恨んだ忠棟の子・忠真《ただざね》は十二の砦《とりで》を構えて反旗を翻したので、六月中旬に島津勢が庄内地方に攻め入ったが、忠真方も激しく抵抗し、翌年まで戦乱が続いた――というものでございます。

あの戦いの折には、まだ年少の若者から七十歳の老人まで、みなそれぞれに、冠《かんむり》の紐《ひも》を結び直し身なりを整えて従容《しょうよう》として死についた勇者・子路《しろ》（第二部の「注」参照）のように、この一戦に功をあげ名を汚すまいとして戦いましたので、親に先立ち子に後れて涙にくれる人もあり、主《あるじ》を失い兄弟を討たれて胸を焦がした人もあり、別離の悲しみはとりどりでしたが、とりわけ哀切《あいせつ》極まりなかったのは、平田三五郎宗次《むねつぐ》という美少年のことでございました。

この平田三五郎は吉田大蔵清家《おおくらきよいえ》と義兄弟の契りを堅く交わし、共に故郷を出立してからというもの、片時も側《そば》を離れることなく、軍馬で山路を分け行く日は同じように馬の蹴上《けあ》げる塵《ちり》にまみれ、軍勢が野外に陣営《たむろ》する時は一つ褥《しとね》（敷物）に仮寝して一緒に夜の月を眺め、影が形に添うように常に連れ添っていたのですが、清家が先に討死《うちじに》してしまいましたので、「死なば共に」と約束した言葉をたがえることなく、三五郎も今年十五の歳《よわい》を一期《いちご》として、はかなく消えることこそ花の美しい面影を残すことなのだというかのように、同じ戦場の苔《こけ》の下に「百歳を期《ご》とす」（百歳を以て人生の最期とする）といわれる命を縮め、独りで越えるはずの冥土《めいど》への道を二人連れだって赴《おもむ》いたのは、まことに感動的なことでございました。

弓矢取る家（武家）に生まれたからには、身分の上下を問わず、義のために命をなげうつのは武士として当然のこととはいうものの、この二人は、世にも稀《まれ》な愛着《あいじゃく》の縁（互いに愛し心ひかれ合う巡り合わせ）によって、義理と愛とに命をかけたもので、その心ざまは実に殊勝なものでございました。

1　美少年・平田三五郎—思慕する人多し

さて、事の由来を申しますと、平田三五郎という人は、島津家の家老を代々勤めていた平田太郎左衛門尉増宗《たろうさえもんのじょうますむね》の子息とか。十二、三歳のころ初めて鎧を身につける儀式）のころから、器量・人柄は他人《ひと》より優れ、末頼もしく見えていましたが、月日のたつにつれて、その花のような美しさは、吉野山の峰の桜の花の面影や雲間から顔をのぞかせる秋の月の風情《ふぜい》よりも、さらにあでやかで麗《うるわ》しくなり、見目容貌《みめかたち》は他に比べるものもない美少年でございました。

それゆえ――そのころは国家乱世の時代とはいえ、さすがに人としての情は押さえきれず――一度《ひとたび》この少年を見初めると、「三五郎公に命をかけ、我こそは人より先に」と思いをつのらせ、恋の山路に分け入って小笹《おざさ》の露に濡《ぬ》れるように、涙で袂《たもと》の乾く暇《ひま》もないほどに、人知れぬ思いの火を燃やし恋い焦がれる者もございましたが、時の家老の子息であり、父の慈愛も並一通りではなかったので、人目を恐れて取り入ることも憚《はばか》られ、ましてや、一夜の仮寝の契りさえ結んだ者はなかったのでございます（このあたり、古歌に拠る表現が多い。第二部〔一の2〕の「注」および第三部第四章の1を参照）。

さて、慶長元年（一五九六年）には、平田三五郎は十二歳。まだ若木とはいえ、八重桜の咲きにおうように色香《いろか》も深くなってまいりましたので、いつしか見初めて恋心をつのらせる若手の武士たちがいたのですが、その中に、倉田軍平という、血気盛りの荒くれ者がおりました。

この軍平、かの三五郎にあっけなく心迷い、ただ一筋に恋い慕ったのですが、思いを伝える手段《てだて》もなく、渚《なぎさ》にうち捨てられた小舟のように頼りとするところもなく、ただ涙で袖を濡《ぬ》らすばかり。晴れた月夜も曇りの夜も、あるいは雨や露にうたれても、ひたすら三五郎の家の門のあたりをさまよって、「思い通りにならぬ世の中は、我が身の上よ」と嘆きつつ、幾夜か思い明かしたこともございましたが、なんという縁のなさでしょうか、これほどまでに思うかいもなく、つらいことに、空しく過ぎ去る月日は多くても、恋しい君を遠くから見ることさえもかなわず、ましてや結ぶ縁《えにし》などありません。どうしたものかと、独り心に恋い焦がれ、千々《ちぢ》に思い乱れていたのですが、この時ふと、まことに都合《つごう》のよいことに思い当たったのでございます。

実は、尾上権六《おのえごんろく》といって、幼少の時分から倉田家に奉公して小者《こもの》（武家で雑役を勤める奉公人）だった者が、このごろ平田家の家来《けらい》になって若党役《わかとう》（若党＝足軽より上位の下級武士で、主人の身辺の世話や外出の供をする）を勤めていたのです。そこで、すぐにこの権六を呼び寄せ、三五郎公に一途《いちず》に心を寄せている旨をうちあけ、さまざまな引き出物など与えて頼みますと、欲には迷う人心、いとも簡単に引き受けてくれました。軍平の嬉《うれ》しさは天にも昇るばかりでしたが、この軍平、もともと血気ばかりの無骨者で、読み書きの道はさっぱりという、この上もない無学の者でしたから、どう言い遣《や》ればよいか分からず、いろいろ思案して、

「こういうことは、よくよく考えをめぐらして書かなければならぬゆえ、明朝こちらから手紙を届けよう」

と言って権六を帰し、その夜、友人の小浜助五郎《おばますけごろう》に頼んで思いのほどを書き連ね、明くる日の早朝、権六方に送り届けたのです。

さて、この尾上権六は、平田家では新参者でしたが、生まれつき器用な人間でしたから大いにその能力を認められ、三五郎の髪結いを初め、何事も権六でなくてはと重く用いられておりました。しかし、倉田軍平に頼まれた一大事は他のこととは趣が異なりますから、良い折はないものかと、いろいろ心を砕きましたが、これという機会もなく、そのままにしていました。ところが、ある朝、いつものように三五郎の髪を結う折に、ちょうど傍らに三五郎の硯箱《すずりばこ》があったので、その中に例の手紙を入れておきました。

そののち、三五郎が手習いをしようとして硯箱を開けたところ、一通の手紙があり、

「平田三五郎さま　　倉田軍平」

と書いてあります。すぐに開けてみますと、あれこれ思いの切なるほどを書き連ねた後に、こんな歌がありました。

「君を思ふ枕の下は涙川　身は浮草の寝入る間《ま》もなし」

（あなたを恋い慕う私の涙で枕の下は川となり、つらい我が身は浮草のように定めなく、寝入る間もないのです）

三五郎は、どう思ったのか、見終わるなり、その手紙をずたずたに引き裂き噛《か》み砕き、捨ててしまいました。

あとでそのことを聞いた権六は、大いに恐れおののき、急いで軍平のもとへ出向いて思いどお

りにならぬ事情を話しますと、もともと短気の軍平は、大きな目をかっと見開き、

「おい、こら、権六、しっかと聞け。先日お前は『うまくいく』と言い切ったではないか。それなのに、今さら『うまくいかぬ』と言って、わしの払った骨折り賃（謝礼）を無駄にするとは、なんとも不都合千万《ふつごうせんばん》。えい、ままよ、わしを欺《あざむ》くなら欺け。お前の頭をこなごなに切り割り、思い知らせてやる」

と、大きな刀をひねくるので、権六は真《ま》っ青《さお》になって震えだし、

「私は決して欺き申すつもりはございませんが、我が主人の三五郎さまと申すお方は、少年ながらも他の人とは異なり、気性《きしょう》の激しいこと火のごとく、都合《つごう》の悪いときに言おうものなら手討《てうち》にあうやも知れません。そこで、かくかくしかじか工夫《くふう》しておきましたところ、あの手紙を見られたのですが、返事どころか、引き裂いて捨ててしまわれました。このようないきさつから推察して『うまくいかぬ』と申し上げたのです。しかし、あなたさまの御立腹もまたごもっともでございますから、近日ちゅうに良い時機《おり》を見計らって、じかにお会わせいたしましょう。そのときに思いのほどをお打ち明けなさいませ」

と、いろいろ取り繕って言いますと、軍平もやっと怒りをおさめ、

「では、必ず約束をたがえるなよ。この上さらにしくじることがあれば、お前の首は天に飛ぶことになるぞ」

と、いかにも荒々しく言いつけますと、権六はひたすら恐れ入るばかり、一言もなくて帰ったのです。しかし、その後、軍平の方から度々催促したのですが、権六は新たになすべき手段《てだて》もないまま日数を重ねているうちに、とうとうその年も暮れてしまいました。

2　三五郎、危難に遭遇――吉田に救われる

年が明けて慶長二年（一五九七年）の正月には、平田三五郎宗次《むねつぐ》はすでに十三歳の春を迎え、今年正月七日には角入れ《すみい》（半元服の髪型。前髪の額《ひたい》の生《は》え際《ぎわ》を角形《かくがた》に剃り込む）のお許しを頂きましたので、その美しい顔だちは今までの前髪《まえがみ》よりさらに麗《うるわ》しく、色香《いろか》（あでやかな容色）もますますすばらしくなりました。

三五郎はかねてから小鳥を飼って楽しんでいましたが、春になって四方の山に薄衣《うすぎぬ》のような霞《かすみ》がかかり、草木の芽をはぐくむ初春の日射《ひざ》しものどかだったので、一月十二日、小鳥狩りに行こうと思い立ち、小者《こもの》一人と若党《わかとう》の尾上権六《おのえごんろく》とを供にして、吉野（鹿児島城下の北にある丘陵地）にあった父・増宗《ますむね》の別荘に出かけます。そのことをあの倉田軍平が聞きつけ、これこそ天の賜物《たまもの》と喜んで、友人の小浜助五郎《おばますけごろう》を誘い、良い時分を見計らい、吉野をさして駆けていきました。

さて、平田三五郎は、一日じゅう小鳥を捕って遊び暮らし、早くも夕日が西に沈むころになったので、主従三人連れだって帰途につきましたが、その道々も小鳥話で夢中になっていますと、

向こうから倉田と小浜の二人が連れだって、高笑いしながらやってきたのです。それに気付いた三五郎は、かねてから彼らのことは知っていましたし、先日の手紙のことなど、あれこれ心の中に思われて、「あいにくの所で行き合ったものだ。どうしよう」と、独り気をもんでいるうちに、早くも二人は近づいて、しかと三五郎を見るなり、軍平は急に前に立ちふさがり、

「さてもいかなる天の恵みか、よい所でお会いしました。あなたにぜひとも申し上げたいことがございます。しばらくこちらへおいでください」

と言いますので。三五郎はぐっと胸に感じるところはありましたが、何気《なにげ》ないふりをして、

「私には思い当たることなどありませんが、どのような用事がございますか。ここでお話しください」

と言うのに続けて、若党の尾上権六が、倉田・小浜の二人に会釈《えしゃく》して、

「主人、三五郎さまは、まだ若年《じゃくねん》でございますので」

と言いも終わらぬうちに、軍平は目を怒《いか》らせて、

「貴様《きさま》、無礼な口添え、もう一言《ひとこと》ぬかしたならば、真っ二つにしてやるぞ」

と、三尺あまり（約九〇センチ余り）の太刀《たち》を今にも抜かんばかり、尋常ならざる様子でしたから、臆病この上ない又家来《またけらい》の権六は、命惜しさに主人のことも忘れて、

「ごめんくだされ」

と言うやいなや、まるで鼠《ねずみ》が逃げるように後をも見ずに逃げていったので、小者の若者も震え上がって逃げ去ってしまいました。

後に残った三五郎は、「どうしようもない所で出会ったものよ」と、すでに覚悟をきめて、「たとえ年齢《とし》こそ幼くとも、武士の家に生まれた身、卑怯者《ひきょうもの》の汚名を受けるような場から軽々しく逃げないのが武士の道、ましてや今年は我が身もすでに十三歳、もしも恥辱《はずかしめ》をこの身に受けたなら、このままこの場を退《ひ》くものか。はかない命が消えるとしても、それは天命だと覚悟している身ではあるが、尾上らのことは残念至極。主人の危難を顧みぬ腰抜け者よ」と、今さらながら無念でならず、あれこれと限りなく心を砕いている三五郎の心中は、まことに切ないものでございました。

さて、軍平が言うには、

「用事というのは、他《ほか》でもありません。先ごろ尾上権六を介して差し上げておきました手紙の御返事を、なかなかいただけませんので、そのことをお尋ね申したく。御返答はいかに」

三五郎はそれを聞いて、

「家来の尾上から、貴殿《きでん》のお手紙など拝見したことは、全く覚えがございません」

と答えますと、軍平はあたりを見回し、ここは人通りも稀な所であるうえに、日暮れ近いころなので、全く人影はないことを確かめ、にっこり笑い、

「そういうことでございましたら、御返事のないのもごもっとも。手紙を差し上げた子細といい

ますのは、実は私、あなたを以前からひたすら恋い焦がれ奉り、思いは常に星の数ほど、幾夜も独り泣き明かしている、その心の中の切なさを申し上げたのでございます。従って――私はご存じのとおり、無風雅《ぶふうが》この上ない生まれつきで、無芸無能の身ではありますが――あなたを思う心の一筋は断じて変わることはございませんので、何とぞ一度なりともお情けをいただきたく。さすれば、この拙《つたな》い命はあなたさまに差し上げること、間違いございません」

と、あれこれと心中を訴え口説《くど》きますので、三五郎は、

「思いもかけぬお言葉。そのようなことは、私はまだ存じません」

と言いますと、倉田と小浜は口をそろえて、

「これはなんとつれない御返答。何とぞ一度は、どうか思いをかなえていただきたく。是《ぜ》が非《ひ》でも」

と、いろいろ言いますが、三五郎はただ前と同じように答えて、

「何度仰せられましても、そのようなことは存じません」

と言い捨てて帰ろうとする後ろから、倉田・小浜の二人は激した声で、

「武士がこれほどまでに言葉を尽くして言ったことを聞き分けぬ木竹《ぼくちく》同然の者には、口で言うのは癪《しゃく》だ。ただ情け容赦なくうちかかれ」

と、倉田軍平が後ろから三五郎を大抱《おおだ》きに抱きかかえたので、三五郎が「よし、こい」とばかりに脇差《わきざし》を抜こうとすると、小浜助五郎がぱっと両手をつかんで少しも動かせないようにします。

三五郎は無念この上なく、心の中は燃える火のようになり、激しく揉《も》み合っているうちに、その勢いで三五郎の髪の元結《もとゆい》（束ねた髪を結う紐《ひも》）がふっと切れ、はらりと乱れる髪から匂い立つ梅の香、春風に吹かれて翻《ひるがえ》る裾《すそ》からのぞく雪をも欺《あざむ》く白い肌、これを見た倉田と小浜はますますこらえきれず、花にもまさる三五郎を強力《ごうりき》の荒くれ者二人が手もなく捻《ね》じ倒し、無理やり望みを達しようとしたのです。折しも夕日は西に入ろうとし、世の無常を告げる山寺の入相《いりあい》の鐘の響きが悲しみの音《ね》を添えて、哀《あわ》れはさらに増さる春の暮、往き来の人もあらばこそ、ああ、平田三五郎は、今まだ少年の身の悲しさ、二人の荒くれ者にはとてもかなわず、どうすることもできず、ただ涙ぐんで、「さても無念なことよ」と思っている、その心の内はまことに不憫《ふびん》でございました。

ところが、三五郎の運が強かったのでしょう、馬に乗った一人の武士が通りかかり、この有様を見るやいなや、急ぎ馬から飛んで下り、

「それがしは吉田大蔵《おおくら》です。おのおの方《がた》、何事ですか」

という、その声も終わらぬうちに、倉田・小浜の二人は、どう思ったのか、一言《もの》も言わずにたちまち逃げ失《う》せてしまいました。

そこで、吉田が三五郎に事の次第を尋ねますと、三五郎は涙をはらはらと流し、

「私は平田太郎左衛門増宗《たろうさえもんますむね》の息子《むすこ》、三五郎でございます」

と名乗り、一部始終を包まず語ります。そこにまた、折よく増宗の一族の平田五次衛門尉《ごじえもんのじょう》が通り

かかり、互いに驚き近づいて、「何事ですか」と尋ねるので、吉田が事の次第を語りますと、五次衛門尉は聞いて驚嘆し、まず吉田に感謝の言葉を述べ、

「さあ、増宗の家においでください」

と勧めますが、吉田は、

「私は今夜よんどころない用事があり、急いでおりますので、いずれまたお目にかかりましょう」

と辞退します。三五郎は急に名残《なごり》惜しく感じて、涙ながらに吉田の袂《たもと》にひたとすがりつき、

「ぜひとも今夜は私の家においでください。ぜひ、ぜひ、ぜひ」

と袂を引きますが、吉田はただ、

「今夜は用事がありますので、また改め

平田三五郎を力ずくで襲う倉田・小浜、そこへ通り懸った吉田大蔵（明治18年8月・10月・20年本より）右下に「彫工野口圓活」とあり。

て参上いたしましょう」

と、ほどよく応対し、三五郎がすがりついている袂をふっと振り切って、ひらりと馬にうち乗り、後をも見ずに駆けていきました。

さて、それから五次衛門尉は三五郎を伴って帰るとすぐに、「今日のことは決して口外しないように」と厳しく戒め、また明くる日には吉田の家に出向いて、昨日の礼を述べ、ひたすら「このことを他言《たごん》しないように」と頼んだのです。

そもそも五次衛門尉がこれほどまでに戒めたわけは、その時代には、かりにも武士としての節義を失《しっ》した者は、その親類一族の者たちから即座に切腹させられる風習《ならわし》でしたし、このたび倉田・小浜が乱暴をして逃げ去ったことは極めて節義を失する所業ですから、もし世間の評判になり両家の一族が聞きつけて空恐ろしい大事の因《もと》となったらと思慮《おもんばか》って、このように他言を戒めたのでございます。この五次衛門尉の慈《いつく》しみと思慮の深さは、人間味のある温情でございました。

しかしながら、その後しばらくして、このことが世間の評判になり、結局は倉田・小浜はその親族たちから切腹させられたとか。まことにその時代の士風の激しかったことは、これでおわかりになりましょう。

3　武士の鑑・吉田大蔵―三五郎への思い

ところで、薩隅日《さつぐうにち》三州（島津氏の支配した薩摩・大隅・日向の三国）の太守公で、島津家の始祖・忠久公《ただひさこう》から数えて十五代目に当たる前《さき》の陸奥守貴久公《むつのかみたかひさこう》は、中国の漢王朝を再興した光武帝《こうぶてい》の義（正しい道）を規範として三州を中興された聖太守であり、寛大で慈悲深く度量の大きな名君でしたから、その旗印の向かうところ、はむかう賊はことごとく服従し、国は初めて穏やかに治まり、淳朴《じゅんぼく》な（素直で飾りけのない）風俗は上古の良き時代のようでございました。

その貴久公ののち、お子さまの三位法印龍伯公《さんみほういんりゅうはくこう》（義久公）、続いて兵庫頭《ひょうごのかみ》義弘公にいたりますが、共に正道を踏み慈しみ深い名大将で、ひとたび怒れば九州あげて命に従い、その威光と名声は日本国じゅうに傑出していたのでございます。

それゆえ、「上《かみ》仁を好んで、下《しも》義を好まざるはなし（上に立つ者が慈しみ深ければ、下々の者で義を好まない者はない）」とか申しますが、島津の家臣たちはいずれも英雄豪傑であり、若手の武士たちも義を重んじ勇をもっぱらとしておりました。

中でも吉田大蔵清家《おおくらきよいえ》は、当年二十三歳、そのころ並ぶ者のない武士で、広く薩隅日の三州じゅうに名を知られ、大力強打《だいりききょうだ》で太刀《たち》さばき巧みでしたが、常に誠実であることを心がけ、忠と義の二つを重んじていましたので、かたじけなくも太守公（義久公）もとりわけ大事に思《おぼ》し召《め》し、「武士の手本は大蔵である」と、折ごとにお褒《ほ》めになったほどの者でしたから、若手の武士たちの間では、風姿《なりふり》・言語・行動にいたるまで「吉田風」といって、それをまねることが流行しており、若手の面々は、清家の友となることを望み、鹿児島の若者たちの過半は吉田の配下でした。先日の倉田・小浜《おばま》の乱暴沙汰のときも、「吉田大蔵」という名を聞いて、彼らのような荒くれ者でさえ結局逃げてしまったのは、かねてから吉田の威風に恐れていたからでございます。

さて、この吉田大蔵は、常に忠孝を重んじ、武術の修練に命をかけていて、いつも自分の家に志を同じくする仲間を集め、朝夕武芸に励んでいました。そのような、かねがね行動を共にしている仲間の中にも美麗の少年がたくさんいましたが、さほど心惹《ひ》かれる色香《いろか》の者はいなかったのです。ところが、先日、吉野で、あの花のごとき平田三五郎を一目見た、その時から、ずっと心から離れず、夜も昼もあこがれて、恋い慕う心一途《いちず》に、今はもう命も絶えるのではというほどに思い焦がれている有様は、なんとも傷《いた》ましいことでございました。

ところが、ある夜のこと、吉田の友達の面々が五、六人、連れだって夜話に訪れ、とりどりさまざまな話をしている折に、吉田が、

「いま薩隅日《さつぐうにち》の三州に評判の美少年はたくさんいるけれども、誰がいったい当世の一番だろうか」

と尋ねると、久保某《なにがし》という一人の友達が、こう答えます。

「今どき評判の高い美少年は、日向《ひゅうが》ではまず内村半平《はんべい》、次に松島三五郎、あるいは奈良原清八《せいはち》で

あろうか。薩摩《さつま》・大隅《おおすみ》の二国では、渋谷《しぶや》・福崎・富山《とみやま》、この三人に勝る美少年はいないだろう」

するど、傍らの柱に寄りかかって琵琶《びわ》を弾いていた一人の友達が、撥《ばち》をからりと投げ捨てて、

「ああ、久保氏は忘れているぞ。どうして平田三五郎宗次《むねつぐ》公を当世の第一と言わないのか。あの内村・松島・富山・渋谷・奈良原らの諸君も、また貴殿《きでん》とかねて噂《うわさ》の福崎徳万尊公も、いずれも今が盛りとはいうものの、とりわけ平田宗次公は、持ち主のない奥山の桜木が自分の心のままに咲き乱れているような風情《ふぜい》で、ただ生成り《きなり》（生地のまま）で飾りけのないのが、じつに奥ゆかしく見える。これこそ当世第一の美少年であろうよ」

吉田大蔵の友達、連れだって訪れ、話は三州一の美少年に及ぶ（明治17年本より）。

と言うので、吉田はそれを聞いて笑《え》みを浮かべ、

「この浮世が自分の思い通りになるならば、そのような美少年と契りを交わしつつ、仲良く武芸の稽古に精出せて、稽古も日々に進むだろうに。どんな幸運に恵まれた人が平田公と契るのだろうか。我らごときの者は、高嶺《たかね》の花と見るばかり。ああ、天命とは悲しいものよ」

と、冗談めかして言うと、先ほどの友達が重ねて言います。

「貴殿《きでん》は聞いていないかね。あの宗次公は、生まれつき廉直《れんちょく》（正直で曲がったことをせず）剛毅《ごうき》（意志強固で何事にも屈しない気力の持ち主）であり、武芸は言うに及ばず、学問は南浦文之《なんぽぶんし》（島津義久・義弘・家久三代の寵遇《ちょうぐう》をうけた禅僧。漢学に通じ、外交文書の作成にも携わった。第二部〔三の3〕の「注」参照）の弟子となり、昼も夜も文武に励み、また折々は和歌の道をもたしなんで武士としての風雅《ふうが》に志し、慈《いつく》しみの情《こころ》も深いとのこと。だがしかし、かねてから品行を重んじて士道にはずれることがないので、見る人・聞く人は誰でも思いを掛けないことはないのだが、まだ一度も三五郎公と契った人のことは聞かないね」

吉田は心に思うところがあるので、なおも詳しく尋ねているうちに、いつしか暁《あかつき》近い時分になり、友達の面々も「今夜の話はこれまで。ではまた明日」と別れを告げて、それぞれ家に帰っていきました。

そのあと、独りになった吉田は、先ほどの話で三五郎のことのすべてを詳しく聞いて、ますま

す恋しさがつのってきた。眠ろうとしても目も合わず、ただなんとなく気が変になりそうなので、庭に飛び出て木刀《ぼくとう》で立ち木に打ち掛かり、

「思い立った武士の勇猛心、その一途《いちず》な思いは石をも通すということもある。我も思いを掛け、切に心焦がれている、この一念を、哀《あわ》れと思いたまえ、神仏《かみほとけ》。恋しき君は平田の三尊公《さんぞんこう》」

と、ただ一心に念じながら、夜通し立ち木を打ち続けて朝を迎えたのですが、この吉田のまことに耐えがたい心のほどは、哀憐《あいれん》かぎりないものでございました。

吉田がこのようにすること十数日に及んだころ、不思議なことに、その一念が通じたのでしょうか、あの平田三五郎は、先夜から急に寝苦しくなり、夢とも現《うつつ》ともなく吉田大蔵清家が自分の家の門前にやって来て案内を乞うと見て、夜中の鐘の音にはっと目覚めることが、一夜のうちに五度も六度もあったのです。三五郎はどうしてか訳《わけ》が分からず、不思議に思いながら、ますます吉田に心ひかれ、口にはそうとは言わないけれども、この夢のことばかりが明けても暮れてもただひたすらに思われて、少年の純粋な心のひたむきさゆえに、どうすることもできないという様子でありました。

一方、あの吉田大蔵もまた、三五郎のことを一心に寝ても覚めても思いながら、夜は立ち木を打ち明かし、昼は手習いの反古紙《ほごかみ》にただ「宗次尊公一心」とばかり書き、空しく苦しい思いをしていましたが、つくづく思うには、

「ああ、どうしたものだろう。大丈夫たる者が、忠と義の二つを心掛けるべきなのに、このようなはかない恋情に心迷い、ただただ思い苦しむとは。そもそも、私がこれほどまでに切に焦がれて思うとも、とてもかなわぬ片思い。それゆえ、たとえ恋い死にしたとしても、死んだ後に誰ひとり、かなわぬ恋に身を捨てた清家の悲哀を弔う人もいない、と思うと、ただただ我が身ながらも情けない。ままよ、空しく恋い死にするよりは、思いのほどを彼《か》の君に打ち明けて、もしも思いかなわぬその時は、腹かき切って死ぬほうが、かえって今の苦悩よりましだろう」

と、独り心に思いめぐらしたのですが、忠も義もある偉丈夫《いじょうぶ》で、心いさぎよい吉田清家が、恋の道にはこれほどまでに思い詰めるとは、なんともいたわしいことでございました。

4　吉田と平田の義兄弟―堅い契りを結ぶ

あの吉野の出会いから半月ほどたった正月末のころ、吉田大蔵《おおくら》は思い切って平田三五郎の家に行こうと考え、「もしも思いがかなわなければ、二度と家には帰るまい」と堅く心定めて出立《しゅったつ》します。名残を惜しむ庭の梅、その袖にかおる香をかぐと、ますます恋しさがつのる、いとしき君の家へと赴《おもむ》いたのでございます。

こうして、日暮れ時に、吉田大蔵が三五郎の家にやってきますと、天吹《てんぷく》（薩摩武士の愛好した竹製縦笛）の音が聞こえてきました。その音に感じ入り心うばわれて、誰が吹いているのかと、こっそり垣根の透間《すきま》からのぞいてみますと、それは恋しく思う三五郎でございました。

実は、この平田三五郎、まだ志学《しがく》の年（十五歳）に達してはいないものの、父・増宗《ますむね》の教えに従って文武両道に励んでいましたが、その合間に楽しむ芸事として天吹を深く愛し、常に吹いて心を慰めていたのです。

今日も独り小座敷《こざしき》の戸口の縁の柱に寄り掛かり、庭に植えられた梅の花が雪のように散り乱れている夕暮れの景色を見やりながら、日の暮れるのも忘れて天吹を吹いていたのですが、その姿は、なまじ筆で書き表わそうとしても、とうてい表しきれないというふうに見えました。

吉田が思わず感嘆の声を発しますと、

吉田大蔵、縁の柱に寄りかかって天吹を吹く三五郎を垣間見る（明治 17 年本より）。

三五郎はどう思ったのか、急に天吹を吹き止めて内に入ろうとしましたので、すかさず吉田が、

「三五郎さま」

と、声を掛けますと、三五郎は、

「どなたですか」

と応じます。吉田がさっと門の内に入り、

「吉田大蔵でございます」

と言うのを聞くやいなや、三五郎は縁から庭に飛び下りて、

「吉田さまですか。さあ、こちらへ」

と勧め、一緒に家の内に入ります。

こうして二人は、交わす一言二言《ひとことふたこと》の挨拶《あいさつ》も何か子細ありげで、心に深く思うところは互いに表には出さず、思わぬふりの語り草。包み隠そうとすれば、かえって包みきれない色香《いろか》が目元に表われ、互いに心恥ずかしく、二人とも顔を赤らめているありさまは、まるで吉野山の春の桜と龍田川《たった》の秋の紅葉をこきまぜて一度に見るような趣でございました。

しばらくして、どのようなついでだったでしょうか、吉田が三五郎に向かって、

「先ほどの天吹は、まことにすばらしく、感動いたしました。もう一曲吹いてお聞かせください」

と言いますと、三五郎はひどく困惑《こんわく》して、

「私がまだうまく吹きこなせない天吹ですのに、思いもかけぬお言葉。あなたさまこそ、一曲お吹きくださいと、机の上にあった天吹を取って吉田の前に差し出します。吉田は再三辞退しましたが、「ぜひとも」と三五郎に所望されては、もう断ることもできず、「それでは」と、天吹を取って吹き始めます。

吉田は、そのころ評判の天吹の上手《じょうず》、薩隅日の三州で一番というほどの名人である上に、いつにも増して思いを込めて吹きましたので、三五郎は聞いていて惹《ひ》き込まれ、さらには心も空になり、思わず知らず、吹いている吉田の傍らに、ただひたすらに寄り掛かってしまいました。梅の花の匂いを深くただよわせ、柳のようにしなやかな三五郎が、美しい目元で清家の顔をじっと見て、うっとりしている様子は、あの中国は漢の美少年・聖卿《せいけい》（哀帝《あいてい》の寵臣《ちょうしん》・董賢《とうけん》。「断袖《だんしゅう》」の故事で有名。第二部〔三の6〕の「注」参照）が哀帝と玉で飾った美しい寝所で戯れたという昔の有様もこうであったろうかと思われたのでございます。

清家はただ夢の中で夢を見ているような心地がして、生きているのかどうかも分からぬ有様でしたが、「長い間の思いを遂げるのは、今この時だ。この先いつを期待できようか」と、天吹を吹き止めて、側《そば》に寄り掛かっている三五郎の雪のような白い手を取って、

「このところ申し上げかねておりましたが、あなたを一度お見かけしてからというもの、私の心

ははやりたつ春駒《はるこま》のように押さえなだめることができず、明け暮れ一心に恋い慕い申しております。ああ、なにとぞ私の申すところをお聞き届けください。そうなれば、ご恩のほどは、現世ではもちろん、来世までも、命にかけてお応えいたします。しかしまた、人数《ひとかず》にも入らぬ私ごとき者の願いなどかなえてはくださらぬということでございましたら、これぞ潮時《しおどき》、縁のなかった我が身、腹かき切って死のうと、覚悟を決めております」

と、とても耐えがたそうに打ち明けますと、三五郎はひどく困惑し、恥ずかしそうに顔を赤らめ、否《いや》とも応《おう》とも言葉に出すことができません。心の中では「ああ、このような勇も義もある英雄と義兄弟の契りを結び、互いに武士道に心を打ち込め、話したり諌めたりしつつ励むことができたら武士の本懐」と、かねてから清家の勇義（勇気があって義に篤い）のほどを思い慕っていたのですが、さすがにそうと口に出しては言いがたく、私のそぶりを見て分かってほしいと、恋しさを押さえきれない様子で、ただ清家にうちとけて、心の内は「否《いな》にはあらず」（いやではない）と思っている風情《ふぜい》は、たとえるすべもないほどでございました。

唐の詩人は楊貴妃《ようきひ》の美しさを「梨花一枝《りかいっし》、春雨を帯《お》ぶ」と表現していますが、折しもその春雨が降り出し、軒《のき》から落ちる雨垂《あまだ》れの音ばかりが繁くして、人も寝静まった時分なので、清家は今はもう堪《こら》えきれず、風になびく柳の風情《ふぜい》にも似た三五郎を、ただ後ろからじっと抱き、灯火《あかり》をふっと吹き消します。すると、暗い闇にも紛れることなく梅の香が袖から薫ってきて、聞こえるのはただ夜の雨の窓打つ音のみ、静まりかえった小座敷の中で、これまでもつれ合っていた二人の思いは雪のようにとけ、三五郎の白い肌に触れて契りを結んだのでございます。ただもうその時の清家の心の中の嬉《うれ》しさは、何にもたとえようがありません（このあたり詩歌に拠る表現が多い。第二部〔三の5・6〕の「注」および第三部第四章の1、参照）。

それからというもの、清家はかねての心にわだかまっていた思いが一度に晴れ、元気は以前に百倍して、楽しいことと思いつつ、文武両道を二人で互いに諫め励ましていましたので、聞く人も見る人も羨《うらや》まぬ者はなかったのです。とはいえ、浮薄な世の常として、吉田・平田の二人の仲の良さを妬《ねた》んで悪知恵をめぐらす者も多く、寺や神社などの柱にまで、二人のことをさまざまの戯れに落書きをしたり、あるいは悪《あ》し様《ざま》にいろいろ言いはやしたりする者もいましたが、吉田・平田の兄弟は、決してそれに屈する様子もなく、日ごとに契りを深くした益荒男《ますらお》（強く勇ましい男）二人、互いに義理を堅く守っていたのでございます。

5　二人を妬む奸計の文—疑心暗鬼を生ず

「縁があれば千里を隔てていても会うことがあるが、縁がなければ近くにあっても胡《こ》（中国の北方にいた異民族）と越《えつ》（中国南方の国）のように遥《はる》かに隔たっていて会うことがない」と申します。あの平田三五郎宗次《むねつぐ》は、薩隅日《さつぐうにち》の三州に並ぶ者なき美少年ですから、多くの人から恋い慕われ、その中には前述の倉田・小浜《おばま》のような無理を押し通そうとする極悪《ごくあく》この上ない者もいて、手を替え品を替えて攻め落とそうとしても落としえなかったのですが、なんという天の恵みでしょうか、吉田大蔵清家《おおくらきよいえ》は、その身に備わった勇義（勇気があって義に篤い）の徳によって、高嶺《たかね》の花の平田三五郎を一気に攻め落とし、たやすく手に入れることができたとは、ほんとうに縁の有り無しは不思議なものでございます。

かの聖人・孟子《もうし》が「天の時は地の利にしかず、地の利は人の和にしかず」と説かれた言葉は、戦《いくさ》の道のことですが、ものの道理から見れば、どのような道もすべて同じで、人の和が肝要なのです。ですから、吉田と平田の二人も、義兄弟の契りを結んでからは、互いにその交わりは深く、あの「断袖《だんしゅう》」（漢の哀帝《あいてい》が、帝の袖を下にして共寝していた聖卿《せいけい》を起こすに忍びず、袖を断ち切って起きたという故事。第二部〔三の6〕〔四の1〕の「注」参照）で名高い哀帝と聖卿との仲なども
の数ではなく、朝な夕なにただ二人、出るも入るも相伴《あいともな》い、武術の稽古に身を打ち込み、昼夜を分かたず励んでいましたので、心ある人々はこれを見たり聞いたりして、「それこそ武士道の本来あるべきさまよ」と感銘する人々も多かったのですが、悪がしこく心のねじけた小人物たちは、羨《うらや》み妬《ねた》みのあまり、悪巧みを謀る者もいたのです。

それらの中に、石塚十助という者は、久しく三五郎に思いを掛けていたのですが、はからずも

三五郎が吉田になびき、今は本当の兄弟同様に、来世までも共にと約束している由を聞きつけて、妬《ねた》ましさは限りなく、いろいろ邪悪な計略《はかりごと》を企てて吉田・平田の二人の親しい仲を隔てようと、あれこれ思案したあげく、一つの悪巧みを思いつき、二月八日のことですが、一通の偽《にせ》の手紙をしたためて平田家の門の前に落としておいたのです。

そうとは知らぬ三五郎は、その日、清家の家に行こうとして出かけたのですが、その手紙には気付かずに通り過ぎてしまいました。ところが、家来《けらい》が目ざとく見つけて拾い上げ、三五郎に見せますと、表に、

「吉田大蔵さま　加納《かのう》八次郎」

と書いてあります。三五郎はほほ笑んで、

「ちょうど吉田さまの家に行く時にこの手紙を拾うとは、幸せだったな。届けてあげよう」

と、それを持って吉田家に出向きましたが、あいにく清家は留守でした。しかたなく自宅に持ち帰った三五郎、どう思ったのでしょうか、先の手紙を取り出し、封を切って読んでしまったのです。

昨夜はお伺いして長座いたし、御礼申し上げます。さて、例の一件は、平田氏にはお話しにならぬほうがよろしいかと存じます。人目もうるさい世の中ゆえ、秘密にしておくことが一番でございます。なお、今晩お逢いした折に詳しいことは申し上げるつもりでございます。

恐々謹言《きょうきょうきんげん》

二月八日　　　　　　　　　　　　加納某　契弟《けいてい》

吉田大蔵　尊兄《そんけい》

人々御中

追伸　お約束の弓は後ほど取り寄せて差し上げますので、そのように思し召《おぼめ》しくださいますよう。

三五郎は読み終わって歯ぎしりし、「さては大蔵さまは私をお見捨てになり、加納氏へ心変わりか。人の心と川の瀬は一夜のうちに変わるということもあるが、武士が一度変わらぬと堅く約束したものを、どうしてだ、その変わる心が恨めしい。これほど不義の人とも知らず、これまで契りを結んできたことの悔しさよ。こうなったからは、我もまた生きていて何になろう。大蔵さまと諸共に死んで結末をつけるよりほかに道はない。しかしまた、思えば我も一度は兄と頼んだことであるから、まずは大蔵さまと縁を切り、兄弟の交わりを絶ち切って、その後にどうするか決めればよかろう」と、心一途《いちず》に覚悟をきめ、すぐに手紙をしたためます。

先ほどお伺いいたしましたが、お留守でしたので、手紙を以て申し上げます。さて、どうしてもお話ししたいことがございますが、当方へおいでくださいますか。それとも、お宅へ参上いたしましょうか。なにとぞお帰りになり次第、御返答ください。この段、急ぎお考えを承りたく存じます。　恐々謹言

二月八日　　　　　平田三五郎

吉田大蔵さま

こう書いて吉田家へ持たせてやりました。

そのあと、独りになった三五郎は、ますます恨みに耐えかねて、先日清家から貰った、とりわけ大切にしている天吹《てんぷく》を取り出して、吹こうとしたのですが、どのように心が乱れたのでしょうか、脇差《わきざし》を抜いて真っ二つに切り割り、返す刀で机の角を三度四度切りつけ、なおも思いに耐えかねて、小座敷《こざしき》の柱を続けざまに掛け声もろとも切りつけます。怒りの眼《まなこ》に涙をたたえ、ますます恨みつのった有様は、三五郎の心中「さこそ」と偲《しの》ばれて、まことに不憫《ふびん》でございました。

6　疑いは晴れて起請文―契りはいや増す

一方、吉田大蔵清家《おおくらきよいえ》は、そんなこととは夢にも知らず、昨夜から親類のことで用事があり、そのために三五郎の家にも行かず、今朝《けさ》も早くから家を出て、ようやく夕暮れ時に帰宅したところ、

三五郎の手紙が届いていていました。

開けて読んだ清家は、ひどく不審に思い、一刻も早く行って確かめようと、すぐに平田家に赴《おもむ》いて三五郎に対面し、

「昨夜から退《の》っぴきならぬ用事に取りまぎれ、お目にかかることができなかったのですが、今夜は私のほうから参上するつもりでおりましたところ、先立ってのお手紙、恐縮に存じます」

と、かねてに増して誠実な様子を見せるので、聞いていた三五郎はますます憎くなり、きちんと座り直し、さて、清家にこう言います。

「先ほど手紙を差し上げましたのは、ほかでもございません。貴殿《きでん》をこれまで自分の兄とお頼み申してまいりましたが、思うところがございます故、もはやこれ以後は縁を切り、末長く兄弟の交わりを断つことにいたしますので、さようご承知ください。事の子細は貴殿ご自身が良くお分かりでございましょう」

と、芙蓉《ふよう》（蓮《はす》）の花のように清らかな目に恨みを込め、花のように美しい顔はとても険しく、歯ぎしりをして睨《にら》みつけている様子を見て、清家は思いも掛けぬことではありましたが、すぐに事情を推察し、少しも騒がず、

「さては私の心の中に他《あだ》し心（浮気心）があるかとお疑いになり、そのようにおっしゃるのですか。とんでもないことです、三五郎さま。この清家の鉄のように堅い心は、たとえ天と地が替わっ

たとしても変わりはいたしません。武士が一度言葉を交わして誓ったことを、どうして、なぜに忘れましょうか。察するところ、これは口先上手で心よこしまな者どもが、あなたと私の仲に邪魔だてしようとの企《たくら》みで、あなたに告げ口した者がいるのでしょう。もしまた私が浮気心を抱いた証拠でもあるのなら、それをお見せください」

と言うので、三五郎はますます恨めしく思い、あの拾った手紙を清家に見せ、ことのいきさつを話して、

「証拠はこれで明白です。それなのに、いろいろと言葉巧みに『浮気心はない』との追従《おべつか》を、どうして信じることができましょうか。これほど不義の貴殿とは知らず、これまで兄弟の契りを交わしてきたとは、思えば実に悔しくてなりません。このような手紙があっても、なおまだ言いわけなさることがございますか」

と、覚悟を決めて清家の膝元《ひざもと》にひたと詰め寄り、もしも一言でも間違いがあれば、すぐに突こうと身構えます。

　しかし、清家はいっこうに動揺することなく、

「さても武士たる者が、これくらいのことに疑いを起こし、事実か否かを確かめもせず、何を血気にはやられるのですか。私は昨夜からお目にかからず、昼もおいでくださった折は留守にしていて、ちょうどあいにくの時に、つまらぬ落とし文の悪巧み。こんなものに乗って私をお疑いに

なるとは、逆に私もあなたに不審をお掛けいたします。また、あの加納《かのう》氏は先日から病気とのこと、それなのに私が何を約束しましょうか。とりわけ昨夜拙宅《せったく》に来られたということは、根も葉もない空言《そらごと》です。それに私の心中はかねてから御存じのはずですのに、このくらいの悪巧みをお察しにならぬとは合点《がてん》がゆきません。私は別に後ろ暗いことはないので、言いわけすることなどございません」

と、筋の通った清家の返答を聞いて、三五郎も今はその道理に説き伏せられ、「さては血気にはやったか」と後悔している様子で、ただ言葉もなく座っていますと、重ねて清家が言います。

「かねがね私の心のほどは御存じでしょうに、これくらいの悪巧みにかこつけて義兄弟の縁を切り、その後でまた別の義士と永遠《とわ》の契りを結ぼうとして、こんなことを言われるのですか。そういうことなら、私もほかに覚悟がございます」

その言葉を聞くやいなや、三五郎は目にいっぱい涙をためて、ひたと清家にすがりつき、「私はあなたと兄弟の契りを結んだからは、今さら何を不足に思い、堅い心を翻《ひるがえ》して徒心《あだしごころ》を抱くようなことを、どうしていたしましょうか。先ほどの言葉は、私が血気にはやって、一方的にあなたをお疑い申し上げ、まことに後悔この上もございません」

と、花の平田が、誠心誠意、涙ながらにかきくどきますと、清家も強く心うたれ、「まだ幼い心にこれほどまでに義を重んずるとは、自分の望むところだ」と思い、おもむろに三五郎をなだめて心しずめさせ、改めて二人は後の世までも変わらぬという誠を神に誓おうと、起請文《きしょうもん》をしたためたのでございます。

起請文前書き

一、忠・信・孝・義は、武士道の儀として最も大切なことゆえ、これを専《もっぱ》らに精出すこと。

一、このたび兄弟の契りを結んだからは、これより後は生死を共にすること。

一、この後、どのような理由があろうとも、殿様は別として、その他の者に対して恩を忘れて愛を移し二心を抱いてはならぬこと。

一、小事にかかずらい、二人の間に互いに疑心を起こしてはならぬこと。

一、何事によらず不律儀《ふりちぎ》な（真っ直ぐでない）ことがあれば、互いに意見を加え忠告することとし、それによって心を隔てることなどあってはならぬこと。

右、慶長二年丁酉《ひのととり》二月から、箇条のとおり申し合わせること、さしつかえはございません。

もしこれに背《そむ》いた場合には、

梵天帝釈《ぼんてんたいしゃく》、四大天王《しだいてんおう》、日本国中の大小の神々残らず、とりわけ我が国の鎮守《ちんじゅ》、加志久利大明神《かしくりだいみょうじん》、国分正八幡大菩薩《こくぶしょうはちまんだいぼさつ》、霧島六宮《ろくぐう》、諏訪《すわ》上下《かみしも》大明神、そのほか当家の氏神の尊《みこと》の神罰冥罰《みょうばつ》（神仏が人知れず下す罰）を、それぞれ蒙《こうむ》るものであります。よって起請文、上記のとおりです。

慶長二年丁酉二月八日

吉田大蔵清家

平田三五郎殿

三五郎も同様にしたため、血判《けっぱん》をして清家に渡しますと、清家も、

「では血判しよう」

と、脇差《わきざし》を抜いて三五郎に向かい、

「ちょうど良い機会だ。日ごろ武術稽古が重なったために、腕に悪い血が滞《とどこお》っているのです。ここを刺し通してください」

と、腕まくりして差し出します。三五郎は「どうしようか」と思い悩みましたが、元来この清家は一度口に出したことを二度と繰り返さぬ男なので、三五郎は「心得ました」と、その脇差で柄《つか》も通れと刺し通しますと、血の流れることは滝《たき》のごとくでありました。その血ですぐに清家が血判しますと、三五郎は机の上にあった白手拭《しろてぬぐい》を取って口にくわえ、さっと引き裂いて清家の腕を巻き、

「痛みはひどくございませんか」

と言うと、清家は笑いながら、

「なんの、これしきの小さな傷で痛むことがありましょうか。去年、朝鮮の戦陣におりました時、左の腕に毒矢を射られ、その傷はなおりましたが、少しでも武芸を修練する時は、必ず悪い血が滞って気持ちが悪かったのです。しかし、もうこれで腕も軽く感じられ、痛みは少しもありません」

と、勇ましく元気に振るまっている有様は、清家の気性《きしょう》の勢いを表していました。

さて、そののち、清家は三五郎に対して、

「心よこしまな者どもがあれこれ言っても、そんなことを気になさるな」

と、いろいろ教え諭《さと》して、そのまま別れて帰っていきました。

それからというもの、これまで以上に、兄弟の契りはますます深くなったのでございます。

吉田大蔵、起請文に血判すべく、三五郎に脇差で腕を刺すように命じる（東北大学蔵の写本より）。

7　吉田に朝鮮出陣の命―別離に刀を贈る

「会うは別れの初め」ということは、定めなき世の道理であり、今さら驚くようなことではございませんが、実は吉田・平田の仲むつまじい兄弟の境遇にとって、とりわけつらい事態が出来《しゅったい》したのでございます。

事の次第を申しますと、去る文禄《ぶんろく》年間から前《さき》の関白・豊臣《とよとみ》秀吉公が朝鮮国へ攻め入られることがあり、日本国中の大名《だいみょう》たちはそれぞれ朝鮮に渡海し、武威を朝鮮国に知らしめ、すでに王城を攻め落とし、金鼓《きんこ》（陣中で用いる鉦《かね》や太鼓）は大明国《だいみんこく》まで鳴り響いたのです。我が君・島津義弘公と御子息久保公《ひさやすこう》（第二部〔五の1〕の「注」参照）も、薩隅日《さつぐうにち》三州の軍勢を率いて、文禄の初めから渡海され、威風凛々《りんりん》として、その武勲は諸将に抜きん出ておりましたが、遂に朝鮮王が降参して和平を乞うことになりました。

時に文禄四年（一五九五年）、訳《わけ》あって（真の理由は第二部〔五の1〕の「注」を参照）義弘公は御子息忠恒公《ただつねこう》を外国に留め置き、御自身は日本にお帰りになり、直ちに聚楽城《じゅらくじょう》（聚楽第《じゅらくだい》とも。秀吉が京都に造営した壮大な邸宅）にお登りになり、太閤殿下《たいこうでんか》にお目どおりなさいますと、殿下のお喜びは並一通りではなく、朝鮮での労を賞して数々の品を下賜《かし》されました。そののち、公は三州にお帰りになり、多年の陣中での労をお休めになったのでございます。

ところが、朝鮮王との和平は遂に破綻し、太閤殿下は再び朝鮮に攻め入られることになり、義弘公にも「すみやかに朝鮮に渡海せよ」と催促の御命令がありましたので、やむなく公は再び朝鮮に渡海なさるという出来事が到来したのでございます。

この年、慶長二年（一五九七年）二月二十一日に御出立ということが仰せ出《い》だされ、吉田大蔵《おおくら》清家《きよいえ》もお供するよう君命を蒙《こうむ》りましたので、元より望むところ、すぐにお受けいたしました。そういうことではなくても、いつでも、清家は、平田三五郎宗次《むねつぐ》と生死を共にすると堅く約束してから、片時も離れることなど思いもしなかったので、――このたび遠く異国に渡海することは君命であるとはいいながら――花の盛りの三五郎を独り後に残して出陣することは、まことに耐えがたい巡り合わせでしたが、どうしようもないことですから、清家がさまざまに辛《つら》く苦しい思いをしたであろう、その心中は、たとえて言うすべもないのでした。

一方、平田三五郎は、堅い契りの兄の清家も今度の朝鮮への御渡海にお供するようにとの命令を蒙《こうむ》って間もなく出陣の予定でしたから、まことに名残惜しくてなりません。仲の良い鴛鴦《おしどり》のように、この身は水中に沈むとも、たとえ火の中水の中であろうとも、どこへ行くにも一緒にと互いに誓い合ったことなので、三五郎も共に出陣いたしたかったのですが、このたびのお供は十五歳以上とのことゆえ、どうしようもなく、人知れず独り心の中で思い乱れ、ただ何事も手につかず、ひたすら胸を焦がすばかり。もうこの上に願うところは「出陣が一日でも先に延びてほしい」

と思うことよりほかはなかったのです。

しかし、早くも二十一日には御出陣の門出《かどで》ということになり、「おのおの帖佐《ちょうさ》の御屋形《おんやかた》（現在の始良《あいら》市始良町鍋倉にあった島津義弘の居館）に参上せよ」との手配りがありました。そこで、その前日の二十日に、三五郎は清家にこう言い遣《や》ります。

早くも明日は御出陣と相成り、今さらながらお名残惜しく存じます。ただ何事も夢のようでございます。かねてのお約束のとおり、今夜は拙宅《せったく》へおいでになり、お泊りくださいますよう、お待ち申し上げます。さらにまた事情の変わることでもございましたら、お知らせください。この段、とり急ぎ申し上げます。恐々謹言《きょうきょうきんげん》

酉《とり》の年二月二十日

平田三五郎

吉田大蔵さま

参る人々御中

清家は折り返し返事します。

ここ両日は出陣のことに取り紛れ、気になりながら、お目にかかることもできず遺憾《いかん》に思っておりましたところに、お手紙を頂きました。浅からぬお心遣いのほど、かたじけなく存じます。今晩、夕方から参上いたします。その折に天吹《てんぷく》と琵琶《びわ》一面を進呈いたします。これまで大切にしてきた名器、つとめて御深愛くださいますよう。なお、思いのほどは後刻《ごこく》お会いした折に申し上げます。恐々謹言

二月二十日

吉田大蔵

平田三五郎さま

御報《ごほう》

ところが、三五郎は、その日の暮れるのを待ちかねて、昼から吉田の家に赴《おもむ》き、いっしょに連れだって帰ってきたのです。

さて、三五郎は、常に大切にして親しんできた備前兼光《びぜんかねみつ》の名刀、二尺八寸（約八五センチ）の一振りを清家に差し出して、言いました。

「この刀は、私がとりわけ大切にし、片時も離さぬ秘蔵の品でございますが、今度の御出陣の餞別《せんべつ》として、あなたにお贈り申し上げます。この刀で必ず手柄をお立てください。そうすれば、私も常にあなたのお側《そば》に寄り添っているのと同じことになりますので、あなたもそのようにお思

いくださいませ」

　三五郎がそう言いますと、清家は受け取って押し頂き、

「お志は誠にありがたく存じますが、この御餞別は余りにも過分でございます」

と、辞退します。すると、三五郎はからからと笑って、

「さてはこの刀を役に立たぬとお思いですか。これは、至らぬものですが、私の父・増宗《ますむね》が太守公から拝領した太刀《たち》で、父が何度か戦場に持って出て、とても縁起の良い刀だということで、私に譲ったものでございます。従って、今またあなたにお贈りするのに、どうして御辞退に及びましょうや。ぜひともお受けください」

と言いますので、清家は、

「もはや辞退はかえって失礼ですから」

と、そのまま受け取り、代わりに自分が今挿してきた、これも二尺八寸あまりある関《せき》の孫六兼基《まごろくかねもと》が鍛えた刀を三五郎に与えて、

「これは先祖代々伝わってきた太刀《たち》で、殊に去年の朝鮮の戦いで数人の首を切りましたが、切れ味の良い、すばらしい業物《わざもの》（刀）です。私はこれまで一度もこの刀で不覚を取ったことはなく、とりわけ大切にしているのですが、今度の離別の名残《なごり》に、あなたに進呈いたします。もしも私が朝鮮で討死《うちじに》し、異国の土となりましたら、これぞ清家の形見よと、御覧ください」

と言いながら、あれほど勇猛な清家も、これが最後と思っているからでしょうか、三五郎の顔をじっと見て涙ぐんでいる有様に、三五郎の心中は張り裂けるようで、しばらくは言葉もなかったのですが、「自分が嘆き悲しんでは、ますます清家さまが辛《つら》いだろう」と思い、

「どうしてそのように気の弱い、つまらぬことをおっしゃるのですか。戦場に臨む者で討死《うちじに》を覚悟しない者はいませんが、なおまた、敵に首尾よく打ち勝って帰ろうとはお思いになりませんか。必ず必ず私のことなどを朝な夕なに思いつつ、ひるむことなく御活躍ください。私もまた、御出陣の後には、ひたすら文武に励み、つとめて士道に精出します。もし今度も一昨年のように二、三年までも御在陣なさるならば、来々年には私も十五歳に達しますので、必ず海を渡って朝鮮へ参りましょう。申すまでもありませんが、戦場ではただ武勲を立てることだけをお心掛けください。万が一にも天の定めによって討死なさることがありましたら、死出《しで》の山路《やまじ》でお待ちください。私一人生き残っても、何を頼みに月日を送れましょう。すぐに跡を追って参ります」

高麗への出陣の前夜、同じ褥に臥し、名残を惜しむ平田と吉田（東北大学蔵の写本より）。

と、互いに深い心の中をうちあかし、いつまでも名残を惜しんで語っていましたが、夜もすっかり更《ふ》けたので、二人は同じ敷物に同じ夜具、共に寝る夜もこれまでと、互いに手と手を交わして枕とし、名残は尽きぬ寝物語。やがて明け方近くなり、夜明けを告げる鐘の音が聞こえると、清家は「時分は良し」と、二十一日の朝露と共に起き出して帰っていきました。

かねてから、「御出陣の時は、留守を守る人々、それぞれ帖佐《ちょうさ》に参上し、御出立《ごしゅったつ》をお見送り申し上げよ」と、広く触れが出ていましたので、その日の巳《み》の刻（昼前ごろ）から清家は三五郎を伴って帖佐屋形《やかた》（義弘公の居館）に参上し、そのまま清家は太守公（義弘公）にお目通りし、すぐに御帳面に印《しるし》を付け、軍勢の揃うのを待っていましたが、その間も二人は同じ所に寄り添って、別れを惜しむ話の数々、語っても語っても尽きることはなかったのでございます。

やがて日も西の山に傾くころ、お供の面々がそれぞれ参集いたしましたが、その有様は、まことに勇壮なものでございました。義弘公もひとしお御機嫌うるわしく、時雨《しぐれ》の御旗（島津の始祖忠久公が雨の日に誕生したという故事にちなんで、雨を吉祥として制作した島津家伝来の旗）を真っ先に立てて御出立なさいますと、身分の上下にかかわらず、老若男女《ろうにゃくなんにょ》にいたるまで、赤ん坊が父母を慕うように、誰しも恋々《れんれん》として名残を惜しみ申し上げたのでございます。ああ、義弘公は、才知にすぐれ勇気ある決断をなさるばかりか、まず徳は中国古代の聖天子である堯《ぎょう》・舜《しゅん》に近く、次に仁（思いやり）は中国周代の文王・武王・周公に隔たるところがありません。後のことですが、遠国の人もその徳になつき、戦いで囚《とら》われた者たちも自国に帰ることを忘れたのは、まことに公の仁徳のいたすところ。そうでなければ、こうなるはずはないでしょう。

さて、帖佐屋形では、お供の方々が一軍一軍と繰り出していきましたが、吉田大蔵は、この期《ご》に及んでもなお三五郎への名残は一向に尽きず、互いに側《そば》に寄り添って、共に別れに耐えられずにいるので、清家の家来の佐藤兵衛尉《ひょうえのじょう》武任《たけとう》が走ってきて、

「すでにお殿様は御出立になりましたのに、どうしてそのようにお後《おく》れなさるのですか。いかにお名残は多くとも尽きせぬことでございますから、もはやこれにて思い切りなさいませ」

と、強く諌めますと、清家も「いかにも、そうだ」と思い、「いろいろ言えば、ますます三五郎の名残は尽きないだろう」と考えて、たださりげなく別れを告げて行こうとしたのですが、三五郎は、「しばらく」と、清家の鎧《よろい》の袖《そで》を引き止めて、

「今度の異国の戦いでは、必ず忠義を重んじて、数々の手柄を立ててお帰りください。お待ちしています」

と言い、こう詠じます。

武士《もののふ》の高き名を得て故郷《ふるさと》に着てくる花の錦《にしき》をぞ見ん

（すばらしい武士であるあなたが立派な功をあげ、高い名声を得て故郷にお帰りになる晴れ

姿を拝見したいと思います）

清家もまた即座に返します。

憂《う》き旅も忘れやせまし　言の葉の花の匂ひを袖に移して

（花の香りを袖に移し留めるように、すばらしいお言葉をお受けいたしましたので、旅のつらさも忘れることでしょう）

こう詠《よ》むと、清家は「さらば」と一言《ひとこと》、三五郎が引き止めていた袖を振り切り、後方の軍勢に加わって、行ってしまったのでございます。

あとに残った三五郎は、ただ清家の後ろ姿を見送りつつ、「もしも今度の戦いであえなく討死《うちじに》なさることがあれば、これがこの世での見納めか」と思うと、ますますどうしようもなく、途方にくれて遙かに見やっていたのですが、その心の中の悲しさを思うと、今さらのように哀憐《あいれん》の情を覚えずにはいられません。

その折の二人の別離の情はどんなものだったでしょうか。今の世でもなお偲《しの》ばれ、かかわりのない者が聞いても心うたれ涙で袂《たもと》がうるおうのですから、ましてや二人が互いに惜しみ合った名残の深さは、とても筆に書き表すことなどできません。

さて、義弘公は帖佐を出立して蒲生《かもう》（現在の始良市蒲生町）に到着されましたが、その夜、島

津家で縁起の良いこととしている雨（島津雨）が激しく降り出したうえ、不思議なことに狐火《きつねび》がにわかに暗闇を照らしたので、

「これは今度の異国での勝ち戦《いくさ》を稲荷大明神《いなりだいみょうじん》がお示しになったものだ」

と、全軍こぞって小躍《こおど》りして喜びました。

義弘公は、同月二十三日に隈之城《くまのじょう》（現在の薩摩川内市《さつませんだい》隈之城町）に御到着、ここで十数日御滞在のあいだに、種子島左近将監《たねがしまさこんしょうげん》（久時）、樺山権左衛門《かばやまごんざえもん》（久高）らがここに来て、公にお供いたしました。そこから久見崎《くみさき》（現在の薩摩川内市久見崎町）にお着きになり、軍艦《ぐんかん》の纜《ともづな》（船の後方にあって船を繋ぎ止める綱）を解いて出航し、日数《ひかず》を経て遂に朝鮮国にお着きになりました。

8　三五郎、諏訪に日参—荒者にも屈せず

さて、平田三五郎宗次《むねつぐ》は、吉田大蔵清家《おおくらきよいえ》に別れてからというもの、今また改めて何となく別れたつらさが忘れられず、日々に寂《さび》しさがつのってきて、起きても寝ても、「清家さまは、今日はどこに行かれただろうか、今夜はどこにお泊りになっているだろうか」と、思い暮らしていたのです。

そのうちに、春が過ぎ夏になって、「我が君、海上つつがなく朝鮮に御着岸」と知らせる飛船《ひせん》（早船）が到来し、三州じゅうにその旨が知らされたので、三五郎も少しは安堵《あんど》したものの、戦いの

勝敗は予測できぬことゆえ、前にも増した物思い、昼も夜も心安らかではいられず、他《ほか》になすすべもなかったからか、東福《とうふく》が城（現在の鹿児島市清水町にあった古城。多賀山公園）の麓《ふもと》に鎮座まします諏訪大明神《すわだいみょうじん》に日参し、

「堅い契りの兄である吉田大蔵清家が、武運強く再び帰国の折を得られますよう、お守りください」

と、全身全霊を打ち込んで祈りました。

三五郎の家は玉龍山《ぎょくりゅうざん》（現在の鹿児島市池之上町、福昌寺《ふくしょうじ》の背後の山）の南で、諏訪大明神までの間はわずか五、六町（約六、七百メートル）もないほどなので、いつも供人もつれず独りで参詣していたのです。

月日のたつのは早いもので、その年も次第に暮れ行き、明くる慶長三年（一五九八年）には、三五郎も当年とって十四歳の春を迎え、今が盛りと咲く花のようでしたが、再び訪れることのない盛りの春を独り物思いに沈む寂しい庭で空しく過ごすのは、美しさを愛惜《あいせき》する人もいない奥山に咲く桜の花の色香《いろか》と変わるところがありません。

さて、あの石塚十助は、先ごろ悪巧みを謀《はか》り、偽《にせ》の手紙をしたためて吉田・平田の義兄弟の仲を隔てようと、邪悪な振る舞いをしたのですが、遂にその計画は成功せず、ますます二人は並ぶ

ものなき契りを結んでいると聞いて、どうすることもできずにいました。
ところが、この十助、去年の朝鮮御出陣の折は病気のために御供の人数に洩《も》れたものの、ちょうど吉田が出陣して留守になったので、絶好の機会と喜んで、いろいろ思いのたけを書きしためて三五郎に送りましたが、三五郎はそれを見るなり地上にうち捨てて、何の返事もしなかったのです。

その後も石塚は何度も恋文を送りましたが、三五郎は一度も開いて見ることなく、封をしたままでいつも焼き捨てていましたので、十助はどうするすべもなく、あれこれ悪知恵をめぐらしたすえに、「よし、威勢をもって三五郎を我が物にしてやろう」と考え、仲間の者たちに相談したところ、血気にはやる荒くれ者たちは、面白いことだと思い、五、六人手を組んで、互いに機会をうかがっていました。

三月下旬のことでしたか、小雨の降る日の夕暮れ時、平田三五郎が傘もささずにただ独り、諏訪神社に参詣したところ、途中で石塚十助と行き合ったのです。そこで十助は、すぐさま仲間を誘い出し、三五郎の跡を追って、諏訪神社をめざします。

そうとは知らず、三五郎は、諏訪の社殿の中にしばらく居て、着ている裃《かみしも》（武士の礼装）をきちんと整え、思いはただ一つ、遠い朝鮮の戦いのことを案じつつ、一心に祈っているうちに、いつしか日も暮れて、入相《いりあい》の鐘の響きにはっと驚き、帰途につきます。すると、鳥居の側《そば》に五、六人、羽織《はおり》を頭からかぶった荒くれ者どもが、子細《わけ》ありげに立っていましたが、三五郎が近づくと中に取り囲み、前後左右に立ち並び、あるいは奇声を発して石垣に当たる者もあり、または地面の上を転げ回る者もいます。

三五郎は怒りで心中燃える火のごとく、「これは石塚たちの仲間にちがいない」と、事態を明白に推察し、「もしも無礼をはたらくならば、ただではすまさぬ」と、刀の鯉口《こいぐち》を切り（すぐに刀が抜けるように鞘《さや》の口をゆるめ）、「障《さわ》らば切らん（邪魔だてしたらぶった切るぞ）」という様子で、睨《にら》みつけて通りますと、その勢いに、石塚たちもさすがに心がひるんだのでしょうか、これというほどのことも仕出《しで》かさず、ただ後になったり先になったりして奇声を発するばかりで、諏訪の鳥居から遂には三五郎の家まで跡をつけてきたのですが、三五郎はそのまま家に入ってしまいました。後に残った石塚たちは歯ぎしりして憤り、「さても残念なことよ」と、刀を引き抜いて振りなどし、「またの機会を待とう」と、各自そのまま帰っていきました。

平田三五郎は、その夜、つくづく考えます。「あの石塚たちは、威勢をもって圧《お》しつぶそうとして、今日のように振る舞うのであろう。よしんば奴《やつ》ら何十人であろうとも、これくらいの悪巧みに恐れるものか。かつて清家尊兄《きよいえそんけい》が、『礼儀を重んずる人にはへりくだっても、権威をもって押さえつける人に対しては、その威勢に屈してはならぬ』と教えられたこともある。ならば、明日からは、わざと時刻を選んで、日暮れ時分に参詣してみよう。彼らのような奴《やつ》どもが、どんなに威勢をもって脅《おど》そうとも、我ももはや十四歳、どうして童子《わらべ》と同じであるものか。もしも奴《やつ》らが無礼な振る舞いをするならば、ぶった切ってやるぞ」。そう分別した三五郎の勇気のほどは、まことに健気《けなげ》なものでございました。

こうして、三五郎は、その明くる日も夕暮れのころ、時刻を見計らって参詣したのですが、視界をさえぎるものもなかったので、それから毎日、同じ時刻に参詣したところ、その後も何度か石塚らに出会いましたが、もともと三五郎は固く決心し十分に心構えをしていたことですから、いつも少しも動揺せず睨《にら》みつけて通りますと、石塚らのやからは一度もこれというほどのことも仕出《しで》かすことはなかったのです。「下手《へた》の分別、後から」というとおり、あの石塚たちは、後ではいろいろ言って悔やむのですが、いざその時になると、三五郎の勇気におじけづいたのでしょう、互いに譲り合って尻込みする臆病ぶりで、まことに未練がましいことでございました。

さて、月日はとどまることなく、今年もはや冬十二月半《なか》ばのころになりました。その間《かん》に何度か三五郎は危難の場に出会いましたが、一度も不覚を取ることがなかったのは、あっぱれ、健気《けなげ》な振る舞いでございました。

9 武功あげ吉田の帰国―昔に勝る兄弟仲

さて、朝鮮へ出兵した武将たちは、加藤清正《かとうきよまさ》・小西行長《こにしゆきなが》ら、そのほか黒田長政《くろだながまさ》・立花宗茂《たちばなむねしげ》・

毛利秀元《もうりひでもと》・小早川秀秋《こばやかわひであき》・鍋島直茂《なべしまなおしげ》らを初めとして、それぞれ大きな手柄を立てられましたが、とりわけ我が君・島津義弘公は、智・仁・勇の三徳を兼ね備えられた名大将であるうえに、御子息の忠恒《ただつね》公、ならびに御甥《おい》の忠豊《ただとよ》公も、共に武士としての勝れた才能の持ち主でしたから、付き従い申す者どもはすべて一騎当千《いっきとうせん》の兵士《つわもの》であり、忠を刀の切っ先に掛け、義を体をまとう武具として、百戦百勝。その武勲は誰一人として我が君に勝る者はいなかったのでございます。

殊に去る（慶長三年）十月一日、泗川《しせん》（朝鮮半島の南、慶尚道の南西にある港市）の新城において大明国《だいみんこく》の大軍二十余万をただ一度の戦いで殲滅《せんめつ》し（皆殺しにし）、首を獲《と》ること三万八千七百十七、切り捨てて獲らなかった首は数知れず、まことにこれまでに並ぶものがないほどの大勝利、日本でも中国でも、このように一度の戦いで多くの首を獲った例は今まで聞いたことがございません。

ああ、義弘公の神のごとき武徳・巧みな計略《はかりごと》は、これで知ることができましょう。智は知略にすぐれていることで有名な張良《ちょうりょう》・陳平《ちんぺい》（前漢の高祖の臣）に勝り、勇は義勇で名高い関羽《かんう》・張飛《ちょうひ》（『三国志』で有名な蜀《しょく》の武将）に劣ることはなく、兵法は中国の兵法家である孫子《そんし》・呉子《ごし》が再び現われたとしても必ずや公の言葉に従うことでしょう。それゆえ、我が島津軍の勇武の名声を聞いた明国《みんこく》の人々は、「石曼子《シイマンス》」と呼んで恐れたということでございます。まさしく朝鮮八道を屈服させたのは、決して諸将たちの功績ではなく、もっぱら我が君の功績であると言っても誰も反論することはないでしょう。

さて、朝鮮での戦いは、文禄《ぶんろく》と慶長、前後合わせて六か年にして遂に八道を服従させ、慶長三年（一五九八年）冬十一月、諸将たちそれぞれ帰国されましたので、我が君・義弘公も同じくお帰りあそばされ、全軍の武士・兵卒は筑前国《ちくぜんのくに》今津（現在の福岡市西区今津）から国（鹿児島）にお帰しになり、御自身は御子息忠恒公と共に山城国《やましろのくに》伏見（現在の京都市伏見）に御到着になりました。

ところで、あの吉田大蔵清家《おおくらきよいえ》は、このたびの朝鮮の戦いで、数度の他に抜きん出た手柄を立て、常に先陣を切って戦い、泗川《しせん》の大戦の折には諸人に卓越する高い名声を得て、深く義弘公のお褒《ほ》めにあずかり、大いに面目をほどこしたのでございます。とりわけ、帰国の時に当たって、樺山《かばやま》忠征《ただゆき》・同じく久高《ひさたか》・喜入忠政《きいれただまさ》ら五百余人の乗った船が南海島の岸に漂着した時、清家もその中にいたのですが、竹内兵部《たけうちひょうぶ》と共に責務を遂行して唐島《からしま》に赴き、太守公（義弘公）に報告して援軍を乞い、五百余人の命を救ったことは、これひとえに吉田と竹内の功績でございます。まことに清家の義を重んじ勇猛であることは、賞賛に値《あたい》いたしましょう。このほかにも忠義の功労は多々ございますが、長くなりますのでここでは省略いたします。さらに知りたければ、他の諸書を調べてみたらよいでしょう。

こうして吉田清家は十二月中旬のころ、薩摩に帰国しました。ちょうどそのころ、降り続く雪のために耐えがたい寒気でしたが、帰着した日の夜、平田三五郎の家を訪れたのでございます。再会した二人の心中、なにとぞ御想像ください。

過ぎし日の別れの辛《つら》かったことも今では笑い話の種となり、清家は、この二年の軍陣にあったあいだ、戦いに明け暮れていた折でさえ、片時もあなたのことを忘れることはなかった旨を語ります。一方、三五郎は、諏訪大明神《すわだいみょうじん》に日参したことを初め、石塚たちのことを話しますと、清家は聞いて嘆息し、三五郎の節を守り義を重んじた振る舞いに感じ入ったのでございます。

その夜、清家は三五郎の家に泊まり、積もる思いを相共に語り明かしました。ああ、この世は転変して定めなきもの、こうして再び会えるとは思わなかったので、ほんとうに二人の心の中の嬉《うれ》しさといったら、あの中国の故事にある、王質《おうしつ》（中国の晋《しん》時代の人。第二部〔七の2〕の「注」参照）が仙人の世界から帰ってきて七代の後の子孫に会った喜びも、とてもこれには及ばないだろうと思われました。

さて、「誠は天の道なり。誠を思ふは人の道なり（誠こそは天の道であり、誠であろうと努めるのが人の道である）」（第二部の「注」参照）という言葉がございますが、吉田・平田の二人の英雄が義を守って志を変えなかった、その誠を、永い時を隔てた今もなお多くの人々が称嘆するあまり、清家が雪を踏み分けて三五郎の家を訪れた様子を絵に描いて忠信節義（誠実・正直にして義を守り志を変えないこと）の手本とし、その跡を慕っているのは、ありがたく嬉《うれ》しいことでございます。当今は道義のすたれた末世《まっせ》ではありますが、人の心は昔のすばらしさを感じるものですから、諏訪《すわ》某という人は、その絵を見て懐古の情押さえがたく、三五郎に代わって、その心中をこう歌っています。

死なば別れ生きては何を報《むく》はまし　雪分けて来《こ》し人の誠を

（死別はともかく、生きている限りは、どのようにお応えしましょうか。雪踏み分けて訪ねてきてくださったお方の誠に対して）

再会ののち、清家と三五郎の二人は、昔にまさる兄弟の仲の良さ、片時も側《そば》を離れず、昼は共に武芸を練磨し、夜は互いに手と手を交わして枕とし、いついつまでも変わるまいと堅い契りを結んでいましたが、月日は矢のごとく過ぎ、明けて慶長四年（一五九九年）の春になりますと、ここ数年の暗くふさいでいた心がいくらか晴れてからまだどれほども経《た》っていないのに、またもや一つの大事件が出来《しゅったい》したのでございます。

それというのは、島津の家老職である伊集院忠棟《いじゅういんただむね》（幸侃《こうかん》）を、事情《わけ》あって伏見《ふしみ》の茶亭で忠恒《ただつね》公が成敗《せいばい》なさいましたが、「忠棟の子の伊集院源次郎忠真《ただざね》が、居城である都城《みやこのじょう》（現在の宮崎県都城市にあった城）に立て籠《こ》もり、十二の出城《でじろ》を構えて太守公に対して仇《あだ》を報いようと企てている」

との風評《うわさ》が、あれこれ取りざたされたので――その真偽のほどは明らかではなかったのですが――そのために薩隅日《さつぐうにち》の三州は大騒動となり、身分の上下を問わず湯の沸き返るように騒ぎ立て、誰も彼も心安らかではいられなかったのです。とりわけ若手の勇士たちは、

「よし、忠真よ、立て籠もるなら立て籠もれ。噂《うわさ》に聞く美少年・内村半平君などを生け捕りにしてやるぞ」

と勇み立ち、早くも出陣の用意をいたします。

ところで、あの石塚十助は、平田三五郎に思いをかけ、いろいろな悪巧みを試みたものの、遂に事が成就《じょうじゅ》せぬうちに吉田大蔵が帰国し、前にもまさる二人の仲に、今はどうすることもできず、空しく月日を過ごしていましたが、このたび庄内《しょうない》（都城）籠城《ろうじょう》の噂《うわさ》がありましたので――その忠真に縁のある者でしたから――急ぎ都城に駆けつけ、そのまま伊集院方に入ってしまいました。

10　庄内の乱に共に出陣―堂に佳名を残す

さて、伊集院《いじゅういん》源次郎忠真《ただざね》は、老父・忠棟《ただむね》が伏見《ふしみ》で殺されたことを憤り、都城《みやこのじょう》に立て籠《こ》もり、太守公に対して恨みを晴らそうとして、既に十二の出城《でじろ》を構え、日向《ひゅうが》と大隅《おおすみ》の通路をさえぎり、反逆の兆《きざ》しを見せましたので、龍伯公《りゅうはくこう》（義久公）の命によって、新納忠元《にいろただもと》・山田有信《ありのぶ》の二人が大

将となり、外様《とざま》の軍勢を率い、反逆者の予期せぬ動きに備えて、日向に出兵いたします。
この事態を急ぎ伏見にお知らせしますと、忠恒《ただつね》公・豊久《とよひさ》公はただちに御帰国あそばされ、その年（慶長四年）六月上旬、忠恒公は鹿児島の城を御出発になり、日向の反逆者の征伐に向かわれたのでございます。お供として従う人々は、島津豊久公・阿多長寿院盛淳《あたちょうじゅいんもりあつ》・島津征久《ゆくひさ》・島津久元《ひさもと》・島津忠信《ただのぶ》・島津忠朝《ただとも》・喜入忠政《きいれただまさ》を初めとして、そのほか、鎌田政近《かまたまさちか》・佐多太郎次郎・比志島国貞《ひしじまくにさだ》・平田増宗《ますむね》らの諸将ならびに勇猛な騎馬武者や兵卒らの軍勢は数万を超えていて、一々名を記す暇《いとま》はありませんが、その軍勢はまるで雲霞《うんか》のごとくでございました。
さて、吉田大蔵清家《おおくらきよいえ》と平田三五郎宗次《むねつぐ》もまた、共に君命に応じて出陣したのですが、三五郎はわざと父増宗に同行せず、六月十日の暁《あかつき》に清家と兄弟連れだって出発いたしました。途中、大隅国帖佐《ちょうさ》（現在の始良市始良町帖佐地区）を通る時、武運を祈るために米山《よねやま》薬師に参詣したところ、堂の左の柱に墨色かすかながらも、「文禄《ぶんろく》元年 壬辰《みずのえたつ》二月、隅州《ぐうしゅう》帖佐の住人、帖佐六七《ろくしち》、今度朝鮮に渡海す」と書いて、その下に歌が記してありました。

命あらばまたも来て見ん　米山の薬師の堂の軒端《のきば》荒らすな

（生きて帰ることがあれば、再び訪れて、これを見たいと思います。どうか米山薬師堂の軒端を荒らさずにいてほしい）

清家と三五郎は感嘆し、

「あの六七は、先年、朝鮮昌原《しょうげん》（現在の韓国慶尚南道南部にある）の虎狩《とらがり》で虎に噛《か》まれて死んだ勇猛比類なき勇者であるが、ああ、なんとすばらしいことか、筆の跡ほど後の世まで残る形見はない」

と、そぞろに感涙《かんるい》袖を絞るばかりでありましたが、

「では、我々も、今度の合戦は千に一つも生きて帰ろうとは考えられない」

と、清家はすぐさま矢立《やたて》（携帯用の筆墨具）を取り出し、堂の右の柱に、「時に慶長四年己亥《つちのとい》六月十日、平田三五郎宗次、吉田大蔵清家、共に庄内一戦の旅に赴《おもむ》く」と書き付けて出立したのでございます。

後にこの二人の英雄は戦死して、その

庄内への出陣の途次、米山薬師に詣で、柱に名を書き留める吉田と平田（明治18年8月・10月・20年本より）。

身は苔《こけ》の下に朽《く》ち、野外《やがい》の土となってしまいましたが、そのすばらしい名は死後に留まり、後の世までも残って、見る人は感涙とどまることを知らないのでございます。中国の唐代の詩人・白《はく》楽天《らくてん》が龍門《りゅうもん》に葬られた友人・元宗簡《げんそうかん》の名声を称えて、「龍門原上《げんじやう》の土、骨を埋《うづ》むるも名を埋めず（死して龍門の地に葬られたが、たとえ骨は土に埋められても、その名は埋もれることなく永遠に残るであろう）」と歌っているのは、まさにこのようなことを申すのでございましょう。

11　財部の戦に両雄討死―見事に義を貫く

さて、伊集院甚吉《いじゅういんじんきち》（忠棟《ただむね》の甥《おい》）と猿渡肥前守《さるわたりひぜんのかみ》が立て籠《こ》もる大隅国財部《おおすみのくにたからべ》（現在の曽於《そお》市財部町）の城は、十二の出城《でじろ》の一つで、謀反《むほん》の張本人《ちょうほんにん》・伊集院忠真《ただざね》の居城である都城《みやこのじょう》から西に当たり、その間《かん》わずか一里（約四キロメートル）に過ぎません。それにまた、忠真の最も頼みとする家臣の白石永仙《しらいしえいせん》と伊集院五兵衛尉《ごひょうえのじょう》らが立て籠もる安永《やすなが》城（現在の都城市庄内町にあった城）が、島津軍が攻め落として本陣としている山田城（現在の都城市山田町にあった城）との間を隔てていましたので、島津の軍勢は財部城に近づき攻める手段《てだて》がなかったのです。

ここ財部から大隅国浜之市《はまのいち》（現在の霧島市隼人町住吉）へ一筋の山路がございます。龍伯公《りゅうはくこう》（義久公）は、その浜之市の近くの富隈《とみのくま》城においでのでしたから、賢慮をめぐらして、「途中の渡瀬《わたせ》という所に新しい関所を設けて敵の襲来を防ごう」とお考えになり、そこに陣営を構え、市成隼《いちなりはや》人助武重《とのすけたけしげ》と弟の武明《たけあき》に命じて守らせられました。また、財部の西にある白毛峠《しらがとうげ》からも一つの道がございましたので、ここには伊地知周防守《いじちすおうのかみ》が君命を受けて守っていました。ところが、この二つの陣に敵兵が襲ってきて、何度か小競《こぜ》り合いがあったということです。

そうしているうちに、秋の末ごろ、龍伯公の命によって山田有信《ありのぶ》が全軍の指揮をとり、財部城を攻撃したのです。巳《み》の時（午前十時ごろ）から戦いが始まり、寄せ手が秘術を尽して攻め立てると、城兵も同じく戦いの巧者ゆえ、ここが勝敗の分かれ目と防ぎ戦います。中でも、忠真の家臣の瀬戸口石見《せとぐちいわみ》という者は、極めて勝れた鉄砲の名手ですが、緋縅《ひおどし》の鎧《よろい》を身につけ、崖《がけ》の小松を盾《たて》にして、寄せ来る軍勢を撃《う》ちましたので、我が軍の兵たちは容易に近づくことができません。

これを見た讃良善助《さわらぜんすけ》が十匁《もんめ》の鉄砲（重さ一〇匁＝約三八グラムの弾丸の鉄砲）を撃ちますと、狙《ねら》い違《たが》わず石見の体の真ん中を射通したので、石見はうつぶせに倒れて崖から下に落ちそうになります。そこへ長曽我部甚兵衛《ちょうそがべじんべえ》が駆け寄って、石見をつかんで引き上げ自陣に助け入れようとするところを、すかさず善助が撃った鉄砲によって、長曽我部が腰に挿していた軍配団扇《ぐんばいうちわ》をこなごなに撃ち砕いたのですが、これをものともせず、石見を助けて自陣に帰ったとは、なんとも勇壮なものでございました。

これを戦闘の初めとして、敵味方互いに入り乱れ、巴模様《ともえ》のようにぐるぐる切り回り、十文字のように前後左右に駆け散らします。天地を動かす鬨《とき》の声は山も崩れんばかり、互いに撃ち交わす鉄砲の音や打ち合う太刀《たち》の鍔音《つばおと》は今にも天地が裂けるかと思うほどの激戦でしたから、島津方では平田仁左衛門尉《にざえもんのじょう》、宮内治部《みやうちじぶ》らが討死《うちじに》したほか、双方共に負傷者・死者は数知れぬほどでございました。

ところで、吉田大蔵清家《おおくらきよいえ》と平田三五郎宗次《むねつぐ》は、いつも互いに寄り添い、進むも退《ひ》くも二人は形に影が従うように常に離れず、戦いの度ごとに手柄を立てていました。今日も朝から「もろともに、同じ道に」と志し、二人連れだって進んだのですが、戦いに暇《いとま》なく、心ならずも離れ離れになり、遂に清家は討死《うちじに》してしまいました。

一騎当千の家来である佐藤兵衛尉《ひょうえのじょう》武任《たけとう》が、その遺骸《なきがら》を肩にかついで味方の陣に退く時、ふと後ろを振り返ると、三五郎が清家を探しあぐねた様子で、茫然《ぼうぜん》として立っています。卯《う》の花縅《おどし》の鎧《よろい》を身につけ、わざと甲《かぶと》はかぶっていないので、乱れた鬢《びん》（頭の左右側面の髪）の毛が、あでやかで美しい顔から鎧の袖まで、はらはらと乱れ掛かっている有様は、まるで柳が春風に靡《なび》いているような風情《ふぜい》でございます。

武任がこれを見て、

「宗次さまですか」

と声をかけます。三五郎が、

「清家さまはどうなされた」

と尋ねますと、

「すでに討死《うちじに》」

との答え。三五郎は、

「なんということだ。ほんとうか」

と、馬から下に飛び下りて、そのまま清家の遺骸《なきがら》に抱きつき、涙をはらはらと流し、

「ああ、やんぬるかな（今となっては、もうどうにもしかたがない）。戦いに暇《いとま》なく、後《あと》に取り残されたとは、残念至極。今生《こんじょう》での対面はこれまで、武任、さらば」

と言い捨てて、また馬にうち乗り、そのまま敵陣に駆け入り、たちまち古井原《こいはる》（現在の曽於市財部町北俣にある）の草葉の末の露のように、はかなく消え果ててしまったとは、なんとも痛ましいことでございました。

ああ、平田三五郎は、この年ようやく十五歳。

吉田大蔵の死骸に取りすがって涙する平田三五郎（大正５年本より）。

この十年余りの年月は、ただ一時のはかない夢のようでございましたが、しかし、迷うことなく義を守り抜いたゆえのこと。思えば弓矢取る武士の道ほど世の中に切ないものはございません。つらつらこれを思い見るに、春の朝の美しい桜が一陣の風に吹かれ、秋の夕べの紅葉が一夜の霜に色あせ、空しく散ってゆく風情よりも、もっとはかなく思われるのでございます。

結び

ああ、平田三五郎は、いまだ壮《さか》りの年にも達しない身でありながら、どうしてこれほどまでに武士としての義を堅く守り、遂には死に赴いたのでしょうか。「朱に交われば赤く、墨に交われば黒し」というとおり、三五郎はかりにも文武二道に長じた吉田清家《きよいえ》と親しみ義兄弟の契りを結んだのですから、忠孝・廉直《れんちょく》（心清く正直）・剛毅《ごうき》（意志強固）な吉田の気風におのずと似たのは当然のことでございます。

ああ、人間が鳥や獣と異なるのは、ただこれ、義があるからなのです。もし義という大源《おおもと》を守らなければ、恩義を知らぬ鬼や畜生《ちくしょう》に隔たるところはないでしょう。三五郎はまだ幼少であるとはいえ、義を知り義を守るゆえに、終《つい》にすばらしい名声を後の世まで残し、その所縁《ゆかり》の場所は天地《あめつち》と共に末永く残り、後世の勇士の手本となっているのです。

それゆえ、今の世の人も、少年たちは言うまでもなく、若手の武士たちは、必ず文武の士と親しんで契りをお結びになり、すべからく忠孝を重んじ、義を守り、常に勇を持《じ》するならば、誰しも吉田・平田の昔の心に劣るものはないでしょう。

この後、男色《なんしょく》を好む人が、たとえ生死を共にする深い仲であったとしても、ただ愛欲にばかりふけり、忠孝の二つをうち忘れ、信義の心がないとすれば、今川氏真《いまがわうじざね》と三浦右衛門佐《うえもんのすけ》との仲のように、あるいは武田勝頼《たけだかつより》が土屋惣蔵《つちやそうぞう》を寵愛《ちょうあい》したように（第二部〔九の5〕の「注」を参照）、大《だい》は国家を亡ぼし、小《しょう》は身を害《そこ》なうのです。これこそは勇士にとって浮沈の分かれ目、恐れかつ慎まなければなりません。

思うに、この物語は、折にふれ事につけて、のちのち若者たちの慰み種《ぐさ》となるでしょうが、その時は、よくよく心を留めて見てほしいのです。慎むべきは倉田・小浜《おばま》の悪事のすべて、また恥ずべきは石塚らの悪巧み、ひとえに憧れかつ慕うべきは吉田・平田の義兄弟の堅い契りでございます。あの清家の腕を刺し通した行為は、父母から受けた大事な体を傷つけて正義に背いているように見えますが、強く義を重んじるところから発した行為ですから、別に心痛めることはないのです。ただ、この物語は、色道《しきどう》（色と恋の道）という点から見ると取るに足りないものですが、義理という点から見ると、自分を導く師のように役立つところがあるはずです。

第二部　『賎のおだまき』

―本文・注―

【凡　例】

1　九つの章段の題は、第二部（本文）では写本のままとしたので、第一部（現代語訳）で付した題とは異なる。

2　『賤のおだまき』の写本で現存するものは極めて少なく、しかも、それぞれ独自の異文や誤脱が多い。その活字翻刻は明治十七年（一八八四年）から大正五年（一九一六年）にかけて数種あるが、これまた多くの翻刻ミスや異文を含んでいる（第三部第三章を参照）。従って、底本とするに足る本はなく、諸本を校合して本文を定めた。なお、注目すべき本文の異同や意を以って改訂したものについては、【注】に明記した（その場合に用いる諸本の略称は第三部第三章を参照）。

3　漢字・送り仮名などは現行通用のそれに従い、仮名遣いは歴史的仮名遣いに改め、句読点や引用符を加えた。また、本文中の漢字に適宜ルビを付すことがあるが、筆者の不明に基づく誤りがあらんかと危惧している。

4　各章段の本文をさらに幾つかの段に分け、各段ごとに【注】を付した（語句の注釈は簡略にしたが、典拠のある表現や鹿児島の男色物語『雪折り竹』『雪折之松』の類似表現はつとめて挙げた）。上記の各段の初めに、それぞれ第○章段の○段目であるかを示すために、〔一の1〕〔三の4〕のような記号を付した。この記号は、本書の中で第二部の本文や注を引用・指摘する場合にも用いる。

一、倉田軍平、尾上権六を頼む事

〔一の1〕 昨日《きのふ》は今日《けふ》の昔、庄内《しやうない》二年の在陣には、未《いま》だ二葉《ふたば》の若衆《わかしゆ》より、国に杖《つゑ》つく老《い》の身も、名を一戦の功に惜しみ、おのおの子路《しろ》が纓《えい》を結び、親に先立ち子に後《おく》れ袂《たもと》をしぼる人もあり、主《しゆう》を失ひ兄弟を討《う》たせ胸を焦《こ》がせる族《やから》もあり、離別の愁《うれ》ひとりどりなりしに、わきて哀《あは》れに聞こえしは、平田三五郎宗次《むねつぐ》といへる少人《せうじん》、吉田大蔵清家《おほくらきよいへ》に男色《なんしょく》の好《よし》み浅からず、共に故郷を出《い》でしより片時も側《そば》を相《あひ》去らず、征鞍山路《せいあんさんろ》を分くる日も同じく迷ふ馬蹄《ばてい》の塵《ちり》、軍旅野外《ぐんりよやぐわい》に屯《たむろ》せば同じ褥《しとね》の仮枕《かりまくら》、共にながむる夜半《よは》の月、影のごとくに伴《ともな》ひしが、清家先に討死《うちじに》しければ、死なば共にと契約の言葉を違《たが》へず、宗次も今年《ことし》、三五《さんご》の秋の露、消ゆるぞ花の名残《なごり》にて、同じ戦士《せんど》の苔《こけ》の下に百歳《ひやくさい》の身を縮め、独《ひと》り越えなん冥途《めいど》の旅、伴《とも》ひ行くこそわりなけれ。

されば、高きも賤《いや》しきも、弓矢の家に生まれては、義のために命を捨つるは武士の習ひといひながら、これはまた、ためし少なき愛着《あいぢやく》の縁に引かれて、義理と色とに捨てし身の、心の程こそやさしけれ。

【注】○昨日は今日の昔＝（以下、〔一の1〕はこの物語の序に当たり、この物語の主題をあらかじめ提示する段）わずか一日前のことでも今日から見ればすでに過去のことである。月日の経過の早いこと。東北本・刊本は「昨日そ」とあるが、採らない。「去歳は茲歳《ことし》に移り、昨日は今日の昔と過れば」（庄内軍記・下・北郷忠能本領安堵の事）。「伊勢殿若衆文」（第三部第二章の3）にもあり。 ○庄内二年の在陣＝

慶長四年（一五九九年）から五年にかけて戦われた「庄内の乱」のこと。都城《みやこのじょう》（現在の宮崎県都城市）の城主で島津の重臣であった伊集院忠棟《ただむね》（幸侃《こうかん》）は、薩隅日の三国の守護になろうと画策、これを知った島津忠恒《ただつね》（義弘の子、後の家久）によって慶長四年三月に京都伏見で討たれたが、これを恨んだ忠棟の子・忠真《ただざね》は都城を中心に庄内地方に十二の砦を築いて戦いに備えたので、六月中旬、島津勢は庄内地方に攻め入り、翌年まで戦乱が続いた。『庄内軍記』『庄内陣記』は、この乱のことを描いた戦記物語。

○二葉＝人のまだ幼少の頃をいう。ここは年若であること。「さても二葉の若衆には内村半平…」（雪折り竹・二オ）。　○国に杖つく＝（古代中国で、七十歳になると国のどこにいても杖をつくことを許されたことから）七十歳になる、また、七十歳であること。　○名を一戦の功に惜しみ＝「名を惜しむ」は、名前や名声の傷つくことを残念に思う。ここは、功をあげて名声を高める、の意。　○子路が纓を結び＝孔子《こうし》の弟子の子路は、衛《えい》に仕えていた時、相続争いに巻き込まれ、仕えていた出公《しゅつこう》は既に魯《ろ》に亡命していたにもかかわらず、城に入って戦い、敵に纓（冠を固定するために顎《あご》の下で結ぶ紐《ひも》）を切られたが、君子であるならば冠を落としたまま死ぬことはできないと、冠を拾い上げ、纓を結び直して死んだ、という故事（「左伝」、「史記」の「仲尼弟子列伝」に見える）に基づく表現。勇者らしい最期をたとえていうのであろう。　○親に先立ち～＝以下、『庄内軍記』に拠るところ大（第三部第二章の4参照）。　○討たせ＝「討たれ」と受身に言うことを嫌った、軍記物語特有の表現。　○少人＝少年。特に、男色の相手の少年。若衆。井原西鶴の『男色大鑑』に多用。　○男色＝男同士の同性愛。第一部の訳では「義兄弟の契りを交わす」としておく。　○征鞍＝戦場に赴く鞍を置いた馬。（次の「山路」のルビは、薩摩琵琶歌「形見の桜」による）　○馬蹄の塵＝馬の蹄《ひづめ》で蹴上げる塵。　○軍旅＝軍勢。「屯す」は、兵士や人が群れ集まること。　○褥＝坐ったり寝たりする時、下に敷く敷物。「同じ褥」は、共寝《ともね》

（同衾《どうきん》）すること。「同じしとねのかり枕」（雪折り竹・九オ）。○影のごとくに＝「形に影の添ふ如し」（常に付いて離れないことのたとえ）による。〔九の3〕にも「両人は形に影の従ふごとく」とある。○百歳の身＝「百年」に人の一生涯の意があり、『詩経』の「百歳の後」は人の死後の婉曲表現。貝原益軒の『養生訓』には「人の身は百歳を以て期《ご》とす」とある。○行くこそ＝諸写本「行しそ」とあるが、結びの「わりなけれ」と呼応するので、刊本に従って改める（第三部第四章の2参照）。○わりなけれ＝県図本のみ「哀也」。「わりなし」は、道理にはずれている、尋常ではない、が原義。ここは、言いようがないほどすばらしい、非常に感動的だ、の意。○されば＝ここは、ほぼ同じ内容の段落をつないでいるので、第一部の訳では省略した。基になった『庄内軍記』の表現のままか。○弓矢の家＝代々弓矢の道にたずさわる家。武家。○愛着＝仏教語。愛情に執着すること。○程こそ＝県図本・野邉本・出水本は「程そ」とあるが、結びとの呼応から東北本・刊本に従う（第三部第四章の2参照）。○やさしけれ＝ここは、けなげだ、立派だ、殊勝だ、の意。

〔一の2〕いでや由来《ゆらい》を尋ぬるに、かの平田三五郎公といふは、御当家《ごたうけ》島津の累代執権職《るいだいしつけんしょく》たりし平田太郎左衛門尉増宗《たらうざゑもんのじょうますむね》の息男《そくなん》とかや。鎧着初《よろひきそ》めのころよりも気量骨柄《きりやうこつがら》人に超え、末頼もしく見えたりしに、日に増し月に随《したが》つて、花の面影《おもかげ》吉野山、峰の桜か秋の月、雲間《くもま》を出《い》づる風情《ふぜい》より、なほあでやかに麗《うるは》しく、容色無双《ようしょくむさう》の少人《せうじん》たり。

されば、そのころ国家乱世の折なれども、さすがに耐へぬ人心《ひとごころ》、いつかそれぞと見初《みそ》めては、三五郎公に命を捨て、我一増《われいちま》しに恋の山しげき小笹《をざさ》の露分けて、濡《ぬ》るる袂《たもと》の乾く暇《ひま》なき袖《そで》の雨、思ひを常に駿河《するが》なる富士の煙《けぶり》と焦《こ》がれても、時の家老《からう》の子息《しそく》といひ、父の慈愛も浅からざれば、何かは事をはばかりの関に人目をはばかりて、取り入ることも難波潟葦《なにはがたあし》のかりねの一夜《ひとよ》だに契《ちぎ》りし人ぞなかりける。

【注】○いでや＝改めて話し出す時に用いる発語。さて。○御当家＝「当家」は、この家、自分の家、の意。この物語では島津家を指す。○執権職＝大名の家臣で、家の事務を統括した職。家老。○平田太郎左衛門尉増宗＝島津義久の家老。慶長十四年（一六〇九年）琉球進攻の副将。翌十五年六月十九日、逆心ありとのことで誅せられる。『本藩人物誌』は、「国賊伝」に挙げるが、その子に三五郎はない。物語の虚構か（第三部第二章の6参照）。○鎧着初め＝武家の男児が、十二、三歳のころに、初めて鎧を身に着けること。具足初め。○気量＝物事をやりとげるだけの才能。力量。次の「骨柄」は、人柄。「ことに半平は、器量といひ骨柄といひ、世にすぐれたる美少年」（雪折り竹・一六オ）。○日に増し月に随って＝月日のたつにつれて程度が進むさま。「半平も今は日に増し月にしたがひつつ」（雪折り竹・四ウ）。○花の面影＝三五郎の美貌と吉野の桜とを掛けていう。他にも「花の面影日ごろにまさり」（二の1）、「花にもまさる宗次」（二の3）、「花の平田の三五郎」（三の2）、「花の平田」（四の5）、「花の盛りの宗次」（五の2）など。『雪折り竹』にも「内村半平は花の面影匂ひやかに」（二ウ）とあり。○吉野山＝「吉野山」の下の読点は、文意からは「吉野山峰の桜か、秋の月雲間を出づる」とあるべきであるが、リズムを主にした。○さすがに耐へぬ人心＝「仇ナル世ノ中ニモ流石ニ堪ヌ人心、何ツカ夫ソト言初テ」（庄内陣記・内村半平。庄内軍記・下にも同文あり）。○我一増しに＝我こそ第一と先んずること。「斯る美麗の少人たち我逸増しに励まれしかば」（雪折り竹・二オ）。○恋の山〜＝「恋の山しげき小笹の露分けて入り初むるより濡るる袖かな」（新勅撰集・恋一）。薩摩琵琶歌に「恋の山」という曲あり。以下、引歌表現や和歌的修辞を用いた表現が続く。第三部第四章の1参照。○思ひを

常に駿河なる〜＝「人知れぬ思ひを常に駿河なる富士の山こそ我が身なりけれ」（古今集・恋一）。「する」と「駿河」とを掛ける。○はばかりの関＝歌枕。陸奥にあった古関。「事を憚り」と掛詞。○難波潟〜＝「取り入ることも無」と「難波潟」を掛ける。「難波江の葦のかりね（刈り根・仮寝）のひとよ（一節・一夜）ゆゑみをつくし（澪標・身を尽くし）てや恋ひわたるべき」（千載集・恋三。百人一首）。

〔一の3〕　さるほどに、慶長元年《けいちやうぐわんねん》には、宗次《むねつぐ》も未《いま》だ若木《わかき》の八重桜《やへざくら》咲くや二六《にろく》の春の花、色香《いろか》ぞ深く甕《みか》の原わきて流るる泉川《いづみがは》いつ見きとてか恋しがる若手の武士のその中に、倉田軍平《くらたぐんぺい》とて血気盛《けっきざか》りの荒者《あらもの》ありて、かの宗次にあやなく迷ひ、一心不乱に恋ひ慕《した》ふといへども、たよりなぎさの捨て小舟《をぶね》よるべも波の梶枕《かぢまくら》、乾く暇《ひま》なき袖《そで》の雨、晴るる月夜も曇る夜《よ》も、雨露《うろ》にうたれてひたすらに君が門辺《かどべ》に徘徊《はいくわい》し、「自由にならぬ世の中は我が身の上」と述懐《じゅっくわい》して、幾夜《いくよ》か思ひ明かせども、いかなる不縁《ふえん》か、軍平はかくまで思ふかひもなく、うたてや、ただただ徒《いたづ》らに過ぐる月日は多くして、高間《たかま》の山のよそながら見ることさへもなかなかに、君に縁《えにし》のあらざれば、いかがはせんと己《おのれ》のみ水に燃え入る蛍火《ほたるび》の焦《こ》がれてちぢに思ひしに、ここに屈竟《くつきやう》のことこそありけれ、尾上権六《をのへごんろく》とて幼少の時分は倉田家に奉公して小者《こもの》なりし者、このごろ平田家の家来《けらい》となりて若党役《わかたうやく》を勤めける。軍平きつと心付き、かの権六を呼び寄せて、宗次公に一心なる由《よし》を語り、さまざま引出物《ひきでもの》など与へければ、欲には迷ふ人心《ひとごころ》、いと易《やす》く請《う》け合ひけるにぞ、軍平嬉《うれ》しさ限りなかりけれども、元来《ぐわんらい》倉田は血気《けっき》ばかりの男にて、文字《もんじ》の

道はつゆ知らず、無学至極《しごく》の者なれば、何と言ひやることもできず、いろいろ工夫《くふう》して、さて権六に言ひけるは、

「かやうのことはよくよく了簡《れうけん》してこそ書くべければ、明朝《みやうてう》こなたより手紙を遣《つか》はさん」

と言ひ置きて、その夜、倉田が友人小浜助五郎《をばますけごらう》といふに相頼《あひたの》みて、思ひのほどを書き認《したた》め、明くる早朝《あした》、権六方へぞ遣《つか》はしける。

【注】○慶長元年＝一五九六年。平田三五郎は「二六」（十二歳）。○甕の原〜＝「みかの原わきて流るる泉川いつ見きとてか恋しかるらむ」（新古今集・恋一。百人一首）。ただし、本文は「恋しがる若手の武士」と続くと解しておく。○荒者＝荒々しい人。また、乱暴で手におえない人。あばれもの。○あやなく＝ここは副詞的に用いたもので、あっけないさま。荒者のくせにあっけなく、ころりと。「美麗の少人たちを命にかけて恋ひ奉る血気盛りの若者どもの、中にも春田主左衛門はいかなる垣間の見恋より、かの半平にあやなく迷ひ、いとど心も焦れれつつ」（雪折り竹・四オ）。○たよりなぎさの捨て小舟〜＝「たより無」と「渚」、「よるべも無み」と「波」を掛ける。「たより渚の捨て小舟、波のよるひるこがれても」（雪折り竹・四オ）。「恨みても身を捨て舟のいつまでとよるべもなみ（無み・波）に袖ぬらすらん」（続後拾遺集・恋四）。○梶枕＝舟の中で寝ること。「波枕」に同じ。○うたてや＝いやなことよ。ああ情けないことよ。○高間の山＝奈良県金剛山地の葛城山《かずらきやま》の別称。「よそにのみ見てややみなん葛城の高間の山の峰の白雲」（和漢朗詠集・下・雲。新古今集・恋一＝第三句「葛城や」）。「葛城や高間の山の桜花雲居のよそに見てや過ぎなん」（千載集・春上）のように、「よそに見る」と用いる。○なかなかに＝（否定の語を伴って）簡単に、容易に、の意。あるいは「見ることさへも無」と掛ける

か。　○縁の＝「縁日」と表記する写本が多いが、都城本・刊本に従う。　○己のみ＝「焦がれて」にかかる。その下の「水に燃え入る蛍火の」は典拠未詳。鈴木彰氏は、消えないことのたとえと解する。「焦がれて」を導く。　○屈竟＝きわめて都合のよいこと。あつらえ向き。「これこそ屈強のことよと想ひ」（雪折り竹・九ウ）。　○小者＝武家に雇われ、雑事に使役されたもの。　○若党＝足軽より上位の下級武士で、主人の身辺の世話や外出の供をする。　○文字＝文章。文才。また、読み書きや学問、知識、素養などをいう。　○了簡＝考えをめぐらすこと。　○書き認め＝「書墨め」または「書くるめ」とする写本が多いが、東北本に従う。　○早朝＝諸本すべて「早朝」と表記。ルビは「自由燈」による。

〔一の4〕　さても尾上権六《をのへごんろく》は、平田家新参の者ながら生質《うまれつき》気量の者なりしかば、新参なれども大いに用ひられ、常には三五郎の髪を結《ゆ》ひ、ただ何事も権六ならではと、ひたすらに用ひられける。されど、倉田が頼みの一大事は自余《じよ》の儀《ぎ》どもとは事変《ことか》はれば、よき折もがなと、さまざま心を尽くすといへども、また折もなくもだしけるに、ある朝、例のごとく髪結《かみゆ》ひの折から、側《そば》にありける宗次《むねつぐ》の硯箱《すずりばこ》の中《うち》へ、かの手紙を入れ置きける。

後に宗次手習ひせんと硯箱を開けられしに、一通の手紙に、

平田三五郎様　　倉田軍平

とあり。すなはち三五郎押し開き見るに、いろいろ思ひの切《せつ》なるほどを書きて、その奥に、

君を思ふ枕の下は涙川《なみだがは》　身は浮草《うきくさ》の寝入る間《ま》もなし

三五郎、いかが思ひけん、見終はると、かの手紙をずたずたに引き裂き、噛《か》みたくりてぞ捨てたりける。

【注】○生質＝諸本すべて「生質」と表記する。ルビは『書言字考』による私案。○気量の者＝物事を巧みにやり遂げる才能の持ちぬし。○自余の儀＝それ以外のこと。「余の儀」（二の3）、「別儀」（四の4）も同意。○もだしける＝「もだす」（「黙止」とも表記する）は、だまっている、そのままにして構わないでいる、の意。「是非なく黙止居たりしが」（雪折り竹・一二オ）。○開けられしに＝ここに敬語を用いること不審（第三部第四章の4参照）。○涙川身は浮草＝「涙川」は、涙のあふれ流れるさまを川にたとえていう歌語。「身は憂」から「浮草」と言い掛ける。「わびぬれば身を浮草の根を絶えて誘ふ水あらばいなんとぞ思ふ」（古今集・雑下）。○噛みたくりて＝「カンタクッ　噛みまくる。タクッは強意の接尾語」（鹿児島方言大辞典）。第三部第四章の6参照。

〔一の5〕　後《あと》にて権六《ごんろく》このことを聞きて大いに恐懼《きやうく》し、急ぎ軍平方へ差し越し、叶《かな》はぬ由《よし》を言ひければ、軍平元来短気なる者なりければ、大《だい》の眼《まなこ》をくわつと見開き、「やおれ、権六、たしかに聞け。先日は既に、汝《なんぢ》、言葉を放ちて『事叶《かな》はん』とは言ひ置かずや。それに今さら『叶《かな》はぬ』とて、我が骨折りをむだにするこそ、返す返すも奇怪《きつくわい》なれ。よしよし、我を欺《あざむ》かば欺《あざむ》け。汝が頭微塵《みぢん》に切り割り、目にもの見せてくれん」と、大段平《おほだんびら》をひねくれば、権六、面色《めんしょく》土のごとく、たちまち震《ふる》ひ出し、「我、全く欺《あざむ》きたてまつるには候《さうら》はねど、主人三五郎殿《どの》といふは、少年ながらも余人《よじん》に変はり、心の猛《たけ》きこと火のごとく、折悪《をりあ》しくして言はんには手討《てうち》にあはんも計りがたく、それ故かやうかやうに計らひ置きて、かの手紙を見られしかども、返事のことはさておき、引き裂きて捨てられし始終《しじゅう》のことに推し量《おはか》らひ『叶《かな》はぬ』とては申せしなり。されど、貴公様《きこうさま》の御立腹《ごりっぷく》もまた御尤《ごもっと》もに候へば、近日中に良き折を待ちて、直《ぢき》に逢はせたてまつらん。そのとき思ひを明かしたまへ」

と、いろいろ取り繕《つくろ》ひ言ひければ、軍平もやうやく怒りを治《をさ》め、

「さあらば必ず約束を違《たが》ふべからず。またこの上に間違ひのことあらば、汝《なんぢ》が首は天に飛ばん」

と、さも荒らかに言ひ付けければ、ただ権六は恐れ入りたるばかりにて、一言《いちごん》もなくして帰りしが、その後、軍平方より度々《たびたび》催促しけれども、権六はさらにすべき様《やう》なく、とかくして日数を過ごしけるに、既にその年も暮れにけり。

【注】○差し越し＝辞書には「物や人をよこす」の意とするが、この物語では、行く、赴く、の意に用いる。「吉野の屋敷に差し越しける」（二の1）、「（吉田宅へ）五次衛門尉差し越し」（二の5）など。○やおれ＝感動詞「や」に対称の代名詞「おれ」の付いたもの。やい、おのれ。○骨折り＝労力に対する報酬。仕事に対する礼。骨折り賃。○むだにするこそ＝結びが「奇怪なれ」とあるので東北本に従って「こそ」とする（他の諸本は「事」「こと」）。○奇怪＝けしからぬこと。理に合わず不都合なこと。○大段平＝大きな刀。○面色土のごとく＝顔の色が生気を失って青ざめること。○手討＝武士が家臣や町人など目下の者を手ずから斬ること。○さておき＝当面の問題外とする。無視する。○貴公様＝（対称の代名詞）目上の男性を敬って用いる。「貴公」より敬意が高い。

二、倉田・小浜《をばま》、狼藉《らうぜき》 並びに、平田三五郎危難の事

〔二の1〕 明くれば慶長《けいちやう》二年の新玉《あらたま》には、平田三五郎宗次《むねつぐ》は既に十三歳の春を迎へ、今年《ことし》正月七日に角入御免《すみいれごめん》を蒙《かうむ》りければ、花の面影《おもかげ》日ごろに勝《まさ》り、色香《いろか》もいとど 梓弓《あづさゆみ》春立ち来てぞ 四方山《よもやま》に霞《かすみ》の衣《ころも》薄く着て、緑をたたむ初春《はつはる》の日影のどかにありければ、三五郎かねて小鳥を飼《か》ひて楽しみけるが、増宗《ますむね》の別業《べつげふ》吉野にありけるに、同十二日に小鳥狩りにと思ひ立ち、小者《こもの》一人、若党《わかたう》の尾上権六《をのへごんろく》を召し連れて、吉野の屋敷に差し越しける。このこと、かの倉田軍平聞き付けて、天の与へと喜んで、同志の小浜《をばま》助五郎を誘《さそ》ひつつ、時分を作りて、吉野をさしてぞ馳《は》せ行きける。

【注】○慶長二年＝一五九七年。「新玉」は、年の初め。正月。 ○角入御免＝元服前に前髪の額《ひたい》の両端の生え際を角形《かくがた》に剃り込んだ髪型（角入《すみい》れ髪）にし、「半元服」を許されること。 ○花の面影＝〔一の2〕の「花の面影」の注、参照。 ○色香もいとど＝次の「梓弓」以下への続き、明らかならず。 ○梓弓＝「はる」「ひく」「本」「末」などを導く枕詞。「梓弓春立ちしより年月の射るがごとくも思ほゆるかな」（古今集・春下）。 ○霞の衣＝霞を衣裳に見立てていう。「春のきる霞の衣ぬきを薄み山風にこそ乱るべらなれ」（古今集・春上）、「山桜霞の衣あつく着てこの春だにも風つつまなん」（山家集）。 ○緑をたたむ＝「緑」は草木の芽のこと。「たたむ」は、積み重ねるの意か。 ○別業＝本宅以外の屋敷。別荘。 ○吉野＝鹿児島城下の北にある丘陵地（現在の鹿児島市吉野町）。 ○同十二日＝「同」は、ここでは一月のこと。訓みは「おなじ」「おなじく」「おなじき」「どう」のいずれか、定めがたい。

〔二の2〕　かくて、平田三五郎は、終日《しゅうじつ》小鳥を捕つて遊び暮らし、もはや夕陽《せきやう》沈むのころ、主従《しゅじゅう》三人うち連れて戻る道にも鳥話《とりばなし》、余念もなくして帰りけるに、向《む》かふより倉田軍平・小浜助五郎、両人つれて高笑ひして出《い》で来たりければ、三五郎うち見て、かねて彼《かれ》とは存知《ぞんち》のうへ、また先日の手紙のことなど、かれこれ心に思はれて、「よしなき道に行き合ひたり。いかがはせん」と、宗次は独《ひと》り心をもまれけるが、はやそのうちに倉田・小浜も近くなり、軍平きつと宗次を見て、急ぎ前に立ちふさがり、

「さてもいかなる恵みにてか、よき所にて会ひたてまつれり。それがし、君によんどころなく申し上げたき用事の候《さうら》ふ。こなたへしばし御出《おんい》でくだされたく」

と言ひければ、三五郎は、ひしと胸にはこたへても、さあらぬ体《てい》にもてなして、

「存《ぞん》じ掛けなきそれがしに、何の用事の候ふや。ここにて仰せ候へ」

と言ふにつけて、尾上《をのへ》権六、かの両人に式体《しきたい》して、

「主人三五郎殿《どの》も、未《いま》だ若輩《じゃくはい》にて候へば」

と言はせも果てず、軍平眼《まなこ》をいからかし、

「汝《なんぢ》、慮外《りよぐわい》の助言《じょごん》、いま一言《いちごん》も出《い》ださば、真《ま》っ二つになすべし」

と、三尺有余《さんじゃくいうよ》の大太刀《おほだち》を反《そ》りに打つて、以《もっ》ての外《はか》なる気色《けしき》なれば、臆病未練の陪臣者《ばいしんもの》、命の惜しさに主《しゅう》をも忘れ、

「御免《ごめん》くだされ」

と言ふより早く、鼠《ねずみ》の逃ぐるがごとく、後《あと》をも見ずして逃げ去れば、小者《こもの》二才《にせ》も、これも震《ふる》ひて逃げ去りたり。後《あと》に残れる三五郎は、「是非《ぜひ》なき所に出《い》で合ひたり」と、もはや覚悟を極めつつ、「たとひ年こそ幼くとも、武士《もののふ》の家に生まれし身の、卑怯《ひけふ》を取る場はなかなかに外《はづ》すまじきぞ弓矢の道、まして況《いは》んや今年《こんねん》は、我が身も既に十三歳、もしも恥辱《ちじょく》を身の上に受けてはただにこの場を退《の》くべきか。露の命の消えんは誠に天命と思ひ極むる身ながらも、尾上らがことは残り多く、主《しゅう》の危難をよそにする腰抜けかな」と、今さらにいと口惜しさ限りなく、思ひを砕く宗次の心の内こそ切《せつ》なけれ。

【注】○存知＝知っていること。承知。　○よしなき＝ここは、よくない、不都合、の意。　○もまれけるが＝ここに敬語を用いること不審。前行の「思はれ」と同じ自発の「れ」か。　○それがし＝自称の代名詞。武士が威厳をもって用いた。わたくし。　○よんどころなく＝ここは副詞的用法で、どうしても、ぜひとも、の意。　○存じ掛けなき＝思いもよらない。思いがけない。また、その謙譲語。　○式体＝「色代」「色体」とも書く。頭を垂れて礼をすること。会釈《えしゃく》。あいさつ。　○慮外＝思いがけないこと。また、ぶしつけ、無礼。　○三尺有余＝約九〇センチ余り。後（五の4）には「二尺八寸余り」の刀を互いに贈る場面がある。　○反り＝刀身の湾曲している部分。「そりをうつ」は、刀を抜こうとして腰の刀の反りを裏返す。諸本は「そひ」と表記するが、刊本に従う。　○以ての外＝（事柄が常識や予想を超えていて）程度がはなはだしいさま。　○陪臣者＝「陪臣」は、家来の家来、またげらい。　○二才＝鹿児島方言で、若者のこと。　○是非なき＝しかたがない。やむをえない。　○卑怯を取る＝卑怯であるという汚名を受ける、の意か。下の「外す」は、その場から離れる、避ける、の意であろう。　○弓矢

の道＝武芸の道。ここは、武士たる者の進むべき道。〇心の内こそ＝諸本の本文は「心の中そ」であるが、結びが「切なけれ」とあるので、意を以て改める（第三部第四章の2参照）。

〔二の3〕　時に、軍平言ひけるは、

「用事といふは余《よ》の儀《ぎ》にあらず。先度《せんど》尾上権六を以《もっ》て差し上げ置き候《さうら》ふ手紙の御返事、余り長引き候へば、この儀を御尋《お》ね申し上げたく、御返答いかに」

と言ひければ、三五郎聞きて、

「尾上より貴様《きさま》の御手《お》紙など拝見せしは、かつて夢にも御座《ござ》なく候ふ」

と言ふに、軍平遠近《をちこち》を見回《みまは》しけるに、ここは人通り稀《まれ》なる所なるうへ、入相《いりあひ》近きころなれば、たえて人影もなし。その時、莞爾《にっこ》とうち笑ひ、

「さやうのことにて候はば、御返答なきも御尤《ごもっと》も。申し上げたる子細とては、それがし、君を日外《いつぞや》よりひとへに恋ひ焦《こ》がれたてまつりて、思ひは常に星の数、幾夜《いくよ》か独《ひと》り泣き明かす心の内の切なさを、申し上げたることにて候ふ。されば、我が身は御存《ごぞん》じのごとく、不風雅至極《ぶふうがしごく》の生まれつきにて、無芸無能の身なれども、君を思ふの一筋は八幡不易《はちまんふえき》に候へば、何とぞ一度は御情けをも候はば、露の命は君様《きみさま》に差し上ぐべきは一定《いちぢやう》せり」

と、さまざま口説《くど》き言ひければ、宗次《むねつぐ》は、

「存じの外《ほか》なる仰せかな。さやうのことは、それがしは未《いま》だ存ぜず」

と言ふに、倉田・小浜はもろともに、

「これはつれなき御返答。何とぞ一度は平《ひら》に御叶《かな》ひくだされたく」

と、「是非《ぜひ》」と、いろいろ言ひけれども、ただ三五郎は前のごとくに返答し、

「幾度《いくたび》仰せ候ふとも、さやうのことは存ぜず」

と言ひ捨てて帰る後ろより、倉田・小浜は切声《きりこゑ》にて、

「武士のかくまで言葉を尽くし言ひたることを聞き分けぬ木竹同然《ぼくちくどうぜん》の者に、口にて言ふはこさくなり。ただ無意気《むいき》に掛かれ」

と、倉田軍平、後ろより三五郎を大抱《おほだ》きに抱きければ、宗次「心得たり」と脇差《わきざし》を抜かんとするところを、小浜助五郎ひたと両手を取つて少しも動かせず。三五郎は無念至極《しごく》に思ひつつ、心の内は燃ゆる火のごとく、火水《ひみづ》になれともみ合ふに、この勢ひに三五郎が髪の元結《もとゆひ》ふつと切れ、梅の匂ひの乱れ髪、乱れて薫《かを》る春風《はるかぜ》に吹かれて衣裳《いしやう》の褄返《つまかへ》る、雪を欺《あざむ》くその肌に、倉田・小浜はいよいよこらへず、花にもまさる宗次を、強力荒者《がうりきあらもの》の両人が、ものの数とも思はずして、既に捻《ね》ぢ倒し、無理に本意《ほんい》を達せんと、夕日も西に入相《いりあひ》の無常を告ぐる山寺の鐘の響きぞ音《ね》を添へて、あはれいや増す春の暮、往来《ゆきき》の人もあらばこそ、あはれや今の三五郎が未《いま》だ少年の悲しさは、とてもかなはぬものゆゑに、いとどせんかた涙ぐみ、さても無念と思ふなる心の内こそ無慙《むざん》なれ。

【注】○先度＝さきごろ。せんだって。○貴様＝（対称尊敬の代名詞）あなた。貴公。○入相＝日の入るころ。夕暮れ。○莞爾と＝にっこりほほえんでいるさま。「くわんじ」とも読むが、「自由燈」の訓による。○日外＝いつぞや。かつて。先ごろ。「じつぐわい」とも読むが、「自由燈」の訓による。県図本の本文には「日外や」とある。「日外《いつぞや》物語せし、…憎からぬ女は」（好色一代男・一）。○不風雅＝風雅（詩歌の道を好むなど、風流で上品なこと）でない。三五郎は「武士の風雅に志し」（三の3）と描かれている。○八幡不易＝「八幡」は、うそ偽りのないの意。本当に、誠に、真実。「不易」は、いつまでも変わらないこと。「八幡不変と誓ひし武士の契り」（雪折り竹・一三ウ）。○一度は御情けを＝「是非とも一度の御情あれかし」（雪折之松・一ウ）。○君様＝相手を敬っていう語。あなたさま。○一定＝しかときまったこと。確実なこと。○存じの外＝「思ひの外」の丁寧表現。東北本以外の写本の表記は「存外」であるが、東北本・刊本および（三の6）の例によって改める。○切声＝激した声か。（三の5・四の3・六の3（二例））にも見える（第三部第四章の6参照）。○木竹＝「木石《ぼくせき》」に同じ。非情なもの。人間としての情を解さないもののたとえ。○こさく＝諸本の表記は「小作」。「こしゃく（小癪）」の変化した語。「コサクナ（訳）年かさの大人のように振舞う子供について言う」（邦訳日葡辞書）。こざかしい、生意気の意であるが、ここは「しゃくにさわる」の意か。○無意気＝いちずに強引な行動をとるさま。がむしゃら。○脇差＝腰の脇に挿す小刀《ちいさがたな》。守り刀。○動かせず＝県図本・東北本・出水本は「不動」、刊本は「動かさず」とあるが、野邉本・さんぎしに従う。○火水になれ＝「火水になる」は、火災や洪水のように勢いの烈しいものになる。きわめて激しく動作するさまにいう。○元結＝髻（もとどり。髪を頭の頂に束ねた所）を結ぶ細い紐《ひも》。紙縒《こよ》り製のものであろう。○梅の匂ひ＝この物語には、三五郎の清らかな美しさを梅の花と匂い（香）に関連づけて描くところが多い。「庭

の梅、袖に薫れる香をかげば、なほも恋しさいやまさる」（三の5）、「闇はあやなし梅の花、袖に匂ひの薫りきて」（三の6）。○衣裳の褄＝着物の裾の左右両端の部分。○花にもまさる＝〔一の2〕の「花の面影」の注、参照。○本意を達せんと夕日も＝「本意」は、もとからの心、かねての願い。「夕日」に「言ふ」を掛けたと見るのは無理。「達せんとする、その時に、夕日も西に」の意か。○入相＝「西に入り」を掛ける。「無常の風の吹きそよぐ日も早西へ入相の鐘の響きに驚きて」（雪折り竹・二三オ）。○あらばこそ＝県図本・東北本・刊本は「あらはへに」、都城本は「あらはくに」と表記。「へに」は「こそ」の誤写と見て改訂した。（「無い」の意を強調して）あるどころではない。そんなものなどない。○ものゆゑに＝ここは順接。…ので。…のだから。○せんかた涙ぐみ＝「せんかた無み」と「涙」を掛ける。○内こそ＝写本の多くは「中そ」とあるが、結び（無慙なれ）と呼応するので野邉本・さんぎしに従う（第三部第四章の2参照）。○無慙＝残酷な状態にあっていたましいさま。深く同情すべきさま。

〔二の4〕　かかるところに、宗次《むねつぐ》の運や強かりけん、一人の士《さむらひ》、馬にうち乗り通りしが、この有様を見るよりも、急ぎ馬より飛び下り、

「それがしは吉田大蔵《おほくら》なり。おのおの何事にて候《さうら》ふや」

と言ふ声の下より、倉田・小浜の両人は、いかが思ひけん、一言《ひとこと》も言はず、たちまち逃げ去り失《う》せにけり。

時に、大蔵、三五郎に事の次第を尋ぬるに、宗次涙をはらはらと流し、

「それがしは平田太郎左衛門《たらうざゑもん》が子息《しそく》、三五郎にて候ふ」

と、事の始終《しじゆう》を包まず語られしに、また折よくも、増宗《ますむね》の一族、平田五次右衛門尉《ごじうゑもんのじやう》、今ここに通り

かかり、共に驚き、立ち寄りて、

「何事ぞや」

と尋ねらるるに、大蔵、次第を語りければ、五次右衛門尉、聞くに驚嘆せられしが、まづ大蔵に一礼を述べ、

「いざ、増宗の宅に行かん」

と勧められしが、大蔵聞きて返答に、

「それがし、今宵《こよひ》よんどころなき用事のありて急ぐ道にて候へば、またも御目《おめ》にかからん」

と式体《しきたい》しけるを、三五郎は今さら名残《なごり》いと惜しく、涙にくれて大蔵が袂《たもと》にひたとすがりつき、

「是非《ぜひ》に今宵《こよひ》はそれがしが宅に御出《おんい》で候へ」

と「是非《ぜひ》に是非に」と引きけれども、ただ大蔵は、

「今宵《こよひ》は用事の候へば、またも参り候はん」

と、程よく言ひてあひしらひ、すがり付きたる三五郎が袂《たもと》をふつと振り切つて、馬にひらりとうち乗りつつ、後《あと》をも見ずして馳《は》せ去りける。


【注】○見るよりも＝この「より」は、事が起こってすぐに後の事の続く意を表す。…するとすぐに。○おのおの＝二人称。多人数を指す。○声の下＝言葉の終わるか終わらぬうち。○次第＝初めから終わりまで。また物事の事情や由来・理由・成り行きなど。○語られしに＝ここに敬語を用いること不審。

この後にも五次右衛門尉の動作に「尋ねらるる」「驚嘆せられ」「勧められ」と敬語を用いているのは不審。第三部第四章の4参照。〇式体＝ここは、遠慮する、辞退するの意。〇今さら＝今初めてのさま（今改めて）。急なさま（今急に、突然）。〇袂にひたとすがりつき〜＝「華の加治木の三郎五郎は、袖にすがり手にすがつて、是非に是非にと引き留めける」（雪折り竹・八ウ）。〇御出で＝「出る」「来る」の敬語。〇あひしらひ＝応対する、応答する。

〔二の5〕　さて、それより五次右衛門尉は、三五郎を同道して帰りてより、深く三五郎を戒めて、かつて口外《こうぐわい》なからしめ、また、明くる日、大蔵が宅にも五次右衛門尉差し越し、昨日《きのふ》の一礼を述べて、ひとへにこのこと他言《たごん》なきやうにと頼みける。

そもそも五次右衛門尉かくまで戒めたりける子細は、その時代は仮にも士節《しせつ》を失ふ者は、その親類一族どもよりたちまち切腹をなさしむる風儀《ふうぎ》なりければ、このたび倉田・小浜が狼藉《らうぜき》して逃げ去りたることは、すこぶる節義を失ふものなれば、もし世間に言ひはやして両家の一族聞き付けては、ゆゆしき大事の基《もとひ》なれば、五次右衛門尉これを遠慮して、かくは他言《たごん》を戒めける、仁智《じんち》のほどこそ情けなれ。その後《のち》、程へて、このこと世上《せじやう》に言ひはやし、終《つひ》に倉田・小浜はかの親類より切腹いたさせけるとかや。誠にその時代は士風《しふう》の烈《はげ》しきこと、これにて知るべし。

【注】〇かつて＝（打消しの語と共に用いて）決して。〇明くる日＝諸本の表記は「明日」。刊本が「翌日」とするのを参考にして表記を改める。〇士節＝武士としての節義。〇風儀＝ならわし。風習。

○このたび＝諸本の表記は「今度」。『書言字考』の訓に拠り、表記を改める。○節義＝人としての正しい道を守りとおすこと。○遠慮＝遠い先々まで考えること。深い考え。○仁智＝思いやりの気持ちが深く、知恵のすぐれていること。

三、吉田・平田の両雄《りやういう》、兄弟の義を結ぶ事

〔三の1〕 時に薩隅日《さつぐうにち》三州の御太守公《おんたいしゆこう》は、高祖忠久公《かうそただひさこう》より十五代、前陸奥守貴久公《さきのむつのかみたかひさこう》、漢の光武《くわうぶ》の義に則《のっと》りたまひ、三州中興《ちうこう》の聖太守《せいたいしゆ》にて、寛仁大度《くわんじんたいど》の名君なるが、旌旗《せいき》の指すところ、反賊《はんぞく》ことごとく甲《かぶと》を脱ぎ、国家初めて寧一《ねいいつ》に属《しょく》し、淳風上古《じゅんぷうじやうこ》に髣髴《ほうふつ》たりしが、それより三位法印龍伯公《さんゐほふいんりうはくこう》、相続《あひつづ》いて兵庫頭義弘公《ひやうごのかみよしひろこう》にいたり、共に仁義の名大将《めいだいしやう》にて、一度怒《ひとたびいか》りて九州命《めい》に従ひ、威名扶桑《ゐめいふさう》に傑出《けっしゅつ》せり。

【注】○薩隅日三州＝島津氏の支配した薩摩・大隅・日向の三国。単に「三州」とも。○御太守公＝「太守」（一国以上を領有する国主大名）の尊称。○高祖忠久公＝島津氏の始祖。父は源頼朝、母は丹後局《たんごのつぼね》とされる。建久八年（一一九七年）薩摩・大隅両国の守護となり、日向国守護も兼ねた。○貴久公＝島津忠良《ただよし》（日新《じっしん》公）の子、島津宗家勝久の養子となるが、守護職の継承をめぐって長年の抗争の末に、天文末年（一五五〇年ごろ）には薩隅日の諸領主からその地位を認められ、家督を継いで第十五代となり、三国を再統一した。「（天文十四年三月）貴久公太守ノ任ニ即キ、日新公コレヲ補佐シ、絶タルヲ継ギ廃レタルヲ起シ、大ニ善政ヲ施ス。コレヲ十五代中興ノ太守ト称ス」（西藩野史・一〇）。○漢の光武＝後漢《ごかん》の初代皇帝・光武帝。王莽《おうもう》の大軍を撃破して洛陽で即位、漢王朝を再興した。○寛仁大度＝寛大で慈悲深く度量の大きいこと。「薩隅日三州の太守、島津源三位法印龍伯公と申し奉る、寛仁大度の名

君なれば」（雪折り竹・一オ）。　〇旗旗＝はた。「遂に旗旗日を掠《かす》めて、宇治勢多にして相戦ふ」（太平記・一）。　〇甲を脱ぎ＝敵に降伏することの意志表示。　〇寧一に属し＝安定し乱れない状態がずっと続く。「朝廷已に逆臣の為に傾けられんとせしかども、程なく静謐《せいひつ》に属《しょく》して、一天下また泰平に帰せしかば」（太平記・一五）。　〇淳風＝すなおな風俗。人情のあつい風習。　〇髣髴＝よく似ているさま。上の「上古」は、古き良き時代をさす。　〇三位法印龍伯公＝貴久の嫡子・義久。天正六年（一五七八年）薩隅日三か国を平定し、九州統一を進めたが、天正十五年（一五八七年）五月、豊臣秀吉に敗れて降伏。秀吉の命により文禄四年（一五九五年）大隅国の富隈《とみのくま》（のちさらに国分《こくぶ》。共に現在の霧島市）に隠退した。「龍伯」は剃髪後の号、「三位（位階）法印（僧の最高位）」は後に授けられた。　〇義弘公＝貴久の次男。惟新公。かつて任ぜられた「兵庫頭」が通称となった。兄・義久の守護代となり九州統一を進めたが、豊臣秀長に敗れた。文禄・慶長の役で朝鮮に出兵し勇名をはせた。後の関ヶ原の合戦では西軍に属して敗れたが、敵中を突破した「退《の》き口」は有名。　〇威名＝威光と名声。　〇扶桑＝日本国の異称。

〔三の2〕　されば、「上《かみ》仁を好んで、下《しも》義を好まざる者はなし」とかや。御家《おいへ》の士臣《ししん》にいたるまで、いづれも英雄豪傑《えいいうがうけつ》にして、若手の武士の輩《ともがら》も義を見て勇《ゆう》を事とする中にも、吉田大蔵清家《おほくらきよいへ》といふは、行年《かうねん》ここに二十三、そのころ無双《むさう》の弓取《ゆみとり》にて、あまねく三州中に名を知られ、大力強打《だいりききやうだ》の太刀《たち》利《き》きなるが、常に律儀《りちぎ》を嗜《たしな》みて、忠義の二つを重んじければ、かたじけなくも太守公《たいしゆこう》にも別して御秘蔵《ごひぞう》に思《おぼ》し召《め》し、「武士の手本《てほん》は大蔵なり」と、折々御賞美《ごしやうび》ありしほどの者なりければ、若手の武士の中にても、容貌《ようばう》・言行《げんかう》にいたるまで、吉田風《よしだふう》とてはやりける。されば、若手の面々は清家が友となるを以《もつ》て皆《みな》希望として、およそ鹿児島中の二才《にせ》どもは、過半《くわはん》大蔵が幕下《ばくか》なり。故に、先日、倉田・小浜《をばま》が狼藉《らうぜき》の折も「吉田大蔵」と名を聞きては、彼らごときの荒者《あらもの》も終《つひ》に逃げ去りしこと、かねて清家が威風《ゐふう》に恐れ居たりし故なり。

さても、吉田大蔵は、常に忠孝を重んじて、兵術修練《しうれん》に身命《しんめい》をなげうち、いつも大蔵が宅に同志を集め、旦夕《たんせき》武芸を励みしに、かねて伴《ともな》ふ同志の中にも美麗《びれい》の少人《せうじん》多しといへども、さしてながめは薄墨《うすずみ》の、心に染まる色香《いろか》なく居たりしに、花の平田の三五郎を一度《ひとたび》見たる、その時より、いとど心にとまり舟、波のよるひる憧れて、恋ふる心の一筋に、今は命も絶えなんと、思ひ焦《こ》がるる有様は、あはれなりけることどもなり。

【注】○上仁を好んで～＝出典、未詳。「上《かみ》好ム者有レバ、下《しも》必ズ焉《これ》ヨリ甚ダシキ者有リ」（孟子・梁恵王上）。○御家＝「主家（主君の家）」のこと。「御当家」（一の2）に同じ。○士臣＝家臣。○義を見て勇を～＝「義ヲ見テ為《せ》ザルハ勇ナキナリ」（論語・為政）。〔九の5〕にも「義を見て常に勇あらば」とあり。○行年＝これまで生きてきた年数。年齢。当年。○弓取＝弓や矢を取る身。武士。○太刀利き＝太刀さばきの巧みなこと。また、その人。○律義を嗜みて＝礼儀や義理を堅く守ることを、常に心がけて。○太守公＝島津義久公（〔三の一〕参照）。○御秘蔵＝特定の目下の者を特にかわいがり大事にすること。また、その対象。「主君御秘蔵の貴公に心懸て」（雪折之松・四ウ）。○容貌・言行にいたるまで～＝「されば、若手の面々は、いづれも主左衛門が下風になつき、容貌所行に至るまで…真似たりしかば…いづれも主左衛門が幕下のごとくにぞ見えたりける」（雪折り竹・三オ）。○幕下＝手下。配下。○旦夕

＝あさゆう。明け暮れ。また、つねづね。○美麗の少人＝「華をもねたむ容顔美麗の少人なるが」（雪折り竹・八オ）。○ながめは薄墨の＝見た目の良さはそれほどではない、の意か。「薄墨の」は下の「染まる」「色香」と縁語。「心に染まる」は、強く心ひかれる、の意。○花の平田の三五郎＝〔一の2〕の「花の面影」の注、参照。○心にとまり舟〜＝「心にとまる」から「泊り舟」（停泊している舟）と言い掛け、「波の寄る」に続く。その「寄る」は「夜」と掛詞で「夜昼」と続く。「便りなぎさの捨て小舟、波のよるひるこがれても」（雪折り竹・四オ）。○今は命も絶えなんと思ひ焦がる＝「いとど心もこがれつつ命も今は絶えなんと」（雪折り竹・四オ）。

〔三の3〕　しかるに、ある夜《よ》、清家が友達の面々、五、六人づれにて夜話《よばなし》に来たり、とりどりさまざまの話のうちに、大蔵《おほくら》問ひて言ひけるは、

「いま三州に名高き少人《せうじん》多しといへども、いづれか当時の随一《ずいいち》ならん」

と言ふに、久保《くぼ》某《なにがし》といふ一人の友達、答へて言ひけるは、

「当時名に負《お》ふ若衆《わかしゅ》には、まづ第一、日州《につしう》にては内村半平《はんぺい》、次に松島三五郎、または奈良原清八《ならはらせいはち》か。隅薩《ぐうさつ》の二国には、渋谷《しぶや》、福崎、富山《とみやま》の、この三人に勝《すぐ》れたる紅顔《こうがん》はあらじ」

と言ふに、かたはらの柱に寄りかかり琵琶《びは》を弾《ひ》きける一人の友達、撥《ばち》をからりと投げ捨てて、

「ああ、久保氏《うぢ》は忘れたるや。平田三五郎宗次公《むねつぐこう》を、なんぞ当世《たうせい》の第一と言はざるや。かの内村、松島、富山、渋谷、奈良原らの人々も、または貴公のかねて噂《うはさ》の福崎徳万尊公《そんこう》も、いづれ盛りと言ひながら、

わきて平田宗次公は主《ぬし》なきままの深山木《みやまぎ》のおのがまにまに咲き乱れたる風情《ふぜい》にて、ただ生成《きな》りにして繕《つくろ》はぬこそ、いと奥ゆかしくもうち見えて、これぞ当時の随一ならん」

と言ふに、大蔵聞きて笑ひを含み、

「浮世が自由になるならば、かかる美麗《びれい》の少人《せうじん》と共に契りを結びつつ、武芸稽古《けいこ》も励みなば、稽古も日々に進まんに、いかなる人の徳ありて平田公とは契るらん。我らごときの輩《ともがら》は高嶺《たかね》の花と見るばかり。ああ、天命、悲しいかな」

と、うち笑ひければ、先の友達また曰《いは》く、

「主《ぬし》、聞かずや。かの宗次公は、人となり廉直《れんちょく》・剛毅《がうき》にして、武芸は言ふにも及ばず、文《ぶん》は文之《ぶんし》の門《もん》に入り、昼夜《ちうや》に文武を励まして、また折々は和歌の道さへ嗜《たしな》みつつ、武士の風雅《ふうが》に志し、仁恵《じんけい》の情《じやう》ふかき由《よし》。されど、かねて身持ちを重んじて、士道《しだう》に欠《か》くるところなし。されば、見る人・聞く人ごとに思ひを掛けずといふことなけれども、未《いま》だ一度もかの君と契りし人は聞かず」

と言ふに、大蔵、心にものあれば、なほも委細《いさい》に問ふほどに、夜《よ》もはや五更《ごかう》のころになりけるにぞ、友達の面々も「話も今はこれまでなり。いざ明日《みやうにち》」と暇乞《いとまご》ひして、おのがさまざま帰りける。

【注】○当時＝ただいま。現在。　○随一＝多くあるものの中の第一位。第一番。すぐ後に「当世の第一」とある。　○名に負ふ＝名高い。有名である。　○若衆＝一般には、若者、元服前の男子をいうが、特に、美少年、男色の対象となる少年（〔一の1〕の「少人《せうじん》」に同じ）をいうこともある。　○内村半平＝『雪

折り竹』は、伊集院忠棟《ただむね》（幸侃《こうかん》）の下につどう「二葉の若衆…いづれ劣らぬ花の枝、紐とくころの少人たち」（二オ）として、内村半平・松島三五郎・奈良原清八らの名をあげる。『庄内軍記』には「半平は僅に生年十六歳、容顔殊にうるはしく世に類なき若者にて、忠真《ただざね》深く寵愛せり」（下・柳川原口鎗合の事）とある。春田主左衛門と敵味方に分かれたが、矢文で敵将に懇願し、最後の対面を許された話は有名で、『雪折り竹』のほか、『庄内陣記』『薩藩旧伝集』などにも見える。〇松島三五郎＝『雪折之松』に「松島三五郎とて世に勝れたる男色ありけるが、天のなせる美躰にや、容顔万人に超えて、絵にかくとも筆に及ばず…」とある。『雪折之松』は、伊集院忠真の「寵愛の若衆」であった松島が横田市助の求愛に応じたため、二人共に遠島になる物語。〇奈良原清八＝内村半平と「同じく忠真が小姓やうにてありけるが」（雪折り竹）、半平を妬み暗闇で襲ったことが原因で、半平は兄・小川半助と共に志和池《しわち》城に移ったことは、『雪折り竹』『薩藩旧伝集』などに見える。〇渋谷、福崎＝未詳。〇富山＝富山次十郎のことであろう。「中にも哀れに聞こえしは、富山次十郎といふ少年、二八ばかりとうち見えて、容顔ことに美麗なるが…」（庄内軍記・下・戦死功名の事）。薩摩琵琶歌「形見の桜」（第三部第一章の8、参照）にもあり。〇紅顔＝年若く血色のよい顔。ここは、美少年のことをいう。〇琵琶、撥＝四弦（または五弦）の弦楽器。「薩摩琵琶」は全長約三尺（一メートル弱）で海老尾が大きい。斜めに構えて、三角形の黄楊《つげ》の「撥《ばち》」で弾く。島津忠良《ただよし》（日新公《じっしんこう》）が士気振興のために琵琶弾奏を用いることを考え、琵琶楽の改良を命じ、自らも歌詞を創作した。それ以来、島津藩では琵琶楽が重要視された。〇忘れたるや＝刊本のごとく「たりや」とあるべきところであるが、県図本（たるかな）以外の諸本すべて同じ。「文法上の許容事項」の一つ。〇主なき…深山木＝持ち主がなく、人知れず深山に咲く桜。〔六の1〕にも「惜しむ人なき深山木の花の色香に異ならず」とある。「なかなかに惜しむ人なき深山べの花をば風も誘はざりけり」（月詣和歌集・三月）。○生成り＝生地のまま、飾り気のないさま。○随一ならん＝「ならん」は、諸本「なるべし」「と言ふべし」とあるが、「ぞ」の結びなので刊本に従う。○高嶺の花＝遠くから眺めるだけで、手に取って自分のものにすることができないもののたとえ。○天命＝天によって定められた宿命。○主＝ここは対称の代名詞。敬意をもって相手を指す語。あなた。貴殿。「主」を欠く本（都城本・さんぎし・刊本）もある。○人となり＝諸本の表記は「天性」であるが、『書言字考』の訓に拠り表記を改める。○廉直＝潔白で正直なこと。正直で曲がったことをしないこと。○剛毅＝意志が強固で気力があり、何事にも屈しないこと。○文之＝織豊期から江戸初期にかけて文筆で活躍した臨済僧。南浦《なんぽ》、狂雲《きょううん》などとも号した。島津義久・義弘・家久の三代の寵遇《ちょうぐう》をうけ、大隅の安国寺《あんこくじ》を掌り、城下の大龍寺《だいりゅうじ》の開基となった。また、明《みん》・琉球との外交文書作成にもたずさわった。薩南学派の祖・桂庵《けいあん》の訓点を改訂した『四書集注』は文之点として有名。東北本の本文「文志」や刊本の「文士」は南浦文之を知らぬがゆえの誤りであろう。○武士の風雅＝〔二の3〕の「不風雅」の注、参照。「内村半平は…今年十三歳になりたるが、武芸は家の役なれば言ふに及ばず、文の道、諸礼の道、そのほか和歌・香・茶に至るまでも、武士の風雅を嗜み」（雪折り竹・二ウ）。○仁恵＝いつくしみ。めぐみ。なさけ。○身持ち＝身の持ち方。所行。品行。○ものあれば＝「ものあり」は、何かわけがある、の意。○五更＝一夜を五つに分けた、その第五更。寅《とら》の刻に当たる。午前三時〜五時。暁。

〔三の4〕　あとにて独《ひと》り清家《きよいへ》は、先の話に宗次《むねつぐ》のことの始終《しじゅう》をよく聞きて、いとど恋しさいや増しつ。眠《ねむ》らんとすれど目も合はず、ただ何となく物狂《ものくる》はしかりければ、庭に飛び出《い》で立木《たちき》に当たり、「思ひ立ちたる武士《もののふ》の、やたけ心の一念は、石にも徹《とほ》る例《ためし》あり。我も一度《ひとたび》思ひを掛け、切《せつ》に焦《こ》がるる一筋を、あはれと思へ、神仏。恋しき君は平田なる三尊公」と、夜もすがら、ただ一心に念じつつ、立木を打つて明かせしは、まことに耐へがたき清家が心のほどこそあはれなれ。

かくすること大蔵《おほくら》すでに十余日に及びければ、不思議なるかな、清家が一念の誠や通じけん、かの平田三五郎は過ぎし夜《よ》より俄《には》かに寝苦しくなりて、夢ともなく現《うつつ》ともなく、吉田大蔵清家が門《かど》に来たりてことると見て、夢驚かす夜半《よは》の鐘、かくすること一夜《いちや》のうちに五、六度なりければ、いかなる故といふことを知らず、宗次、不思議に思ひながら、いとど心にあこがれて、口にはそれと言はねども、このことのみぞ明け暮れに、ただひたすらに思はれて、幼心《をさなごころ》の一筋にせんかたなくぞ見えにける。

されば、かのまた大蔵は、宗次のことを一心に起きても寝ても思ひつつ、夜は立木《たちき》を打ち明かし、昼は手習《てなら》ひの反古《ほぐ》にただ「宗次尊公一心」とばかり書きて、いたづらに思ひを苦しめ居たりしが、清家つらつら思ふやう、「ああ、いかにせん。大丈夫《だいぢやうぶ》たる者の、忠義の二つを思ふべきに、かかるはかなき色に迷ひ、ただただ思ひ苦しむとは。されば、我が身はかくまでに切《せつ》に焦《こ》がれて思ふとも、とてもかひなき片思ひ。しかれば、たとひ恋ひ死にすとも、死しての後《のち》は、誰《たれ》あつて叶《かな》はぬ恋に清家が身を捨て舟の沈みたる後《あと》のあはれを問ふ人もなきと思へば、ひたすらに我が身ながらもあぢきなや。よしや恋ひ死にするの代はりに、思ひのほどを君様《きみさま》に、明かしてもしも叶《かな》はずは、腹かき切つて死せんこと、なかなか今の思ひに勝《まさ》るなり」と、独《ひと》り心に思案して、忠も義もある益荒男《ますらを》の、心吉田の清家も、恋の道にはかくまでに、思ひ極めけるこそはかなけれ。

【注】○始終＝一般的用法と少し異なるが、「すべて」の意と解しておく。 ○いや増しつ＝「つ」は、多くの写本に従って、完了の助動詞「つ」と解しておく。 ○眠らん＝諸本は「寝らん」とあるが、不審。「自由燈」が「ねま」とルビを付しているのを参考にして、漢字表記を改める。 ○物狂はし＝気が変になりそうである。ものにとりつかれて正気を失っているようだ。 ○立木＝薩摩の剣法・示現流《じげんりゅう》の基礎稽古に「立木打ち」がある。庭の立木、または、穴に埋めて立てた丸太を木刀で連打する。 ○やたけ心＝諸本の「矢竹」は当て字。「いや(いよいよ)たけ(猛り勇む)心」。勇みに勇んでものおじしない心。猛々しくはやる心。また、堅固でくじけない心。 ○一念は石にも徹る＝「一念岩をも徹す」(石を虎と思って放った矢が石を貫き通したという故事に基づくことわざ)。「虎と見て石に立つ矢のあるものをなど我が恋の通らざるべきと思ひつづけ」(雪折り竹・四オ)。 ○三尊公＝三五郎の名を敬意をこめて呼ぶ。○心のほどこそ＝「こそ」は諸本「そ」とあるが、結びの「あはれなれ」との呼応を考えて刊本に従う。○寝苦しく＝都城本以外の諸本は「寝狂しく」とあるが、「寝狂はし」という表現は不審。都城本に従う。○ことる＝「訪れる」の意の鹿児島方言。第三部第四章の6参照。 ○されば＝転換の接続（さて、ところで）であるが、第一部の訳は「一方」とする。 ○反古＝「ほぐ」は「ほご」に同じ。書き損じた不用の紙のこと。 ○いたづらに＝むなしく。意味もなく。 ○思ひ苦しむとは＝「とは」は諸本「事を」（刊本は「拙さよ」）とあるが、「と」を「こと」に、「は（者の草体）」を「を」に誤写したと見て改訂した。 ○されば＝刊本は「されど」。ここも転換と見て、「そもそも」と訳しておく。 ○とても＝（打消しを伴って）どんなにしても。とうてい。 ○誰あつて＝（下に打消しを伴って）だれも。ひとりも。○身を捨て舟の＝「身を捨て―沈みたる」というところを、和歌的修辞を用いて表現した。「身を捨て舟の浮き沈み、塩瀬にめぐる泡《うたかた》の、消えなんことこそ悲しけれ」（太平記・一八）。 ○問ふ人もなき＝

「問ふ」は弔問するの意。「誰あつて」に呼応する。詠嘆の連体形止め。○君様＝敬称。あのおかた（自分の意中の人をさすにも用いる）。○なかなか＝逆の状況や意味をもたらすこと。かえって。○益荒男の＝諸本「ますら雄か」とあるが、「清家も」（県図本・東北本は「清家か」）との続きから刊本に従って改訂した。○心吉田＝「心よし」と「吉田」を掛ける。○はかなけれ＝ここは、見た目にむなしく痛々しい、あわれだ、の意。

〔三の5〕 ころは正月末つ方、大蔵《おほくら》「三五郎の宅に行かん」とて、「もしや思ひの叶《かな》はずは再び家に帰らじ」と、思ひ切つてぞ立ち出《い》づる。名残《なごり》を惜しむ庭の梅、袖《そで》に薫《かを》れる香《か》をかげば、なほも恋しさいや増さる君の宅へと差し越しける。

かのまた平田三五郎は、未《いま》だ志学《しがく》の年に至らざれども、父の増宗教戒《ますむねけうかい》して文武の二つを励みしが、芸に遊ぶの暇《いとま》には、天吹《てんぷく》を深く愛して、常に吹いてぞ慰みける。

かくて、吉田大蔵は、暮時分《くれじぶん》に三五郎の宅に来たり、天吹《てんぷく》の音の聞こえければ、これに感じ聞きとれて、「誰《た》が吹くぞ」と、ひそやかに垣の隙《ひま》よりのぞきしに、恋しと思ふ三五郎が、小座《こざ》の戸口にただ独《ひと》り、縁《えん》の柱に寄りかかり、庭に植木《うゑき》の梅の花、雪かとまがふ白妙《しろたへ》の夕べの景色をながめやり、暮るるも知らで天吹《てんぷく》を吹きたりける、その有様は、なかなかに筆に書くともいかでかは及びがたくぞ見えにける。

清家おぼえず切声《きりこゑ》を掛けたりければ、宗次《むねつぐ》いかが思はれけん、急に天吹《てんぷく》を吹きとどめ、内へ入らん

としたりしかば、大蔵すなはち言葉を掛け、

「三五郎さま」

と問ひければ、宗次、

「誰《たれ》か」

と答へける。清家《きよいへ》、門につと差し入り、

「吉田大蔵にて候《さうら》ふ」

と言ふを聞くより、三五郎は縁より下に飛び下り、

「大蔵さまにて候ふや。いざや、これへ」

と勧めつつ、共に内にぞ入りにける。

かくて、清家、宗次は、一つ二つの挨拶《あいさつ》も心ありげに水無瀬川《みなせかは》深き思ひはもろともに色に出《い》ださぬ燕子花《かきつばた》、思はぬふりの物話《ものばなし》、包むとすれどなかなかに余る色香《いろか》の眥《まなじり》に引きしめ見しめ、おのづから互ひに心恥づかしく、共にせけたる有様は、吉野の春に龍田《たつた》の秋、紅葉《もみぢ》桜をこきまぜて一時《いちじ》に見るの心地せり。


【注】○庭の梅、袖に薫れる香＝〔二の3〕の「梅の匂ひ」の注、参照。○志学の年＝十五歳。「吾、十有五ニシテ学ニ志ス」（論語・為政）による。○文武の二つを励みしが＝「文武二道に身を捨てて昼夜をわかず励みしが」（雪折り竹・三オ）。○天吹＝長さ一尺（約三〇センチ）前後の縦笛。三節の竹で

作られ、穴は表に四つ、裏に一つ開けられた。戦国時代に、島津忠良《ただよし》（日新公《じっしんこう》）が武士の修養と娯楽に適したものとして奨励したため、薩摩武士の間でもてはやされた。○聞きとれて＝聞いてそれに心を奪われる。聞きほれる。○小座＝「小座敷」の略。小さい座敷。母屋から続けて外へ建て出した部屋のことにもいう。○縁＝家の外側に設けた細長い板敷。縁側。○白妙の＝「衣」「袖」、あるいは真っ白な「雲」「月」「雪」、また、「白妙」の材料としての「木綿《ゆふ》」と同音の「夕波」などを導く枕詞。○夕べ＝諸本の表記は「暮」。「白妙の」との関連から「ゆふべ」と訓み、表記を改める。○いかでかは＝次への続き、いかが。「いかでかは及ばん、及びがたく」の意か（第三部第四章の5参照）。○切声＝〔二の3〕の「切声」の注、参照。ここは深く感じて思わず発する声であろう。○思はれけん＝ここに敬語を用いること不審。県図本・刊本は「思ひけん」。第三部第四章の4参照。○聞くより＝この「より」は事が起こってすぐ後の事が続く意を表す。…するとすぐに。するや否や。○水無瀬川＝川床だけあって、水は伏流となって地下にもぐっている川。ここは、表面には見えない心を言い、「深く」を導く。「言《こと》に出でて言はぬばかりぞ水無瀬川下にかよひて恋しきものを」（古今集・恋二）。○燕子花＝典拠不明（第三部第四章の6参照）。○物語＝『鹿児島方言大辞典』に「語り草、話題」とあるが、「名残は多き物話」（五の5）や「物咄もせずして帰るさに」（雪折り竹・九ウ）などを見ると、「話、談話」の意にも用いるか。第三部第四章の6参照。○引きしめ見しめ＝未詳。第三部第四章の6参照。○せけたる＝「セケル　はにかむ。はじらう。人前で顔を赤らめる」（鹿児島方言大辞典）。第三部第四章の6参照。○吉野の春に龍田の秋＝大和（奈良県）の吉野山は春の桜、龍田川は秋の紅葉が有名。

〔三の6〕　そののち、いかなるついでにか、清家《きよいへ》、宗次《むねつぐ》に言ひけるは、

「最前《さいぜん》の天吹《てんぷく》、あつぱれ感じたてまつり候《さうら》ふ。いま一曲吹いて御《お》聞かせ候へ」

と言ふに、三五郎いとどうち困り、

「それがしが未《いま》だえ吹かぬ天吹《てんぷく》を、存じの外《ほか》なる仰せかな。貴公様《きこうさま》こそ、一曲御吹《おんふ》きあそばされ候へ」

と、机の上なる天吹《てんぷく》を取つて清家が前にさし置けば、清家再三辞《じ》しけれども、「是非《ぜひ》」と宗次望まれければ、今は辞するに言葉なく、「さらば」と取つて、これを吹く。

そのころ、大蔵《おほくら》は名高き天吹《てんぷく》の上手《じやうず》にて、三州一番といふほどの名人なるうへ、いつに勝《すぐ》れて清家が思ひを込めて吹きければ、三五郎聞くにあこがれて、いとど心も空《そら》になり、おぼえず吉田が吹く側《そば》にただひたすらに寄りかかり、梅花《ばいくわ》の匂ひいと深く、柳に似たる三五郎が、花の目元は清家が顔うちまもり、おのづから感じ入りたる有様は、かの漢の聖卿《せいけい》が玉の床《とこ》にたはむれし、その古《いにしへ》の面影もかくやと思ひ知られたり。

ただ清家は夢にのみ夢路《ゆめぢ》を渡る心地して、ある身ともなく居たりしが、「多日《たじつ》の本望《ほんまう》この時なり、今はいつをか期《き》すべき」と、しばし天吹《てんぷく》を吹きとどめ、側《そば》に寄りたる三五郎が雪のやうなる手を取つて、「近ごろ申し上げかね候へども、君を一度《ひとたび》見たてまつりてより、勇む心は春駒《はるこま》の繋《つな》ぎとどめぬ我が思ひ、明け暮れ一心に恋ひたてまつり候ふ。あはれ、なにとぞ、それがしが申す旨《むね》を御得心《ごとくしん》も候はば、御恩のほどは二世《ふたよ》まで命にかけて報ずべし。されどまた、人の数にも候はぬ我らごときに候へば、御《お》叶《かな》ひ下されずとのこと候《ざうら》はば、時節到来《たうらい》、不縁《ふえん》の我が身、腹かき切つて死せんこと、覚悟極めて候ふ」

と、いとどわりなく言ひければ、宗次聞きていと困り、せけたる顔に紅葉《もみぢ》して、いなをの言葉もなかりしが、心ばかりは「あはれ、ただかかる勇義《ゆうぎ》の英雄《えいいう》と義理の契りを結びつつ、互ひに士道《しだう》を嗜《たしな》みて、言ひつ諫《いさ》めつ励みなば、武士の本意《ほんい》」と、かねてより清家が勇義のほどを思ひ慕《した》うて居たれども、さすがそれとは言ひがたく、色見て君に知れがなと、思ひかねたる有様にて、ただ清家にうちとけて、心の内は最上川上《もがみかはのぼ》れば下《くだ》る稲舟《いなぶね》の、否《いな》にあらざるよそほひは、たとへんかたも梨《なし》の木の花にうるほふ春雨《はるさめ》や、軒《のき》の玉水《たまみづ》音しげく、人も静まる折なれば、清家今はこらへかね、風に柳のよられつる風情《ふぜい》に似たる三五郎を、ただ後ろよりじつと抱《だ》き、燈火《ともしび》ふつと吹き消せば、闇はあやなし梅の花、袖《そで》に匂ひの薫《かを》り来て、色こそ見えね、夜の雨 窓打つばかり音ぞして、静まりかへる小座《こざ》の内、思ひもつれし恋の名をかけてぞとくる雪の肌、触れて契りを結びける。ただその折の清家が心の内の嬉《うれ》しさは、何にたとへんかたもなし。

【注】○貴公様＝（対称の代名詞）目上の男性を敬って用いる。「貴公」より敬意が高い。○望まれければ＝ここに敬語を用いること不審。第三部第四章の4参照。○梅花の匂ひ＝〔二の3〕の「梅の匂ひ」の注、参照。○柳に似たる＝しなやかなさまを言う。この段の後にも「風に柳のよられつる風情に似たる」とある。○聖卿＝漢の雲陽の人。董賢《とうけん》。字《あざな》は聖卿。哀帝《あいてい》の寵臣《ちょうしん》。常に帝の傍らに侍し、臥し起きを同じくした。ある日の昼、共に寝ていた帝が起きようとしたが、その袖が賢の体の下にあったので、起こすに忍びず、袖を断ち切って起きた、という故事（断袖《だんしゅう》）は有名。〔四の1〕にも「かの哀帝の龍衣の袖を断ち切らせたまひし契りはおろかにて」とある。○玉の床＝玉で飾った美しい寝所。○多

日の本望＝長い月日のあいだ抱いてきた望み。『庄内軍記』（下・柳川原口槍合の事）にも「幸ひかな、我々多日の本望此の時なり」とある。「多年の本望この時にあり」（雪折り竹・二三ウ）。○春駒＝「我がものと標野《しめの》に飼ひし春駒の手にもかからずあれまさるかな」（堀河院百首・春・春駒）のように、元気よくあばれ、繋ぎとめることができない馬というイメージ。心が勇みはやり抑えきれないさまをたとえる。○得心＝心から承知すること。なるほどと認めること。納得。本文は東北本・刊本による（県図本や都城本は「心得」）。○こと候はば＝「に（にて）候ふ」を「ざふらふ」ということがある。ここはその例。○二世＝現世と来世。「にせ」とも。○わりなく＝ここは、耐えがたく苦しい、の意。○紅葉して＝恥ずかしさや怒りのために顔が赤くなること。直前の「せけたる」は、はにかむ、赤面するの意の鹿児島方言。前段〔三の5〕にも「共にせけたる有様」とある。第三部第四章の6参照。○いなを＝否諾、いや（拒否）もおう（応諾）も、の意。「いなう」ともいう。○勇義＝勇気があって義に篤いこと。「かかる勇義の武士と二世不乱の契りを結びて…互に諫めつ諫められつつ励むものならば」（雪折り竹・八オ）。○色＝ここでは、けはい、様子、そぶり、の意。○知れがな＝「知る」（下二段）は、「知る」（四段）の受身・使役態。知られる。また、知らせる。「がな」は願望の助詞。…たい。…てほしい。○最上川〜＝山形県の中央を流れる大河。「最上川上れば下る稲舟のいなにはあらずこの月ばかり」（古今集・東歌）。三句まで「いな（否）」を出す序詞。以下、引歌表現や和歌的修辞を用いた表現が続く。第三部第四章の1を参照。○梨の木の〜＝「たとへんかたもなし」と「梨」を掛ける。「梨花一枝春雨ヲ帯ブ」（白楽天「長恨歌」）。○軒の玉水＝軒から落ちる雨のしずく。○風に柳のよられつつ＝「よる」は（糸などを）ひねり合わせる。ここは柳の枝が風になびくさまをいうか。「柳随風といふことを　西行法師／見渡せば佐保の川原にくりかけて風によらるる青柳の糸」（新拾遺集・

雑下）。○闇はあやなし～＝「春の夜の闇はあやなし梅の花色こそ見えね香やは隠るる」（古今集・春上）により、暗い中で梅の香がはっきりと薫っているさまをいう。この段の前半部（大蔵が天吹を吹く場面）でも「梅花の匂ひいと深く」とあり、二人が初めて契りを結ぶ段に重ねて用いていることは注目される（〔二の3〕の「梅の匂ひ」の注、参照）。○夜の雨窓打つ＝「蕭々《せうせう》タル闇《くら》キ雨窓ヲ打ツ声」（白楽天「上陽白髪人」）、「夜もすがら何ごとをかは思ひつる窓打つ雨の音を聞きつつ」（和泉式部日記）。「窓打つばかり音してぞ」の本文は東北本による（県図本や野邉本は「窓うつのみそ音してそ」とあり）。○恋の名をかけて～＝文意明らかならず。「諸共にかけし思ひの恋の名ぞ、解くるもやすき下紐なれば、今夜や爰に宿り木や、同じ褥の手枕に雪の肌へを近づけて、深き契りをこめにける。」（雪折り竹・五ウ）。第三部第四章の6参照。

〔三の7〕かくてよりして大蔵《おほくら》は、日ごろの欝念一時《うつねんいちじ》に散《さん》じ、英気他日《たじつ》に百倍して、楽しきことに思ひつつ、文武二道をもろともに、互ひに言ひつ諫《いさ》めつ励ませば、聞く人・見る人ごとに羨《うらや》まざらんはなかりけり。されど、あだなる世の習ひ、吉田・平田の両雄《りやういう》が好《よし》み深きを妬《ねた》みつつ、奸知《かんち》をたくむ人多く、堂・宮などの柱さへ、かの両人が事故《ことゆゑ》を種々のおどけに落書《らくがき》し、または二人を悪《あ》しざまにいろいろ言ひはやしけれども、清家《きよいへ》・宗次《むねつぐ》兄弟は、さらに屈する色もなく、日々に契りぞ益荒男《ますらを》が、互ひに義理に勇みけり。

【注】○欝念＝心にわだかまるものがあって晴れ晴れしない気持ち。「数日《すじつ》の欝念一時に解散《げさん》す」（平家物語・七）。○羨まざらんは～＝「両人は影のごとくに相伴ひ、月見花見の二人づれ、羨まざるはなかりけ

り」（雪折り竹・六オ）。◯されど＝県図本など多くの写本は「されば」とあるが、前後のつながりを考えて東北本に従う。◯あだなる＝はかなくもろいさま。実がなく浮薄なさま。◯奸知＝わるがしこい才知。悪知恵。◯事故＝事の子細。◯種々のおどけ＝「種々のおどけをたはむれて、思ふ仲をば隔てんと、様々奸知をめぐらすといへども」（雪折り竹・四ウ）。◯益荒男＝立派な男子。強く勇ましい男子。「契りぞ増す」と掛詞。

四、三五郎、大蔵を疑うて義絶せんと欲する事　付《つけたり》、両人起請文《きしやうもん》の事

〔四の1〕「縁ある時は千里これがために会へり。縁なき時は肝胆胡越《かんたんこゑつ》のごとし」と言へり。かの平田三五郎宗次《むねつぐ》は三州中にまたなき紅顔《こうがん》なりければ、千万人より恋ひ慕はれ、中にも倉田・小浜《をばま》がごとき強悪至極《がうあくしごく》の無意気者《むいきもの》もありて、千変万化して攻めけれども、終《つひ》に落とし得ざりしに、さてもいかなる天運にや、吉田大蔵清家《おほくらきよいへ》は、その身勇義《ゆうぎ》の徳により高嶺《たかね》の花の三五郎をただ一攻《ひとせ》めに攻め落とし、たやすく手に入れたりし有縁無縁《うえんむえん》こそ不思議なれ。

　これは、亜聖《あせい》の「天の時は地の利にしかず、地の利は人の和にしかず」と説《と》きたまひしは、彼は兵の道なれども、理《り》より推《お》して見る時は、いづれの道もみな然《しか》り。されば、清家・宗次は、骨肉《こつにく》ならぬ兄弟となりてより、互ひに交はりいと深く、かの哀帝《あいてい》の龍衣《りようい》の袖《そで》を断《た》ち切らせたまひし契りはおろかにて、朝な夕なにただ二人、出《い》づるも入るも伴《ともな》うて、武術稽古《けいこ》に身をゆだね、昼夜を分かたず励ませば、心ある面々はこれを見聞きて、「さあるこそ武士道の本意《ほんい》ならめ」と感ずる族《やから》も多かりしに、佞奸《ねいかん》

至極《しごく》の小人《せうじん》どもは、羨《うらや》み妬《ねた》むの余りには、邪棒《じゃぼう》をたくむ、そのうちに、石塚十助《いしつかじふすけ》といふ者、幾久《いくひさ》しく宗次に思ひを掛けて居たりしに、図《はか》らずも、三五郎、大蔵にうち靡《なび》き、今はまことの兄弟同然、二世《にせ》不乱《ふらん》に契る由《よし》、かの石塚聞き付けて、妬《ねた》ましさは限りなく、種々に邪悪を企て、吉田・平田の両人が契る仲をば隔てんと、とざまかくざま思案しけるに、一つの奸計《かんけい》を思ひ付き、二月八日のことなるに、一通の偽書《ぎしょ》を認《したた》めて、平田家の門前に落とし置きたり。

【注】○縁ある時は～＝「縁あれば千里も合壁《がっぺき》、縁なければ肝胆胡越」（近世説美少年録・二）。「縁あれば千里」「縁あれば千里を隔てても会ひ易し、縁なければ面を対してもまみえがたし」「肝胆も楚越」（以上、ことわざ大辞典より）。「肝胆胡越」は、肝臓《かんぞう》と胆嚢《たんのう》のように近くにあるものでも、時には中国の北方の胡《こ》と南方の越《えつ》ほど遠く隔たって会わないことのたとえ。刊本が「邯鄲呉越」とするのはとんでもない誤り。　○無意気者＝情け容赦なく、無理を押し通そうとする人。　○有縁無縁＝本来は仏教語で、仏や菩薩と深い因縁があることと無いこと、の意であるが、ここは、人との縁の有る無し。「夢の世の有縁無縁を感じつつ」（雪折り竹・九オ）。その下の「こそ」は、諸本「そ」であるが、結びは諸本「不思議なれ」とあるので「こそ」と改訂する（第三部第四章の2参照）。　○これは＝下文との続き明らかならず。下の「彼は」に対するものか。刊本は「彼の」。　○亜聖＝（聖人孔子に次ぐの意）孟子のこと。○天の時は～＝「天ノ時ハ地ノ利ニ如《し》カズ、地ノ利ハ人ノ和ニ如カズ。」（孟子・公孫丑下）。事を成すにあたっては人の和が第一であるということ。　○理より推して見る＝ものの道理から推し進めてみる。○骨肉ならぬ兄弟＝血族としての兄弟ではない、堅い契りを結び合った義兄弟。すぐ後に「まことの兄弟同然、二世不乱に契る」とあり。　○哀帝～＝漢の哀帝の「断袖」の故事（〔三の6〕の「聖卿」の

注を参照）。「龍衣」は天子の衣服。　○おろか＝不十分。もののかずでもない。　○さあるこそ＝諸本「さこそあるこそ」。「こそ」の重なること、いかが。刊本に従う。結びの「（本意）ならめ」は、「ならん」とする写本が多いが、野邉本および刊本に従う。　○佞奸＝表面は柔順であるかのように見せかけて、心は悪くねじけていること。　○小人＝徳・器量のない小人物。　○邪棒＝「邪謀」（邪悪なはかりごと。わるだくみ）に同じか。〔四の4・六の2〕には「邪棒を振る」の例あり（第三部第四章の6参照）。『雪折り竹』にも「邪棒を振らんと企みたる」（九オ）とあり。　○二世不乱＝現世はもちろん、来世までも堅い契りで結ばれ、心を他にそらすことがないさまを言うのであろう。「二世不乱の契りを結びて」（雪折り竹・八オ）。　○奸計＝悪だくみ。　○門前に＝「門（の）前にぞ」とする写本が多いが、結び（落とし置きたり）との呼応が整わない。野邉本・刊本に従う（第三部第四章の2参照）。

〔四の2〕　かくとは知らず三五郎は、その日、清家《きよいへ》の宅に行かんとて立ち出《い》でられしに、宗次《むねつぐ》はかの手紙には心も付かずうち過ぎぬるに、家来《けらい》目早く見付けてすなはち拾ひ、宗次に見せければ、上に、

　吉田大蔵《おほくら》様　　加納《かなふ》八次郎

と書きたり。宗次うち笑ひ、

「吉田殿《どの》に行く折に、この手紙を拾ふこそ幸ひなれ。持ちて行かん」

と、清家の宅に差し越しけるに、折節《をりふし》、清家留守《るす》なりければ、宗次空《むな》しく立ち帰り、いかが心に思はれけん、先の手紙を取り出《い》だし、封《ふう》押し切つて見られしに、

昨夜は罷《まか》り出《い》で長座《ちやうざ》いたし御礼《おんれい》申し上げ候《そろ》　さて彼《か》の一儀《いちぎ》　平田氏《うぢ》には御話《お》し御無用《ごむよう》に存じ奉《たてまつ》り候　人目しげき世の中　密々《みつみつ》の儀第一に候　なほ今晩御意《ぎよい》を得て委細《いさい》申し上ぐべく候

恐々謹言《きようきようきんげん》

二月八日　　加納某《なにがし》　契弟《けいてい》

吉田大蔵　尊兄《そんけい》

人々御中

尚々《なほなほ》　御約束の弓は後《のち》ほど取り寄せ差し上げ申すべく候ふ間《あひだ》　さやう思《おぼ》し召《め》し下さるべく候

【注】○立ち出でられし＝ここに敬語を用いること不審。すぐ後にも「思はれけん」「見られしに」とあり（第三部第四章の4参照）。　○目早く＝見つけることが早いさま。目ざとく。　○罷り出で＝自分の「出る」動作を謙譲していう。ここは「参上し」と同意。　○彼の一儀＝あの事柄。あの一件。　○御意を得て＝ここは、お目にかかる、お会いする、の意。　○恐々謹言＝「恐惶《きようくわう》謹言」と同じく、恐れかしこまり謹んで申し上げますの意。相手に敬意を表す。書状などの末尾に記す書き止めの文言。　○契弟＝義理の弟。義兄弟の仲にある弟分。「契兄」（六の1）の対。　○尊兄＝兄を敬っていう語。　○人々御中＝手紙の宛名の脇付《わきづけ》。「参る人々御中」（五の2）ともいう。　○尚々＝手紙の追って書き（追伸）に用いる語。さらに、加えて、の意。『雪折り竹』にも、内村半平が春田主左衛門に宛てた文に「尚々」として弓の事を記したところ（一〇ウ）がある。

〔四の3〕三五郎、見終はつて歯がみをなし、「さては、大蔵殿《おほくらどの》、我を見捨てたまひ、加納氏《かなふうぢ》へ心変はりか。人の心と川の瀬は一夜《いちや》に変はるといふことあれど、武士の一度《ひとたび》変はらじと契り置きしを、何《なに》故《ゆゑ》に変はる心の恨めしや。かほどに不義の人とも知らず、これまで契りし悔しさよ。ただこの上は我もまた、命生きて何かせん。大蔵殿ともろともに死して止《や》むよりほかはなし。されどもまた、我も一度《ひとたび》兄と頼み置きたることとなれば、まづ清家《きよいへ》に義絶して、兄弟の交はりを断ち切つて、その後《のち》ともかくもすべきなり」と、心一途《いちづ》に思ひ切り、すなはち一書を認《したた》める。

最前《さいぜん》は罷《まか》り出《い》で候《さうら》へども　御留守《おんるす》のゆゑ　手紙を以《もつ》て啓上《けいじやう》いたし候《そろ》　然《しか》れば　よんどころなく申し上げたき儀《ぎ》　御座《ござ》候ふ間《さうらあひだ》　此方《このはう》へ御出《おんい》で下され候ふや　御宅《おたく》へ罷《まか》り出《い》づべきや　何分《なにぶん》御帰り次第御返答《ごへんたう》下さるべく候　この段　早々御意《さうさうぎょい》を得候　恐々謹言《きょうきょうきんげん》

二月八日　平田三五郎

吉田大蔵様

かくのごとく書きて吉田家へ遣《つか》はしける。

あとにて独《ひと》り三五郎は、いとど遺恨《いこん》に耐へかねて、このあひだ清家より貰《もら》ひし天吹《てんぷく》を、別して秘蔵なりけるを取り出《い》だし、吹かんとしけるに、いかが心の乱れけん、脇差《わきざし》抜いて真《ま》つ二《ぷた》つに切り割り、返す刀に机の角《かど》を三刀四刀《みかたなよかたな》切りたりしが、なほも思ひに耐へかね、小座《こざ》の柱を続け打ちに切声《きりこゑ》掛けて打ちたりしに、怒《いか》れる眼《まなこ》に涙を含み、いとど恨みし有様は、まことに宗次《むねつぐ》の心のほど、ことわり過ぎてあはれなり。

【注】○我を見捨てたまひ〜＝「察するところ、主左衛門殿、我等を見捨て、四郎殿に心変はると覚えたり」（雪折り竹・一二オ）。　○心変はりか＝諸本異文多し。東北本「心変か」、県図本「心変する」、都城本・野邉本「心変も」、刊本「心替と見へたり」。　○人の心と〜＝「男（夫）の心と川の瀬は一夜に変わる」（ことわざ大辞典）。　○何故に変はる心＝「何故に変はる（のか）、（その）変はる心（が）」という二重表現か。あるいは「何故に」は挿入句と見るべきか（第三部第四章の5参照）。　○義絶＝縁を切ること。○よんどころなく＝他にとるべき方法がない、やむをえない。ここは、どうしても、の意か。　○下され候ふや＝県図本・野邉本・刊本は「可被下哉」とあるが、対者への敬意を考えて東北本・さんぎしの「被下候哉」に従う。　○早々＝急いで事をするさま。　○御意を得＝ここは、相手の考えや意見を聞く意の敬語表現。　○遺恨＝忘れられない憎しみ。恨み。　○切声＝〔二の3〕の注、参照。　○ことわり過ぎて＝ふつうの道理を超えること。当然すぎること。　○心のほど＝県図本・東北本は「心の程そ」とあるが、都城本・野邉本に従う。

〔四の4〕　かのまた吉田大蔵《おほくら》は、かかることとは夢にも知らず、夕べより親類のことにつき用事ありて、それゆゑ宗次《むねつぐ》の宅にも行かず、今朝《けさ》も早天《さうてん》より立ち出《い》でて、やうやく暮《くれ》時分に帰り、宗次の手紙を開き見て、いとど不審に思ひ、一刻も早く行きて尋ねんと、すなはち平田家に差し越して、清家《きよいへ》、宗次にうち向かひ、

「昨夜よりよんどころなき用事の儀《ぎ》に取りまぎれ、貴顔《きがん》能《あた》はず候《さうら》へども、おのづから今晩は参上の考

へにて候ふところ、遮《さへぎ》つての御手紙《おてがみ》、かたじけなく存じ候ふ」

と、常に増したる真実に、宗次聞いていよいよ憎く、厳然《げんぜん》と席を改めて、さて清家に言ふやうは、

「最前《さいぜん》手紙を差し上げ候ふこと、別儀《べつぎ》に候はず。貴公《きこう》をこれまで我が兄と頼み置きたてまつり候へども、存ずる子細《しさい》の候へば、もはやこれより義絶して、長く兄弟の交はりを断つにて候へば、さやう御心得下《おんこころえ》されたく。事の子細は貴公の御心中《ごしんちゅう》に候はん」

と、芙蓉《ふよう》の 眥《まなじり》恨みを含み、花の顔《かんばせ》いと猛《たけ》く、歯がみをなして睨《にら》みつめたる有様に、大蔵、思ひがけなきことなれども、すなはち様子に推察して、少しも騒がず、

「さては、それがしが心中を二心《ふたごころ》あるかと疑ひたまひ、さは仰せられ候ふか。愚かなり、三五郎殿《どの》。この清家が鉄心《てっしん》は、たとひ天地が替《か》はるとも、武士の一度《ひとたび》言葉を交《か》はし誓ひしことを、いかでか何しに忘れ申すべき。察するところ、これは佞人《ねいじん》どもが、君と我とのその仲に邪棒《じゃぼう》を振るのたくみにて、君に告げたる者やあらん。もしまた、それがしが二心《ふたごころ》の心中、証拠もあらば見せたまへ」

と言ふに、宗次いよいよ遺恨《いこん》に思ひ、かの偽書《ぎしょ》の手紙を清家に見せ、始終《しじゅう》を語りて、

「証拠はこれにて明らかなり。然《しか》るを、さまざま軽薄して、二心《ふたごころ》なしとの追従《ついしょう》を、いかでか信じ申すべき。かくまで不義の貴公《きこう》とは知らず、これまで兄弟の契りをいたせしこそ、思へばいとど悔しけれ。この一書にても、なほ申し分けの候ふや」

と、覚悟してこそ清家がただ膝元《ひざもと》にひたと詰め寄つて、もし大蔵が一言《いちごん》間違ひのことあらば直《ただ》ちに突

かんと、構へたり。

【注】○夕べ＝ここは、前の日の夜（昨夜）の意。　○早天＝早朝。あけがた。　○貴顔能はず＝「貴顔を拝す」「貴顔を得る」などの形で用いるのが一般的であるが、写本の多くが「不能」とあり、『雪折之松』（五オ）にも「不能貴顔」とあるので、「貴顔」には相手に会うことをへりくだっていう意もあるので、あなたにお会いすることができず、の意で用いたか。　○遮つて＝「さへぎる」は、先立って行う。「サイギッテ御状にあづかる（高位の人から前もって手紙をうけとる）」（日葡辞書）。○厳然と＝おごそかで重々しく近寄りがたいさま。次の「席を改めて」は、座り直して、の意であろう。○貴公＝相手を尊敬して呼ぶ語。貴殿。すぐ後の「貴公」は、東北本以外の写本は「貴様」とあるが、従わない。　○芙蓉の眥＝蓮の花のように清らかで涼しげな目もと。「芙蓉のまなじり逆さまに、丹花の唇くひしばり、主左衛門の膝元に詰め寄つて」（雪折り竹・一三オ）。　○二心＝同時に相反する二通りの心を持つこと。あだしごころ。うわきごころ。　○佞人＝口先が上手で、心よこしまな人。　○邪棒を振る＝「邪謀」（邪悪ははかりごと。わるだくみ）を、同音の「棒」に変え、その縁で「振る」と続けたものであろう。『雪折り竹』にも「邪棒を振らんと企みたる」（九オ）とあり。第三部第四章の6参照。　○かの偽書の手紙＝三五郎は「偽書」とは知らない。読み手に即した表現。　○軽薄＝相手の機嫌をとるような言動をする。「いかにもいんぎんの追従軽薄」（雪折り竹・一五オ）。　○追従＝人におもねること。相手の気に入るようにすること。　○申し分け＝言いわけ。弁明。言い開き。　○膝元に～＝「主左衛門の膝元に詰め寄つて……脇差に手を掛けて、飛びかからんとするところを」（雪折り竹・一三オ）。

〔四の5〕 清家《きよいへ》なほも動揺せず、

「さても、武士たる者の、これほど位のことに疑ひを起こし、事の実否《じつぷ》を聞き定めず、何を血気《けつき》にはやりたまふや。それがし、昨夜《ゆふべ》より御目《おめ》にかからず、昼も御出《おい》での折留守《るす》にして、ただ不都合《ふつがふ》の折からに、何とも知れぬ落書《らくしょ》の奸計《かんけい》に御《お》疑ひなされ候《さふら》ふこと、それがしも君に不審を掛けたてまつる。かのまた加納氏《かなふうぢ》は先日より病気の由《よし》、それに、それがし、何をか約束いたさんや。殊に昨夜《ゆふべ》はわたくし宅へ参られしとのこと、跡形《あとかた》もなき空事《そらごと》なり。また、それがしが心中は、かねてさこそは知りたまはんに、この位の奸計を察したまはぬこそ心得ね。それがしは他《ほか》に曇りの候はねば、申し分けとては候はず」

と、義の当然の清家が返答に、宗次《むねつぐ》、今は道理に伏し、「さては血気にはやりし」と後悔の色あらはれて、ただ何とも言葉なくして居たりしかば、重ねて清家言ひけるは、

「かねても君はそれがしが心のほどは知りたまはんに、かばかりの奸計《かんけい》に事を寄せ、君と我とは義絶して、そののち君は、唐衣《からころも》重ねて義士と千載《せんざい》の契りを結びたまはんとて、かくは仰せられ候ふや。その儀《ぎ》ならば、それがしも他《ほか》に覚悟の候ふ」

と言ふを聞きて、三五郎はいとど涙にくれゆきて、ただ清家にすがりつき、

「それがし、君と兄弟の契りを結んで、今さらに何を不足に梓弓《あづさゆみ》やたけ心を翻《ひるがへ》し、いかでか二心《ふたごころ》を存ずべき。先の言葉は それがしが血気にはやりて ひたすらに君を疑ひたてまつり、まことに後悔

至極《しごく》なり」と、花の平田が実情に涙ながらにかき口説《くど》けば、清家いとど感じつつ、「幼《をさな》き心にかくまでに義を重んずるこそ本意《ほんい》なれ」と、やうやく宗次をなだめ置き、この上ながら両人は、後《のち》の世かけて変はらじと、誠を神に誓はんとて、起請文《きしやうもん》をぞ認《したた》めける。

【注】○これほど位＝「くらゐ」は副助詞。たかがこれくらい。　○実否＝真実か虚偽か。まことかうそか。○血気にはやり＝はやる心を押さえきれず、向こう見ずに行動する。「半平も、元来、血気よりはやりしことなれば、直に答ふる言葉もなく、後悔しきりに平降〔「閉口」の誤りか〕し、涙ぐみたるおもかげは」（雪折り竹・一三ウ）。　○何とも知れぬ＝鹿児島方言「ナントンシレン」（わけのわからない、くだらない、の意）か。第三部第四章の6参照。　○落書＝落とし文（人目につくように、わざと落としておいた文書）のことであろう。　○跡形もなき＝「それはみな跡方もなき事に候へども、必ず御疑ひなさるべからず」（雪折り竹・一四オ）。　○唐衣＝衣服に関する語（それと同音の語）にかかる枕詞。ここは「重ねて」にかかる。　○義士＝義を守り行う士。節義の人。高節の士。　○千載＝千年。長い年月。　○梓弓＝「矢」と同音の「やたけ（弥猛）心」にかかる枕詞。「梓弓矢竹心の一筋に哀れと許す春成が情けの程ぞやさしけれ」（雪折り竹・二〇オ）。ここの「やたけ心」は、堅固でくじけない心の意。　○花の平田＝〔一の2〕の「花の面影」の注、参照。　○実情＝真実の心情。ここは「まごころこめて」の意か。「涙にくれてかきくどく三郎五郎が実情も流石いなにはあらねども」（雪折り竹・八ウ）。○重んずるこそ＝県図本や東北本は「重んするそ」とあるが、結び「本意なれ」に応ずる「こそ」（野邉本・刊本）を採る。　○本意＝自分がかねてから望んでいること。本懐。　○起請文＝諸本「起証文」

と表記するが訂正。自分の行為・言説に関して、うそ・いつわりのないことを神仏に誓い、また、相手に表明する文書。誓約の意志を強烈にするため、名字・花押の上に血を塗るなどの「血判」も行われた。

〔四の6〕　起請文前書《きしやうもんまへがき》

一　忠・信・孝・義、武士道の儀《ぎ》は第一の事に候《さうら》ふ条《でう》、専《もっぱ》ら相嗜《あひたしな》むべき事

一　この節、兄弟の契約いたし候ふ儀については、自今以後《じこんいご》生死を共にすべき事

一　これ以来、何様《なにやう》の訳《わけ》これあり候ふとも、殿様は格別、その他《ほか》に忘恩《ばうおん》・移愛《いあい》、二心《ふたごころ》あるべからざる事

一　小事にかかはり、両人の間、互ひに疑ひ起こすべからざる事

一　何色に依《よ》らず不律儀《ふりちぎ》の儀これあり候はば、互ひに意見を加へ申し聞かすべく候ふ条、その期《ご》にいたり疎意《そい》あるまじき事

右、慶長二年丁酉《ひのととり》二月より箇条《かでう》の通り申し合はせ候ふ儀、別条御座無《べつでうござな》く候《そろ》。もし相背《あひそむ》くに於《お》いては、

梵天帝釈《ぼんてんたいしゃく》、四大天王《しだいてんわう》、日本国中大小の神祇《じんぎ》残らず、別して当国の鎮守《ちんじゅ》、加志久利大明神《かしくりだいみやうじん》、国分《こくぶ》正八幡大菩薩《しやうはちまんだいぼさつ》、霧島六宮《ろくぐう》、諏訪上下《すはかみしも》大明神、その他《ほか》、当家の氏神尊《うじがみのみこと》の神罰《しんばつ》・冥罰《めうばつ》、おのおの罷《まか》り蒙《かうむ》るべき者なり。仍《よ》つて起請文、件《くだん》の如《ごと》し。

慶長二年丁酉二月八日　　　　吉田大蔵清家

平田三五郎殿

【注】○条＝（候文で接続助詞的に）…ゆえに。○自今以後＝今よりのち。○何色＝未詳。刊本は「不依何事」とする（第三部第四章の6参照）。○不律儀＝律義でないこと。実直でないこと。不正直。○疎意＝うとんずる心。隔意。○梵天帝釈＝大梵天と帝釈天。ともに仏教の守護神。○四大天王＝四天王。須弥山《しゅみせん》にある四王天の主。八部衆を支配して帝釈天に仕え、仏法と仏法に帰依する人々を守護する。○加志久利大明神＝正しくは「加紫久利」。米ノ津川河口の東方（出水市下鯖町）に位置する古くからの神社。○国分正八幡大菩薩＝大隅正八幡宮。現在の鹿児島神宮（霧島市隼人町）。○霧島六宮＝『三国名勝図会』に「霧島神の祠廟、諸邑を併せて、その巨大なるもの、凡そ六社あり。（中略）是を世に霧島権現の六社と称す」とある。○諏訪上下大明神＝鹿児島市清水町にあった諏訪神社（現在の南方《みなかた》神社）であろう。鹿児島五社の第一として、島津氏の崇敬もっとも篤かった神社。祭神二坐を「上社」「下社」と称す（三国名勝図会）。○冥罰＝神仏が人知れず下だす罰。○件の如し＝（書状・証文などの最後に記す語）前に述べたとおりである。

〔四の7〕　三五郎も同案を認《したた》めて、血判《けっぱん》して清家《きよいへ》に渡せば、大蔵《おほくら》も、

「いざや血判せん」

と、脇差《わきざし》抜いて宗次《むねつぐ》にうち向かひ、

「幸ひなるかな、日ごろ武術稽古《けいこ》の積もりに、腕に悪血《あくけつ》滞《とどこほ》れり。ここを通したまへ」

と、腕まくりして差し出せば、宗次「いかがはせん」と案じ煩《わづら》ひけるが、元来この大蔵は一度口に言ひたることを二度返さぬ男なれば、宗次、「心得たり」とて、かの脇差を以《もつ》て、柄《つか》も通れと刺し通せば、血の流るること滝《たき》のごとし。大蔵すなはち血判したりければ、三五郎は机の上なる白手拭《しろてぬぐひ》を取つて口にくはへ、さつと引き裂き、それにて清家が腕を巻き、

「痛みは強く御座《ござ》なきや」

と言ふに、清家うち笑ひ、

「何《なん》でふこのくらゐの小疵《こきず》に痛むことの候《さうら》はんや。去年朝鮮在陣の時、左の腕に毒矢を射られ、その疵《きず》は癒《い》え候へども、少し武芸にても修練《しうれん》の時は、必ず悪血《あくけつ》滞《とどこほ》りて心地悪《あ》しくも候ひしに、今こそ腕も素軽《すがろ》く覚えて、痛みは少しも御座《ござ》なく候ふ」

と、勇々《ゆゆ》しく見えて、清家が何より勇む有様は、気分のほどこそ勢ひなれ。

あとにて清家、宗次に、

「佞人《ねいじん》どもがいろいろ言ふとも、それに頓着《とんぢやく》したまふな」

と、種々の教訓言ひ置きて、やがて別れて帰りける。

その後《のち》よりは、日ごろに増して、兄弟の契りはいよいよ深く交はりけり。

【注】○同案＝同じ考え。同じ文書。　○ここを通したまへ＝刃先で腕や股《もも》の肉を貫く行為（貫肉）は、衆道において誠意を示すこと。「脇指《わきざし》ぬきもあへず腕二つ三つ引き捨て」（男色大鏡・六）。　○柄＝刀剣な

どの、手で握るところ。○何でふ＝「何といふ」の変化した語。相手の言葉に反発する気持ちを表す。どうして（…あろうか、いやない）。○去年＝物語の場面は慶長二年、その前年に吉田大蔵が朝鮮にいたとは考えにくい。構想上の誤りであろう（第三部第二章の6参照）。○素軽く＝「す（素）」は接頭語で、状態や様子を示す語の上に付けて、そのさまを強調する。○勇々しく＝「ゆゆし」に、そら恐ろしいほどに勝れている、の意があるが、特に「勇」の字を当てて勇ましさを強調した表現であろう。『書言字考』などに「勇々敷」の表記が見える。「天晴れ勇々敷見え候」（雪折り竹・一三ウ）。○何より勇む有様は気分のほどこそ勢ひなれ＝表現いかが、文意がつかみにくい。「ほどこそ」は諸本「程そ」であるが、結び「勢ひなれ」に応ずると見て刊本に従う。○頓着＝深く心に掛けること。気にすること。○日ごろに増して＝「鴛鴦の契り、日ごろにいや増しけり」（雪折り竹・一六オ）。

五、高麗《かうらい》御出陣仰せ出ださるる事　付《つけたり》、宗次《むねつぐ》、清家《きよいへ》に名残《なごり》を惜しむ事

〔五の1〕「会ふは別れの始め」とは、定めなき世の習ひにて、いま新たに驚くべきことならねども、ここに清家・宗次の連理《れんり》の枝の兄弟が身の上について、わきてせんかたなきことぞ到来せり。

事をいかにと尋ぬれば、去る文禄年間《ぶんろくねんかん》より、前《さき》の関白豊臣《くわんぱくとよとみ》秀吉公、朝鮮国御征伐《てうせんこくごせいばつ》のことありて、日本国中の諸将、おのおの朝鮮に渡海し、武威《ぶゐ》高麗《かうらい》に轟《とどろ》かし、既に王城を落として金鼓《きんこ》大明国《だいみんこく》まで振るふに、我が君、島津兵庫頭《ひやうごのかみ》義弘公御父子《おんふし》も、薩隅日《さつぐうにち》三州の勢《せい》を率《そつ》して、これも文禄の初めより渡海したまひ、威風凛々《りんりん》として武功諸将に冠《くわん》たりしが、終《つひ》に高麗王降参《かうさん》して和平を乞《こ》ふ。

時に文禄四年、故《ゆゑ》あつて義弘公は、玉枝《ぎょくし》忠恒公《ただつねこう》を胡塞《こさい》に留め置かせたまひ、御身《おんみ》は御帰朝《ごきてう》ましまして、直《ただ》ちに聚楽城《じゅらくじゃう》に登らせたまひ、殿下《でんか》豊臣公に謁《えつ》したまへば、殿下感悦《かんえつ》斜めならず、朝鮮の労を賞して種々の恩賜《おんし》に預からせたまふ。それより三州に御下向《ごげかう》ありて、数年の軍労を休めたまひける。

【注】○会ふは別れの始め＝会ったものは必ずいつか別れるものだ、の意。人生の無常をいうことわざ。○連理の枝＝一つの木の枝が他の木の枝と相つらなって、木目の相通じること。夫婦・男女の仲の睦まじさをたとえる。ここは義兄弟の仲についていう。「天ニ在リテハ願ハクハ比翼《ひよく》ノ鳥トナリ、地ニ在リテハ願ハクハ連理ノ枝トナラン」（白楽天「長恨歌」）。「比翼連理の兄弟二人」（雪折り竹・一四ウ）。○ことぞ到来せり＝係り結びが整わないが諸本のままにおく（第三部第四章の2参照）。○文禄年間より～＝いわゆる「文禄・慶長の役」。文禄元年（一五九二年）、豊臣秀吉は朝鮮に入貢《にゅうこう》を求め、さらに明国《みんこく》征伐の案内を命じるも拒否されたため、十五万の大軍を渡海させ、漢城（現在のソウル）を落として北上、明の援軍をも破ったが、和議交渉で一旦は撤兵。しかし、交渉は決裂し、慶長二年（一五九七年）再び出兵したが苦戦。翌年、秀吉の死により停戦し帰還した。○高麗＝「朝鮮」をさす。○金鼓＝陣鉦《じんかね》と陣太鼓《じんだいこ》。陣中の号令に用いる。○義弘公御父子＝義弘（〔三の1〕参照）と嫡子久保《ひさやす》。「（文禄元年）夏四月〔割注＝十二日〕、義弘公・久保公、薩隅日三州ノ軍ヲ卒シ衆諸侯ノ大軍ト共ニ名護屋ヲ発ス」（西藩野史・十三）。久保は文禄二年九月八日、朝鮮の固済《こさい》で病死。翌三年十月、「忠恒公、朝鮮ニ至テ固済ノ営ニ入ル」（西藩野史・十三）。○率して＝「率す」は、引き連れて行く、率いる、の意。○威風＝威光・威厳のあるようす。○凛々＝勇ましいさま。りりしいさま。○冠たり＝最もすぐれていること。○玉枝＝辞書に見出だせない語。「金枝玉葉」が皇帝から分かれ出た皇族を指すのにならい、

太守の子息に用いたものか。第三部第四章の6参照。〇忠恒公＝島津義弘の三男。文禄・慶長の役に功あり、慶長四年（一五九九年）三月、伏見において伊集院幸侃《こうかん》を手討にする。義久から家督を継ぐ。慶長十一年（一六〇六年）徳川家康より諱字《いみなじ》を賜い、家久と改名。島津氏第十七代・鹿児島藩初代藩主。〇胡塞＝「塞（万里の長城）の外の胡（北方のえびす）の地」を指す語であるが、ここでは敵地、外国の意に用いたか。あるいは「巨済（島）」の誤りか。次項を参照。〇御身は御帰朝〜＝「〔文禄四年〕夏五月、義弘公日本ニ帰ル。此時薩隅日経界改正等ノ事成ル。太閤、義弘公ヲ召ス。ユヘニ忠恒公ヲシテ固済〔「巨済」の誤りか〕ヲ守ラシメ、義弘公、五月、唐島ヲ出テ大坂ニ至リ〔割注＝六月五日〕聚楽城ニ登テ殿下ニ謁ス。茶ヲ給ヒ、且朝鮮ノ労ヲ賞シ、自ラ愛玩スル処ノ平野肩ツキヲ給ヒ、又小泉ノ甲ヲ賜テ（下略）」（西藩野史・一三）。〇聚楽城＝豊臣秀吉が京都に造営した華麗壮大な邸宅「聚楽第《じゅらくだい》」のこと。〇殿下＝摂政・関白・将軍の敬称。ここは豊臣秀吉のこと。〇恩賜に預からせたまふ＝「恩賜に預かる」は、恩賞の品をいただく。「御身は御帰朝〜」の注を参照。

〔五の2〕然《しか》るところに、高麗国王《かうらいこくわう》の和平終《つひ》に破れて、殿下《でんか》再び朝鮮を征したまふ故に、義弘公にも催促して「速やかに高麗に渡海あるべし」と台命《たいめい》のありければ、ここにおいて止《や》むことを得ず、公再び高麗国に御渡海ましますこと到来して、今年《こんねん》慶長第二の年二月二十一日に既に御首途《おんかどで》の条《でう》、仰せ出《い》だされて、吉田大蔵清家《おほくらきよいへ》も御供《おとも》の君命蒙《かうむ》りければ、もとより望むところにして、すなはち御受け申し上げける。

さらでだに清家は、平田三五郎宗次《むねつぐ》と生死の交はり契約してより、片時の間《ま》も立ち離れぬべしとは思はざりしに、今度遠く異国に渡海することは、君命とはいひながら、花の盛《さか》りの宗次を後《あと》に独《ひと》り残し置き出陣せんこと、まことにもだしがたき仕合はせなれど、是非《ぜひ》に及ばぬことなれば、清家千辛万苦《せんしんばんく》の心中、たとへて言はんかたもなし。

かの平田三五郎は、今度高麗《かうらい》御渡海に連理《れんり》の兄の大蔵も御供《おんとも》の命を蒙《かうむ》りて、不日《ふじつ》に出陣のはづなりければ、いとど名残《なごり》ぞ鴛鴦《をしどり》の、身は淵川《ふちかは》に沈むとも、たとへ火の中、水の中とても、行かば一所《いっしょ》と、もろともに契り置きにしことなれば、宗次も共に出陣仕《つかまつ》りたけれども、今度は十五以上の御供なりければ、せんかたなくも人知らぬ心にのみ思ひを砕き、ただ何事も手につかず、ひたすらに思ひ焦《こ》がれて、ただこの上に願ふところは、「出陣の一日にても延引《えんいん》あれよ」と思ふより他《ほか》はなかりしに、はや二十一日には御出陣の御首途《おんかどで》にて、おのおの帖佐《てうさ》に参向《さんかう》の賦《くばり》なりければ、前日二十日に、三五郎、かくと清家に言ひやりける。

既に明日は御出陣と罷《まか》りなり今さら御名残《おんなごり》多く存じ奉り候《そろ》　ただ何事も夢にて御座《ござ》候　かねて御約束の通り　今晩は此方《このはう》へ御出《おんい》で　御一宿《ごいっしゅく》下されかし　待ち奉り候　且《か》つまた相変《あひか》はる儀《ぎ》も御座候はば　御知らせ下さるべく候　この段早々《さうさう》　かくの如くに御座《ござ》候　恐々謹言《きょうきょうきんげん》

平田三五郎

酉《とり》二月二十日

吉田大蔵様

参る人々御中

【注】○台命＝貴人の命令。県図本・東北本は「令名」、刊本は「命令」とあるが、都城本・野邉本に従う。○慶長第二の年＝慶長二年（一五九七年）。三五郎が「角入御免を蒙」った年（二の1）。○さらでだに＝ここは「そうでなくても、いつでも」の意か。「さらでだにあやしきほどの夕暮に荻吹く風の音ぞ聞こゆる」（後拾遺集・秋上）。○生死の交はり＝生死を共にする緊密な関係。○もだしがたき仕合はせ＝「もだす」は、だまっている、そのままにしておく、の意であるが、ここは「じっと耐えていることがむずかしい、耐えがたい」というのであろう。「仕合はせ」は、めぐりあわせ、なりゆき。○是非に及ばぬ＝どうしようもない。しかたがない。○千辛万苦＝さまざまの辛いことや苦しいこと。多くの辛苦。○連理＝〔五の1〕の「連理の枝」の注、参照。○不日＝日ならず。まもなく。○鴛鴦＝「名残ぞ惜し」と掛詞。「をしどり」は、仲よく常に連れだっているさまをいう語であり、後の「身は淵川に沈むとも」と縁語。○たとへ火の中、水の中＝「どんなにつらい目にあおうともかまわぬというたとえ。多く相愛の男女が最後まで苦難を共にすると相手に誠意を示す時にいう」（ことわざ大辞典）。○行かば一所＝行くとしたら同じところに、が原義。現在は「一緒」と表記する。○思ひ焦がれて＝いちずに恋しく思う、の意で、ここには不適当か。東北本の「思ひうかされて」も適当とは言えない。刊本の「思ひを焦がしつつ」に従うべきか。○帖佐＝現在の姶良《あいら》市姶良町帖佐の宇都地区にあった島津義弘の居館。文禄四年（一五九五年）に築き、栗野から移った。○賦＝刊本「くばり」とルビ。手配り、の意か。○罷りなり＝「罷りなる」は「なる」の謙譲語。○参る人々御中＝手紙の宛名の脇付《わきづけ》。「人々御中」（四の2）ともいう。

〔五の3〕　大蔵《おほくら》、すなはち返答しける。

両日は出陣の儀《ぎ》に取り紛れ 存じながら御意《ぎょい》を得ず 本懐《ほんくわい》に背《そむ》き候《そろ》 然《しか》るところ 尊書《そんしょ》到来
御心入《おんこころい》れのほど浅からず忝《かたじけな》く存じ奉り候 今晩夕方より参上致《いた》すべく候 随《したが》つて天吹《てんぷく》琵琶《びは》
一面 之《これ》を進覧《しんらん》致し候 かねて秘蔵の名器 折角御深愛《せっかくごしんあい》下さるべく候 なほ心事《しんじ》は後刻《ごこく》を期し候
恐々謹言《きょうきょうきんげん》

二月二十日　　吉田大蔵

平田三五郎様

御報《ごほう》

三五郎は、その日の暮るるを待ちかねて、昼より吉田が宅に差し越し、共に連れてぞ帰りける。

【注】○両日＝二日。二日間。ここは「ここ両日」の意であろう。○存じながら＝心に思いながら。○本懐に背き＝かねてからの願い（本意）に反する。思いどおりにゆかず残念という気持ち。○心入れ＝心を用いること。気をつけること。心づかい。○進覧＝「シンラン　物を呈する。すなわち、贈ること。受取主への尊敬を示す表現。文書語」（日葡辞書）。この前後の本文、「致進覧之候」（東北本・野邉本）、「致進覧候」（県図本）、「可致進覧之候」（都城本）など、異文が多い。○折角＝（努力して動作をするさまを表す）つとめて。とりわけ。○心事＝心に思う事柄。心中。○御報＝先方からの照会などに応じて出す返書の脇付《わきづけ》。

〔五の4〕宗次《むねつぐ》、常に秘蔵して嗜《たしな》みける備前兼光《びぜんかねみつ》の名刀、二尺八寸ありけるを、清家に与へて言ひ

けるは、

「この刀こそ、それがしが命に代へても、片時も離さぬ秘蔵にて御座候《ござさうら》へども、今度御出陣の餞別に君に贈りたてまつる。この刀を以《もっ》て、必ず高名《かうみやう》をなしたまへ。さあらば、それがしも常に君の御側《おそば》に添ひたてまつる道理にて候へば、君もさやう思《おぼ》し召《め》し下されかし」

と言ひければ、清家取つて押し戴《いただ》き、

「御志はかたじけなく候へども、これらの御餞別は余り過分《くわぶん》に候ふ」

と辞退するを、宗次いとどうち笑ひ、

「さては、この刀を用立たぬと思し召し候ふや。これは、不肖《ふせう》に候へども、太守公《たいしゅこう》より拝領の太刀《たち》にて、愚親《ぐしん》増宗《ますむね》が幾度《いくたび》か戦場に持ち出《い》でて、いと吉例《きちれい》の刀とて、それがしに譲り置き申し候ふ。されば、今また君に贈りたてまつるに、何ぞ御辞退に及ぶべき」

と、「是非《ぜひ》」と宗次言ひければ、清家、

「今は辞退もかへつて無礼に候へば」

とて、すなはち受けて、また、大蔵《おほくら》が今挿《さ》し来たりける、これも二尺八寸余りありける、関の孫六兼基《まごろくかねもと》が打つたる刀を、宗次に与へ、

「これは先祖代々伝来の太刀《たち》にて、殊には去年朝鮮《てうせん》にて数人の首を切り候ふに、水もたまらぬ大業物《おほわざもの》にて、それがし、これまで一度もこの刀にて未《いま》だ不覚を取らず、別して秘蔵に候へども、今度離別の

御名残《おんなごり》に君に進呈いたすなり。もしや、それがし高麗《かうらい》にて討死《うちじに》いたし、異国の土ともなり候はば、これぞ清家が形見とも御覧《ごらん》候へ」

と言ひつつ、さしもに猛《たけ》き大蔵も、これを限りと思へばや、三五郎の顔をうちながめ、涙ぐみたる有様に、宗次心中裂くるがごとく、しばしは言葉もなかりしが、我嘆きては、いよいよ清家の憂《う》からんことを思ひ、

「何しにさやうに気弱き、はかなきことを宣《のたま》ふや。誰《たれ》か戦場に臨む者の、討死《うちじに》と極めぬは候はねど、また敵に首尾《しゅび》よくうち勝つて帰らんとは思《おぼ》し召《め》さずや。必ず必ず、それがしがことなどを朝な夕なに思ひつつ、心後《こころおく》れを取りたまふな。また、それがしも、御出陣の後《あと》にては、ひたすら文武を励まして、折角《せっかく》士道を嗜《たしな》むべし。もしや今度も去々年《きょきょねん》のごとく両三年《りゃうさんねん》まで御在陣もあらば、来々年《らいらいねん》は、それがしも三五《さんご》の春を待ち付けて、必ず渡海いたすべし。申さずながら、軍中にてはただ高名《かうみやう》をのみ心掛けたまへ。もしも死生命《しせいめい》あつて討死《うちじに》したまふことあらば、死出《しで》の山路《やまぢ》に待ちたまへ。それがし独《ひと》り生き残り、何を頼みにおくるべき。やがて追ひ付き申すべし」

と、互ひに深き心中をうち明かして、夜《よ》もすがら名残話《なごりばなし》を語りつつ、夜《よ》も更《ふ》け行けばもろともに同じ褥《しとね》の一つ夜着《よぎ》、共に寝《ぬ》る夜《よ》もこれまでと、交《か》はすかたみの手枕《たまくら》は、名残《なごり》尽きせぬ寝話《ねばなし》に、明け方近くなる鐘に「時分もよし」と、清家は、二十一日の朝露と共に起きてぞ帰りける。

【注】○備前＝備前国（現在の岡山県東南部）は優れた刀工が鍛えた刀を産した。鹿児島県歴史・美術センター

黎明館に、島津義弘が泗川《しせん》の戦の時に佩用《はいよう》していたと伝える「朝鮮兼光」という刀（備前長船《おさふね》兼光の作と伝えられる）がある。「二尺八寸余り」は、約八五センチ余まり。○高名をなし＝てがら（武功）をたてて。○不肖＝諸事について、劣ること、至らないこと、未熟なことなどをいう。○愚親＝愚かな親。自分の親をへりくだっていう語。○吉例＝めでたいためし。縁起の良い前例。○関の孫六＝美濃《みの》国（現在の岐阜県）関の刀工、孫六兼元、また、その後継者の鍛えた刀剣。本文の「兼基」は「兼元」とあるべきか。○去年＝物語の場面は慶長二年、その前年に吉田大蔵が朝鮮にいたとは考えにくい。構想上の誤りであろう（第三部第二章の6参照）。○水もたまらぬ大業物＝あざやかに切れる、切れ味の非常によい刀剣。○極めぬは＝決心（覚悟）しない者は。上の「誰か」との呼応が整わない。「誰か…極めぬ者候はん。されど」とあるべきか（第三部第四章の5参照）。○折角＝〔五の3〕の注、参照。○去々年＝文禄四年。文禄元年の出兵から満三年になる。○申さずながら＝言うに及ばぬことながら、の謙譲表現。○死生命あつて＝『論語』（顔淵）の「死生命有リ、富貴天ニ在リ」から、人の生死は天命によるもので、人の力ではどうすることもできない、ということ。○死出の山路＝死後、越えて行かねばならない、けわしい山路。「もしも討死し給はば、三津の川に待ち給へ。必ず追ひ付き申すべく候」（雪折り竹・二三ウ）。○おくる＝諸本「後る」と表記するが、刊本が「送る」とするように、時を過ごす、時間の経過のままに生きる、の意であろう。○名残話＝名残を惜しむ気持ち（惜別の情）を互いに話すことをいうのであろう。○同じ褥の～＝「褥」は、坐ったり寝たりするとき下に敷く敷物。「夜着」は、夜寝るとき上に掛ける夜具。「手枕」は、腕を枕とすること。この物語の初めにも「軍旅野外に屯せば同じ褥の仮枕」（一の1）とある。「同じしとねの手枕に、雪の肌へを近づけて、深き契りをこめにける」（雪折り竹・五ウ）、「同じしとねのかり枕」（雪折り竹・九オ）。○なる鐘＝「明け方近くなる」と「鳴る鐘」を掛ける。○起きて＝「（朝露が）置き」と掛詞。

〔五の5〕 かねてより「御出陣の時は、御留守《おんるす》の面々おのおの帖佐《てうさ》に参向《さんかう》し、御首途《おんかどで》を送りたてまつるべし」と、御触流《おんふれなが》しありければ、その日巳《み》の刻より、清家《きよいへ》、宗次《むねつぐ》を同道して帖佐屋形《やかた》に参向し、やがて大蔵《おほくら》は太守公《たいしゅこう》に御目見《おめみえ》いたし、御帳面の星《ほし》合はして、勢《せい》の揃《そろ》ふを待つうちに、清家・宗次一所《いっしょ》に寄り、名残《なごり》は多き物話《ものばなし》、語れど尽きせぬ、そのうちに、日も西山《せいざん》に傾くころ、御供《おとも》の面々おのおの参向したりしは、もっとも勇々《ゆゆ》しきことどもなり。公もひとしほ御機嫌《ごきげん》にて、時雨《しぐれ》の御旗《みはた》を真先《まつさき》に、既に御出陣ましませば、貴賤《きせん》の老若男女《らうにゃくなんにょ》にいたるまで、赤子《せきし》の父母《ふぼ》を慕ふがごとく、みな恋々《れんれん》として名残《なごり》を惜しみたてまつる。ああ、公は英邁雄断《えいまいゆうだん》のみか、上《かみ》徳は堯舜《げうしゅん》に近く、下《しも》仁は文武周公《ぶんぶしゅうこう》に遠しとせず。後《のち》に遠人《ゑんじん》徳になつき、囚虜《しうりょ》帰ることを忘れしは、まことに仁徳のいたすところならずして、なんぞかくのごとくなるべき。

【注】○触流し＝命令・触書《ふれがき》などを広く伝えること。 ○巳の刻＝今の午前十時ごろ（およそ午前九時から十一時の間の時刻）。 ○帖佐屋形＝帖佐にあった島津義弘の館（〔五の2〕の「帖佐」の注、参照）。 ○太守公＝ここは島津義弘のこと。 ○星合はして＝「星」は、しるしに付ける小さな点。出欠点検をして、の意。 ○物話＝話、談話、と同じであろう。「思はぬふりの物話」（〔三の5〕参照。「物咄もせずして帰るさに」（雪折り竹・九ウ）。 ○勇々しき＝〔四の7〕の注、参照。 ○時雨の御旗＝島津家の始祖・忠久ゆかりの軍旗。忠久が雨の日に誕生したという故事（〔五の7〕の「島津雨」の注、参照）にちなんで、雨を吉祥として島津貴久《たかひさ》が天文十五年（一五四六年）に作成したもの。島津家の家宝とし

て受け継がれてきた。○貴賤＝身分の上下にかかわらず。○赤子＝生まれて間もない子。あかご。「赤子《せきし》の母を慕ふが如く」（太平記・四）○恋々と＝恋い慕う情の切なさま。○英邁＝才知が非常にすぐれていること。○雄断＝思い切りよく決めること。○上……下……＝何を以て「上」「下」とするか未詳。第一部の訳は「まず…次に…」とした。○堯舜＝古代中国で徳をもって天下をおさめた聖天子、堯と舜。○文武周公＝中国、周の時代の「文王」、その子の「武王」、武王の弟の「周公」（武王を助けて殷《いん》王を滅ぼし、天下を平定した）を指すのであろう。○遠人＝遠国の人。外国の人。島津義弘が朝鮮から連れ帰った陶工などのことか。○囚虜＝敵に捕らわれた人。

〔五の6〕かくて、御供《おとも》の面々は一勢一勢《いつせいいつせい》くり出すに、なほ吉田大蔵《おほくら》は今この時にいたりても、ひたすら宗次《むねつぐ》に名残《なごり》あつて、互ひに側《そば》に寄り添うて、共に別れに耐へざれば、清家《きよいへ》が郎等《らうどう》、佐藤兵衛尉武任《ひやうゑのじようたけたふ》、走り来たりて、

「はや上《うへ》は御出陣ましませしを、何とてさやうに後《おく》れたまふや。いかに御名残《おんなごり》は多くとも、尽きせぬことに候《さうら》へば、もはやこれにて思ひ切らせたまひ候へ」

と、武任あながちに諌《いさ》むれば、清家も「げにも」と思ひ、「いろいろ言はばなほ宗次の名残《なごり》多からん」と思案し、ただ何となく暇乞《いとまご》ひして別れんとするに、三五郎、「しばし」と大蔵が鎧《よろひ》の袖《そで》を引きとどめ、

「今度異国の軍《いくさ》には、必ず忠義を重んじて、目に余るほどの高名《かうみやう》して帰りたまへや。待ち居る」

と言ひつつ、かくぞ詠じける。

武士《もののふ》の高き名を得て故郷《ふるさと》に着てくる花の錦《にしき》をぞ見ん

清家もまた取りあへず、

憂《う》き旅も忘れやせまし　言《こと》の葉の花の匂ひを袖《そで》に移して

かくなん詠じて、大蔵は「さらば」と言ひて、宗次が留めたる袖を振り切つて、後陣《ごぢん》の勢《せい》に加はりぬ。後《あと》に立ちたる三五郎は、ただ清家が後ろ影を見て、「もしや今度の軍陣にあへなく討死《うちじに》したまはば、今生《こんじやう》の限りか」と思へば、いとどせんかたなく、途方にくれてながめやる心の内の悲しさは、思ひやるだに今さらに、ただその時の両人が名残惜《なごり》しさはいかなりけん、今の世までも偲《しの》ばれて、よそに聞くさへあはれにて、知らぬ袂《たもと》のしほるれば、まして宗次・清家が互ひに惜しみし名残のほど、筆に書くともおろかなり。

【注】○一勢＝一つの軍勢。一軍。「兵二三万騎、馬を後に引立てさせて、一勢一勢〔一隊ずつ〕並居たり」（太平記・一七）。○郎等＝武士で、主人と血縁関係のない従者。○ましませし＝「まします」は四段活用であるが、サ行四段活用動詞に過去の助動詞「き」が接続するとき、「―せし」「―せしか」となることがある。○あながちに＝（周囲や相手にかまわず、ひたすら自分の意志を通そうとするさま）しいて。ひたむきに。○鎧の袖を〜＝「さすが名残や惜しかりけん、主左衛門、半平が鎧の袖をひかへて〔歌〕と詠じたりければ、半平も取りあへず〔歌〕と…」（雪折り竹・二三オ）。○目に余る＝数が多くありすぎて一度に見渡すことができないほどである。「今度の合戦には諸人の目に余るほどの働きして」（雪折り竹・二二ウ）。○故郷に着てくる花の錦＝「錦を着て故郷へ帰る」（功をあげて晴れが

ましく故郷へ帰る）という諺に基づく表現。○憂き旅も～＝「うき旅も忘れてゆかん言の葉のあかぬ匂ひを袖に移して」（松操和歌集・羈旅歌）をもじる。この歌は、『玄与日記』によると、近衛信尹《このえのぶただ》を送って京都に赴いた阿蘇《あそ》玄与《げんよ》が鹿児島へ帰る時、近衛信尹から贈られた送別の歌に対する玄与の返歌。○後陣＝先行する軍隊の後ろに備えた陣。後方の部隊。○軍陣＝ここは「合戦」の意。○思ひやるだに今さらに＝次とのつながり整わず。「哀れなり」など補って解しておく。○今の世までも～＝「比翼の兄弟、西東へ別れしは、今が世までも偲ばれて、哀れなりしことどもなり」（雪折り竹・二三ウ）。○しほるれば＝東北本・刊本の「絞るれば」は非（「絞る」は四段活用）。ここは「しほる（霑）」（下二段活用）の已然形。濡れる、の意。○筆に書くとも～＝ここの「おろかなり」は、不十分だ、の意。書き尽くすことなどできるはずはない。

〔五の7〕それより太守公《たいしゅこう》は蒲生《かまふ》に到《いた》りたまふに、御家吉事《おんいえきちじ》の島津雨《しまづあめ》、その夜《よ》、大《おほ》きに降り出しけるが、不思議なるかな、狐火《きつねび》たちまち暗《やみ》を照らせば、「今度異国の勝ち軍《いくさ》を稲荷大明神《いなりだいみやうじん》の示したまふものなり」と、三軍ひとしく雀躍《じゃくやく》せり。

さて、同二十三日に隈之城《くまのじやう》に到《いた》らせたまひ、十余日御逗留《ごとうりう》ましましけるに、種子島左近将監《たねがしまさこんのしやうげん》、樺山《かばやま》権《ごん》左《ざ》衛門《ゑもん》ら、ここに来て、公に従ひたてまつる。それより久見崎《くみさき》に到りたまひて、軍艦《ぐんかん》の纜《ともづな》を解《と》き、日を経《へ》て遂に高麗国《かうらいこく》に着岸ましましけり。

【注】○蒲生＝帖佐の西にある。現在の姶良《あいら》市蒲生町。○島津雨＝島津家では、始祖・忠久の出生伝説にちなんで、雨を吉兆とし、「島津雨」と呼ぶ。その伝説とは、源頼朝の子を懐妊した丹後局《たんごのつぼね》は、正妻・北

条政子の嫉妬によって鎌倉を追われたが、摂州（現在の大阪府）住吉に到って産気づき、住吉神社の西北の隅の石の上で無事忠久を生んだ、というもの。「時ニ雨頻ニ降テ東西ヲ弁ゼズ。適マ狐火前後ヲ照シ、其便ヲ得タリ」（西藩野史・二）。　○狐火＝暗い夜、山野に見える怪火。鬼火。前項を参照。「義弘公二月〔割注＝二十一日酉刻〕帖佐ヲ発シ蒲生ニ次ス。今夜雨降リテ狐火シキリニ暗ヲ照ス。将軍雀躍シテ曰ク『稲荷神、我島津氏ノ捷軍ヲ示スナリ』」（西藩野史・一三）。「稲荷大明神」は、稲荷神の使いである狐に助けられたという島津の始祖誕生説話（前の「島津雨」の注、参照）に基づき、島津家の守り神として深く崇信された。　○暗＝「闇」に同じ。　○三軍＝全軍。　○同二十三日＝「同」は、ここでは二月のこと。訓みは〔二の1〕の「同十二日」の注、参照。　○隈之城＝現在の薩摩川内《せんだい》市隈之城町。「隈之城〔割注＝二十三日〕ニ至テ十余日逗留ス。種子島左近将監、樺山権左衛門等爰ニ来テ従フ。川舟ニノリテ向田ヲ発シ、川内川ヲ下リ久見崎へ至リ、戦艦ニ移リ、十余日ヲ経テ纜ヲ解キ」（西藩野史・一三）。　○種子島左近将監＝久時。義久の家老。　○樺山権左衛門＝美濃守、久高。軍労多し。『称名墓誌』に詳しい事績あり。　○久見崎＝現在の薩摩川内市久見崎町。川内川の河口で古くからの港。義弘一行は、三月二十三日に入津、二十八日五十艘ほどで出帆した（鹿児島県の地名）。　○纜を解き＝「ともづな（船尾方にあって舟をつなぎとめる綱）」を解いて出航する。

六、平田三五郎、節義の事　並びに、諏訪《すは》日参の事

〔六の1〕　かくて、平田三五郎宗次《むねつぐ》は、吉田大蔵清家《おほくらきよいへ》に別れてより、今さら何となく名残《なごり》ありて、日々に寂《さび》しさ増さりつつ、起きても寝ても「清家の今日《けふ》はいづくに行きたまふらん、今宵《こよひ》はいづくに宿り

たまふらん」と思ふがうちに、春過ぎて夏来にけらし、我が君も海上つつがなく高麗《かうらい》に御着岸《ごちやくがん》の飛船《ひせん》到来して、三州中にその段《だん》仰せ渡されければ、かの三五郎も少しは心安けれども、軍《いくさ》の勝負はかられず、前に増したる物思ひ、宗次昼夜に安からず、せんかたなさの余りにや、東福《とうふく》が城《じやう》の麓《ふもと》に建《た》ちたまふ諏訪大明神《すはだいみやうじん》に日参し、

「契兄《けいけい》吉田大蔵清家が、武運強うして再び帰朝の期《ご》、守らせたまへ」

と、命にかけてぞ祈りける。

三五郎の宅は玉龍山《ぎよくりうざん》のこなたにて、諏訪《すは》までの間《かん》わづか五、六丁《てう》に足らざれば、いつも独《ひと》り参詣しけるが、隙《ひま》行く駒《こま》の足早く、ややその年も暮れ行きて、明くる慶長《けいちやう》三年には、宗次今年《ことし》二七《にしち》の春、今ぞ盛りと咲く花の、また来ぬ春をいたづらにながめん庭に過ごさんは、惜しむ人なき深山木《みやまぎ》の花の色香《いろか》に異ならず。

【注】〇春過ぎて～＝「春過ぎて夏来にけらし白妙の衣ほすてふ天の香具山」(新古今集・夏。百人一首)。〇飛船＝速度の速い船。〇その段＝そのこと。県図本は「其旨」、刊本は「其由」。〇はかられず＝「はかる」は、予測する。〇東福が城＝東福寺城ともいう。鹿児島市の稲荷川河口の北側の丘陵地にあった山城。現在の多賀山公園。〇諏訪大明神＝鹿児島五社の第一として島津氏の崇敬もっとも篤かった神社。現在は南方《みなかた》神社(鹿児島市清水町)。〇契兄＝義理の兄。義兄弟の仲にある兄分。「契弟」(四の2)と対語。〇玉龍山＝福昌寺《ふくしやうじ》(現在の鹿児島市池之上町、玉竜高校の敷地にあった)の背後の山。〇五、六丁＝「丁」は距離の単位。一丁は約一一〇メートル。〇隙行く駒＝壁の隙間に見る馬はたちまち過

ぎ去る（荘子・知北遊にあり）ことの意から、月日の早く過ぎ去ることのたとえ。○ややその年も暮れ行きて＝「やや」は、次第に、徐々に、の意。「隙行く駒の足速く」と矛盾する。刊本がこの部分を欠くのはそれを考えての削除か。○慶長三年＝一五九八年。平田三五郎は「二七」、すなわち十四歳。○また来ぬ春を＝県図本の「また来ん春」（次春を期待するの意）が古典和歌にも見える表現であるが、「宗次今年二七の春、今ぞ盛りと咲く花」と、後の「惜しむ人なき深山木の花の色香」という比喩との関係を考えて、県図本以外の写本や刊本の本文「また来ぬ春を」に従い、「再び訪れることのない盛りの春を…独り空しく過ごす」の意に解する。○惜しむ人なき深山木の花の色香＝〔三の3〕の「主なきままの深山木」参照。「なかなかに惜しむ人なき深山べの花をば風もさそはざりけり」（月詣和歌集・三月）。

〔六の2〕ここに、石塚十助《いしつかじふすけ》は、先度《せんど》、奸計《かんけい》に偽書《ぎしょ》を認《したた》めて、吉田・平田の兄弟が仲に邪棒《じゃぼう》を振りけれども、遂にそのこと調《ととの》はず、いよいよ清家《きよいへ》・宗次《むねつぐ》は無二の契りを結ぶと聞いて、せんかたなくも居たりしに、去年朝鮮《てうせん》御出陣のみぎりは病気によつて御供《おとも》の人数に洩《も》れたりしが、今や清家留守《るす》なりければ、時を得たりと十助は、いろいろ思ひの丈《たけ》を書き認《したた》めて、かの宗次に送りしに、宗次これを見て、ただ地上にうち捨て、何の返答もなかりければ、それより石塚は千度艶書《ちたびえんしょ》を送れども、その後《のち》は宗次一度も開き見ることなく、封《ふう》のままにていつも焼き捨てたりけるが、十助、今はすべき様《やう》なく、さまざま奸智《かんち》を思惟《しゆい》しけるに、「いざや、威勢を以《もつ》て彼を取り付けけん」と、同志の者を相語《あひかた》らふに、血気《けっき》にはやる荒者《あらもの》ども、面白きことに思ひ、五、六人手組《てぐ》みして、互ひに不意《ふい》をうかがひしに、弥生《やよひ》下旬《げじゅん》のことかとよ、小雨《こさめ》降る日の夕暮れに、傘《かさ》をもさゝずたゞ独《ひと》り、かの平田三五郎、諏訪参詣《すはさんけい》の途中にて石塚十助に行き合ひしが、十助やがて同志を催《もよほ》し、三五郎の跡を追うて、諏訪をさしてぞ差し越しける。

【注】○邪棒を振り＝〔四の4〕の「邪棒を振る」の注、参照。　○丈＝ここは、あるかぎり、ありたけ、の意。　○艶書＝恋慕の情を書いて送る手紙。　○思惟＝考えめぐらすこと。思い計ること。　○威勢を以て彼を＝県図本以外の諸本は「威（威勢）を以て威し（落し）かけ威勢（勢）に（にて）彼を」とあるが、すぐ後〔六の4〕に「威勢を以て取りひしがん」、「威勢に屈することなかれ」、「いかに威勢におどすとも」とあるので、県図本に従う。　○手組み＝「テグン　仲間を組む。一緒に行動する。共謀する。」（鹿児島方言大辞典）。第三部第四章の6参照。　○不意をうかがひ＝相手の油断をひそかに見ていることをいうのであろう。

〔六の3〕　かくとは知らず三五郎は、諏訪の社内にしばし居て、着たる裃《かみしも》着直しつゝ、思ひは遠き高麗《かうらい》の軍《いくさ》のことを案じつゝ、余念もなくて居たりしに、日もはや暮れて入相《いりあひ》の鐘の響きにうち驚き、立ち帰らんとしたりしに、鳥居《とりゐ》の側《そば》に五、六人、羽織《はおり》をかぶりし荒者《あらもの》ども、様子ありげに居たりしが、宗次《むねつぐ》を中におつ取り籠《こ》め、前後左右に立ち渡り、あるいは石垣に切声《きりこゑ》掛けて当たるもあり、または地上をまくるもあり。宗次心中烈火《れつくわ》のごとく、「これ、石塚らの者どもなり」と事《こと》明らかに推察して、「もしも無礼をするならば、いかでか只《ただ》に置くべき」と、刀の鯉口《こひぐち》摘み放し、障《さは》らば切らん風情《ふぜい》にて、にらみつめてぞ通りければ、その勢ひに石塚らもさすがに心や臆《おく》しけん、さしたることも仕出《しい》ださず、ただ後《あと》になり先になり、切声《きりこゑ》掛けたるばかりにて、諏訪の鳥居より既に宗次の宅まで付け来たりけるが、三五郎はやがて内にぞ帰りける。後にて石塚らは牙《きば》を噛《か》んで憤《いきどほ》り、「さて残念のことなり」と、刀を引き抜き振りなどして、「また折を待つべし」と、やがておのおの帰りける。

【注】○裃＝武士の礼装。同じ色の肩衣《かたぎぬ》と袴《はかま》とを小袖《こそで》の上に着るもの。次の「着直しつつ」は、「着替える」のではなく、身なりを整えるの意であろう。○入相の鐘の響きに～＝「入相の鐘の響きに驚きて、立ち別れんとしたりしが」（雪折り竹・二三オ）。○おつ取り籠め＝「おつ取り籠む」は、多人数で取り巻く、の意。○切声＝〔二の3〕の注、参照。○まくる＝「マクイ　転ぶ。転がる。」（鹿児島方言大辞典）。第三部第四章の6参照。○刀の鯉口＝刀剣の鞘《さや》の口。「摘み放し」は未詳。「鯉口」は「くつろぐ」「切る」「ゆるぶ」というのが一般的。「自由燈」は「摘放《くつろげ》て」とルビ。○障らば＝邪魔をしたら。○牙を噛んで＝非常にくやしがったり、興奮したりして、歯を強くくいしばる。歯ぎしりをする。

〔六の4〕　かの平田三五郎は、その夜《よ》つくづく思ふやう、「かの石塚らの者ども、威勢を以《もっ》て取りひしがんと、今日《けふ》のごとくに振る舞ふらん。よしよし彼ら何十人にもせよ、かばかりの奸計《かんけい》に恐るべきか。兼ねて清家尊兄《そんけい》の『礼義の人には下《くだ》るとも、権威を以《もっ》て圧《お》す人には威勢に屈することなかれ』と教へたまひしこともあり。さらば、明日《あす》よりわざと時刻を作り、暮時分《くれじぶん》に参詣してみばや。彼らごときの奴《やつ》ばらがいかに威勢におどすとも、もはや我が身も十四歳、なんぞ童子《どうじ》に似たるべき。もしも無礼を振る舞ひなば、二つになしてくれんぞ」と、思案しける勇気のほど、誠にけなげのことどもなり。

かくて、宗次《むねつぐ》は、その明けの日も、夕べの時分と思ふころ、時刻を作りて参詣しけれども、目に遮《さへぎ》る者もなかりければ、それより毎日、同じ時刻に参詣せしに、そののち数度、石塚らに出会ひけれども、元来宗次は思ひ切つたることにして覚悟の前のことなれば、始終《しじゆう》ちつとも動揺せず、にらんでいつも通りければ、石塚らが輩《ともがら》は、一度もさせることもなく、下手《へた》の分別《ふんべつ》あとからにて、いろいろ言ひて悔《く》やめども、その期《ご》になれば、宗次の勇気にさすが臆《おく》しけん、互ひに我彼《われかれ》譲りける、臆病のほどこそ未練なれ。

されば、光陰《くわういん》止《とど》まらず、はや今年も冬十二月半《なか》ばごろにもなりゆきしに、そのうち幾度か宗次危難の場所に臨むといへども、一度も不覚を取らざりしは、あつぱれけなげの振る舞ひなり。

【注】○よしよし＝「よし」は、①不満足ではあるが仕方ないとして容認・許容するさまを表す語。どうなりとも、ままよ。②（下に仮定条件を表す語を伴って）たとい、かりに、よしんば。　○してみばや＝「してみらはやと」（県図本）、「してそ見らはやな」（東北本）、「してそ見はや」（都城本・さんぎし）など諸本異なるが、「みらばや」は不審。意をもって改める。　○二つになして＝二つに断ち切る。　○目に遮る＝目の前を通り過ぎる。視界をさえぎる。　○覚悟の前＝あらかじめ、十分心構えしていること。　○させる＝（下に打消の語を伴って）特にこれというほどの。これといった。たいした。さしたる。　○下手の分別あとから＝「下手の思案は後に付く」（下手な者は事が終わってから初めていい知恵が浮かぶ。時期おくれの役に立たない考えをあざけっていう）、「下種《げす》の知恵はあとから」とも。

○臆病のほどこそ＝県図本・東北本・都城本・さんぎしは「臆病の程そ」とあるが、結びが諸本すべて「未練なれ」とあるので、野邉本・刊本に従う。　○光陰止まらず＝月日のたつのが早いことのたとえ。「光陰流水のごとし」とも。

七、高麗《かうらい》御帰陣の事　並びに、清家《きよいへ》・宗次《むねつぐ》再会　付《つけたり》、薩隅日《さつぐうにち》騒動の事

〔七の1〕　さても、高麗在陣の諸将、加藤・小西の輩《ともがら》、その他《ほか》、黒田・立花《たちばな》・毛利《もうり》・筑前《ちくぜん》・鍋島《なべしま》らを初めとして、おのおの軍功莫大《ばくだい》なりし中にも、我が君兵庫頭《ひやうごのかみ》島津義弘公は、智仁勇の三徳を兼ね備へたまふ名大将なるうへ、玉枝忠恒公《ぎょくしただつねこう》、御甥忠豊公《おんをひただよこう》、共に士林《しりん》の英材《えいざい》なれば、付き従ひたてまつる輩《ともがら》は、いづれも一騎当千《いっきたうせん》にして、忠を刃《やいば》の鉾先《ほこさき》に掛け、義を身体の六具《ろくぐ》となして、百戦百勝、武功誰《たれ》か我が君の右に立つ者あらん。

殊に去る十月朔日《ついたち》、泗川新塞《しせんしんさい》において、明《みん》の大軍二十余万を、ただ一戦に皆殺し、首を得《う》ること三万八千七百十七、切り捨てたるは数知れず、まことに前代無双《むさう》の大勝利、和漢未《いま》だかくのごとく一戦に数首を得たるは聞かざるところなり。

ああ、公の神武妙計《しんぶめうけい》、これにて知るべし。智は良平《りやうへい》が上にあり、勇は関張《くわんちやう》が下にあらず、軍旅《ぐんりょ》の兵法、孫呉《そんご》再び出るとも必ず公の言《こと》に従ひなん。されば、我が国の勇武英名《えいめい》を聞いて、明人《みんじん》、島津を「石曼子《シイマンズ》」と呼んで恐る。けだし、高麗《かうらい》八道を切り従へしは、全く諸軍の功にあらず、独《ひと》り我が国の

功とせんに誰《たれ》かまた論ずべき。

さるほどに、高麗御在陣、前後六か年にして遂に八道をうち従へ、慶長三年冬十一月、諸将おのおの帰朝《きてう》ありければ、我が君義弘公も同じく御帰帆《ごきはん》ましまして、三軍の士卒《しそつ》は筑前の国今津《いまづ》より国に帰したまひ、御身《おんみ》は玉枝忠恒公《ただつねこう》と共に城州《じやうしう》伏見に到《いた》らせたまひける。

【注】○加藤・小西、黒田・立花～＝『西藩野史』（一三）に「加藤清正、蔚山ニ在リ、明軍攻ル事急ナリ。依之、小西行長・毛利秀元・黒田長政・筑前秀秋・鍋島直茂等、是ヲ救フ」とある。同書に「立花左近将監宗茂」もあり。○兵庫頭島津義弘公＝〔三の1〕の注、参照。○智仁勇の三徳＝君主・名将の備えるべき三つの徳性。「智仁勇ノ三ツハ天下ノ達徳ナリ」（中庸）。「智仁勇の三徳を兼ねて、死を善道に守者は、古より今に至るまで、この正成《まさしげ》ほどの者はなかりつるに」（太平記・一六）。○玉枝忠恒公＝〔五の1〕の注、参照。○忠豊公＝義弘の弟・家久の子。後に豊久と改名。日向国佐土原の城主。〔八の1〕には「中務大輔豊久」とあり。○士林の英材＝武士の仲間の中で、優れた才能を持つ人。「義弘公の御長男又一郎久保主、次に又八郎忠恒主、共に士林の英材にて」（庄内軍記・島津之幕下本領改替之事）。○忠を刃の鋒先に掛け～＝「刃の鋒先」は刀の刃先。「身体の六具」は身を守る六種をもって一揃えとする武具。武具をまとい刀剣を振るって戦い、忠義を尽くすさま。○右に立つ者あらん＝「右に立つ」は、古代中国で右方を上席としたことから、上位、上席。「立つ者あらん」の本文は、諸本「立者なし」とあるが、「誰か」に応ずる反語表現として「なし」は不適当なので意を以て改めた（刊本は「立べき」とする）。第三部第四章の5参照。○十月朔日～＝「（慶長三年）冬十月〔割注＝朔日〕明軍…泗川ヲ攻ム。義弘公撃テ大ニ是ヲ破ル。…明軍二十万、泗川城ヲ攻ム」「今日、敵ヲウツコト三万八千七百余、

水ニ溺レ山林ニ死タルハ幾トイフコトヲ知ラズ」（西藩野史・一三）。○泗川新塞＝『西藩野史』（一三）の「泗川城」の割注に、「慶尚道ノ内ナリ。（中略）殿下ノ命ヲウケ泗川ニ城ヲ築テ義弘公之ニ居ス。公、赤国ヨリ爰ニ至テ未成ユヘニ旧館ニ入リ、一月ヲヘテ新城ナル。公ココニ移リ、忠恒公本丸ニ、義弘公ハ二丸ニ居ス。故ニ新塞ト云フナルベシ」とある。「泗川」は現在の韓国慶尚南道《キョンサンナムド》の南西端にある港市。○首を得る～＝『西藩野史』（一三）に「諸軍昨日殺所ノ敵ノ首ヲ斬リ大手ノ門外ニ集メテ数ルニ三万八千七百十七ナリ」とあり、割注にはさらに続けて「此外切捨ハ数ヲシラズ」とある。○数首＝「数多（あまた）の首」の意か。○神武＝神のような不思議な武徳。この上もなく優れた武徳。○妙計＝巧妙なはかりごと。○良平＝中国漢の高祖の臣で、知略に勝れた張良《ちょうりょう》と陳平《ちんぺい》。○関張＝中国蜀《しょく》の関羽《かんう》と張飛《ちょうひ》。共に義勇で名高い。○兵法＝諸本の本文は「令法」とあるが、辞書にも見えない語で、意味不明。「令」は「兵」の誤写と見て改訂する。「孫呉」は兵法家。○孫呉＝中国の戦国時代の兵法家である孫武《そんぶ》と呉起《ごき》。また、その著書「孫子」と「呉子」。○英名＝すぐれた評判。名声。○石曼子＝ルビは『島津戦記』（学研）による。「按ニ明人島津ヲヨンデ石曼子ト云フ。方ニ音シマンズ也」（西藩野史・十三。割注）。○八道＝朝鮮の京畿道《けいきどう》・江原《こうげん》道・咸鏡《かんきょう》道・平安道・黄海《こうかい》道・忠清《ちゅうせい》道・慶尚《けいしょう》道・全羅《ぜんら》道の総称。すなわち、朝鮮全土。○前後六か年＝文禄元年（一五九二年）に出兵、慶長三年（一五九八年）に撤退。義弘は途中帰国しているが、足かけ六年の在陣。○三軍の士卒＝全軍の武士・兵卒。○筑前の国今津＝現在の福岡市西区今津にあった湊。「十二月（割注＝十日）筑前国今津ニ入ル。爰ヨリ諸軍ヲ国ニ帰シ、二公ハ連生ガ津ニ入ル。（中略）義弘公ハ船ニテ大坂ニ至リキ（十二月二十七日）。伏見ニ入ル（二十九日）。忠恒公ハ石田三成トトモニ摂州餝磨戸《シカマト》ヨリ陸ニ上リ伏見ニ入ル」（西藩野史・一三）。○城州伏見＝山城国（現在の京都府）伏見。

〔七の2〕　ここに、かの吉田大蔵清家《おほくらきよいへ》は、今度高麗《かうらい》在陣には、数度の勲功《くんこう》他に異《こと》に、一度も先《さき》を駆《か》けずといふことなく、泗川《しせん》大戦のみぎりには、高名諸人《かうみやうしょにん》に独歩《どっぽ》して、深く公の御感《ぎょかん》に預かり、世に面目を施《ほどこ》せり。殊に帰朝の時節に当たり、樺山忠征《かばやまただゆき》、同久高《おなじくひさたか》、喜入忠政《きいれただまさ》らの五百余人の船、南海の岸に流れ到《いた》るに、清家もその内にありしが、大蔵、竹内某《なにがし》と共に、節を守りて唐島《からしま》に到り、太守公《たいしゅこう》に告げて援《すく》ひを乞《こ》ひ、五百余人の命を全《まつた》うせしこと、ひとへに吉田・竹内が功なり。まことに清家が義毅勇敢《ぎきいうかん》、賞すべし、感ずべし。その他《ほか》、義功忠労《ぎこうちうらう》多しといへども、こと長談《ちやうだん》なる故、ここに略す。なほ知らんと欲《ほっ》せば、他の諸書を尋ねて考ふべし。

かくて、吉田清家は、極月中旬《ごくげつちゅうじゅん》ごろに薩州《さつしう》に帰国しけるが、折ふし、このころ、うち続きて降る雪に、寒気耐へがたかりけれども、その夜《よ》、平田三五郎の宅に差し越しけるに、互ひの心中、思ひやるべし。

過ぎし別れの憂《う》きことも今は笑ひ草の種《たね》となり、清家はこの両年の在陣中、合戦暇《ひま》なき折節《をりふし》も、片時も君がことを忘れざりしことを語れば、宗次《むねつぐ》は諏訪《すは》日参のことより石塚らのことを語るに、清家聞くたびに嘆息して、その節義をぞ感じける。

その夜《よ》は、清家、三五郎の宅に一宿《いっしゅく》して、積もる思ひをもろともに語り明かしける。ああ、有為《うゐ》転変《てんぺん》の世の中、今かく再び逢はんとは思はざりしに、まことに両人が心の内の嬉《うれ》しさは、ただ、昔、王質《わうしつ》が仙《せん》より出《い》でて七世《しちせい》の孫に逢ひたりけん、その喜びもなかなかに、これには過ぎじと覚えける。

【注】○先を駆けず＝「先を駆く」は、合戦の時まっさきに敵中に駆け込むこと。「数度の軍に先をかけ」（雪折り竹・二八オ）。　○独歩＝卓越すること。　○御感に預かり＝おほめを頂く。　○帰朝の時節～＝「（慶長三年十一月、義弘・忠恒の両公）相共ニ与善島ニ帰ル。時ニ樺山太郎三郎忠征、同権左衛門久高、喜入摂津守忠政等五百余人、水主多ク傷テハタラク事ヲ得ズ。故ニ船流テ南海ノ岸ニ至ル。敵船ススミ来テ火ヲ放ツ。忠征等船ヲステテ南海島ニ登ル。（中略）依之久高、吉田大蔵、竹内兵部ヲ唐島釜山浦ニツカハシ援ヲ乞ハシム。（中略）忠征…二士ト小船ニ乗リ、唐島ニ至リ、義弘公ニ謁シテコレヲ告ス。（中略）依之小西、大村、有馬等ヨリ二十余艘ヲツカハシ、吉田、竹内、郷導タリ。久高等コレニ乗リ、五百余人命ヲ全フシテ唐島ニ至ル。〔割注＝二十日夜半〕」（西藩野史・一三）。　○樺山忠征＝樺山久高の甥。「忠征」を諸本「正征」または「正綱」とするが、『西藩野史』により改訂。東北本は左傍に「忠か」と注す。　○同久高＝美濃守。〔五の7〕に見える「樺山権左衛門」と同一人物。　○喜入忠政＝忠続とも。摂津守。のち家老。　○竹内某＝竹内兵部少輔実位。　○節を守り＝自己の信念や行動などを貫き通すこと。自分の責任・義務を全うする。　○義毅＝辞書に見えず。義に強いことをいうか。〔九の6〕にも「義毅より発するところ」とある（第三部第四章の6参照）。　○義功忠労＝忠義の功労、の意であろう（第三部第四章の6参照）。　○極月＝十二月の異称。しわす。　○節義＝人としての正しい道を守りとおすこと。義を守って志を変えないこと。　○有為転変＝この世は因縁によって仮にできているから、移り変わって、しばらくも一定の状態にないこと。世事の変わりやすいこと。　○王質＝中国、晋《しん》時代の人。木を伐ろうとして山に入り、童子らが琴を弾き歌っているのを聴いていて時のたつのを忘れ、その間に斧《おの》の柄が爛《くさ》っていた。帰ってみると「家ヲ去リテ已《すで》ニ数十年ナリ」（水経注）。「王質が仙より出でて七世の孫に会ひ」（太平記・一八）。「仙」は世俗を離れた場所。仙郷。

〔七の3〕　されば、誠は天の道、誠あるこそ人の道、かの両雄《りやうゆう》が節義の誠、万古《ばんこ》の今に諸人《もろびと》の称嘆するの余りには、雪踏み分けて清家《きよいへ》が平田の宅に差し越せし、その面影を写し得て、忠信節義の鑑《かがみ》となし、跡を慕《した》ふぞかたじけなき。末の世ながら人心《ひとごころ》、昔を感ずる習ひにて、諏訪《すは》某《なにがし》といへる人、かの写し絵を見られしが、懐古の思ひの余り、宗次《むねつぐ》の心に代はりて詠める歌、

死なば別れ　生きては何を報《むく》はまし　雪分けて来《こ》し人の誠を

それより清家・宗次は、昔に勝《まさ》る兄弟組《けうだいぐみ》、片時も側《そば》を離れずして、昼は共に武芸を講《かう》じ、夜は互ひの手枕《たまくら》に交《か》はす契りは、さざれ石の岩となるまで変はらじと契るに、月日は矢のごとく、明くれば慶長四年の春にもなり、数年の欝懐《うつくわい》やや晴れて未《いま》だ幾ほどもならざるに、またぞ一つの大変出来《しゆつたい》せり。

【注】○誠は天の道～＝「誠ハ天ノ道ナリ、之ヲ誠ニスルハ人ノ道ナリ」（礼記・中庸）。「誠ハ天ノ道ナリ、誠ヲ思フハ人ノ道ナリ」（孟子・離婁上）。原文には「誠あるこそ人の道」とあるが、第一部の訳は『孟子』に従う。○両雄＝二人の優れた人。ここは吉田と平田の二人。〔三の7〕に「吉田・平田の両雄」とあり。○万古の今＝「万古」は、遠い昔、大昔から今に至るまで、永久、の意。ここは、永い時を隔てた今、の意であろう。○平田の宅に＝東北本以外の諸本は「平田か宅」とあるが、直前の「清家が」との重複を避けて東北本に従う。○忠信＝誠実で正直なこと。○諏訪某＝未詳。「諏訪兼利歌集」にこの歌は見えない。○死なば別れ＝文意明らかならず。死別はともかく、生きている限りは、の意か。○兄弟組＝辞書には見えない語。兄弟の仲の良さをいうのであろう。○武芸を講じ＝「講じ」の意、明らかではないが、学び合うことをいうか。『大石兵六夢物語』にも「夕べに友を以て武を講じ、

朝に文を以て仁を輔け」とある。○互ひの手枕に〜＝「交はすかたみの手枕は、名残尽きせぬ寝話に」（五の4）。○さざれ石の岩となるまで＝「我が君は千代に八千代にさざれ石のいはほとなりて苔《こけ》のむすまで」（古今集・賀）の歌に基づき、「千代に八千代に」（千年も万年も、永久に）の意。○慶長四年＝一五九九年。平田三五郎は十五歳。○欝懐＝晴れ晴れしない心。ふさぎむすぼれる気持ち。○またぞ＝結びの「出来せり」と係り結びの呼応が整わないが、そのままにおく。後（八の2）にも「兄弟つれてぞ出陣せり」とある。第三部第四章の2参照。○一つの大変＝いわゆる「庄内《しょうない》（都城《みやこのじょう》）の乱」のこと（〔一の1〕参照）。

〔七の4〕これは、時の国老たる伊集院右衛門大夫忠棟《いじふゐんうゑもんのたいふただむね》を、故《ゆゑ》あつて伏見《ふしみ》の茶亭《ちやてい》に誅《ちう》したまふ。その子、源次郎忠真《げんじらうただざね》、居城都城《みやこのじやう》に楯籠《たてこも》り、十二の砦《とりで》を構へ、仇《あだ》を太守公《たいしゆこう》に報ぜんと企つるの由《よし》、風聞《ふうぶん》まちまちなりければ、その真偽《しんぎ》明らかならざれども、それより三州騒動して、上下鼎《じやうげかなへ》の沸《わ》くがごとく、万民《ばんみん》手足の置く所を知らず。中にも若手の勇士らは、

「あはれ、忠真、籠城《ろうじやう》せよかし。音に聞く内村半君などを手取りにせん」

と勇み立ち、はや出陣の用意せり。

ここに、かの石塚十助《いしつかじふすけ》は、平田三五郎宗次《むねつぐ》に思ひを掛け、種々に奸計《かんけい》を尽くせども、遂にその事ならざりしうちに、吉田大蔵《おほくら》帰朝して、いや増しの二人が契り、今はいかんともすることも叶《かな》はずして、空《むな》しく月日を過ごせしに、今度庄内《しやうない》籠城の風聞ありければ、かの忠真に縁ある者にて、急ぎ都城《みやこのじやう》

に馳《は》せ行きて、やがて伊集院方《かた》にぞなりにけり。

【注】○伊集院右衛門大夫忠棟を～＝伊集院忠棟（幸侃《こうかん》）は、豊臣秀吉に近づき、都城八万余石を領したが、さらに薩隅日三国の守護就任をうかがうも、石田三成の同意を得られず失敗し、三成はこのことを島津忠恒に伝えた。「三月〔割注＝九日〕忠恒公、親《みづか》ラ幸侃ヲ誅ス。公、伏見邸中茶亭ヲ修ス。幸侃ヲ召シテ是ヲ見セシメ、且《かつ》茶ヲ給フ。於是《ここにおいて》、幸侃召ニ応ジ茶ヲ給テ退ク。公、自刀ヲ抜キ、忽チ誅戮《ちゅうりく》ス」（西藩野史・一五）。○茶亭＝茶室のこと。○その子、源次郎忠真～＝「脚夫都ノ城ニ至リ〔割注＝三月廿日〕忠真、大河原山ニ狩ス。変ヲ聞キ、都城ニ帰ル。即チ都城、及ビ十二ノ塁ヲ築キ叛ヲ謀ル」（西藩野史・一五）。○都城＝北郷《ほんごう》（都城島津）氏が築いた城。現在の都城歴史資料館（宮崎県都城市都島町）はその城跡。○十二の砦＝『庄内軍記』によれば、財部《たからべ》、恒吉《つねよし》、末吉、梅北《うめきた》、野々美谷《ののみだに》、志和《しわ》池《ち》、高城《たかじょう》、山之口、山田、安永《やすなが》、梶山《かじやま》、勝岡の十二城。○太守公＝家督を相続したばかりの島津忠恒を指すか。○鼎の沸くがごとく＝（鼎の中に湯の沸きかえるように、議論や混乱が甚だしいさま）多くの人が騒ぎ立てて混乱するさま。○手足の置く所を知らず＝「手足を置く」は、安心する、ゆったりする、の意。○内村半君＝内村半平のこと。半平は、日州で評判の美少年（三の3、参照）。○いかんとも＝なすべき方法に困る意を表す。どうにも…（できない）。○伊集院方にぞなりにけり＝係り結びの呼応が整わないが、これも諸本のままにおく。〔七の3〕の「またぞ」の注、参照。

八、庄内《しやうない》一揆《いっき》籠城《ろうじやう》の事　並びに、清家《きよいへ》・宗次《むねつぐ》出陣の事

〔八の1〕　さるほどに、伊集院源次郎忠真《ただざね》は、老父忠棟《らうふただむね》が殺されしことを憤《いきどほ》り、都城《みやこのじやう》に楯籠《たてこも》り、

仇《あだ》を太守公《たいしゅこう》に報じたてまつらんとて、はや十二の砦《とりで》を構へ、日州《にっしう》・隅州《ぐうしう》の通路を断ち切つて、反逆の色を表はしければ、龍伯公《りうはくこう》の命により、新納武蔵守《にいろむさしのかみ》・山田越前守《ゑちぜんのかみ》、両大将にて、外様《とざま》の勢《せい》を従へて、凶徒《きょうと》不虞《ふぐ》の押さへとして、日州に出張す。

このこと早速急を伏見《ふしみ》に告げたまへば、少将忠恒公《せうしやうただつねこう》・中務大輔豊久《なかつかさのたいふとよひさ》もただちに御下向《げかう》ましまして、同六月上旬《じやうじゆん》、少将忠恒公、鹿児島の城を御雷発《ごらいはつ》ありて、日州の凶徒《きょうと》を征伐したまふ。相従《あひしたが》ふ人々には、まづ島津中務大輔豊久・阿多《あた》長寿院盛淳《ちやうじゆゐんもりあつ》・島津右馬頭征久《うまのかみゆきひさ》・島津下野守久元《しもつけのかみひさもと》・島津河内守忠信《かはちのかみただのぶ》・島津豊後守忠朝《ぶんごのかみただとも》・喜入摂津守忠政《きいれせつつのかみただまさ》を初めとして、その他、鎌田政近《かまたまさちか》・佐多太郎次郎・比志島紀伊守《ひしじまきいのかみ》国貞《くにさだ》・平田太郎左衛門尉増宗《たらうさゑもんのじやうますむね》らの諸大将、鉄騎《てつき》・猛卒《まうそつ》の輩《ともがら》、その勢、数万に余りければ、一々記《しる》すに暇《いとま》あらず、その勢雲霞《せいうんか》のごとくなり。

【注】○十二の砦を〜＝「十二の砦を構へ、同二月二十日より日州隅州の通路を塞ぐにより、往来断絶して」（庄内軍記・上・忠真籠城の事）。○龍伯公の命により〜＝「龍伯公」は〔三の1〕を参照。「龍伯公御憤り斜めならず、御征伐あるべきとの御志おはしければども、義弘公も忠恒主も未だ下向ましまさねば、兎角黙止給ひしが、先づ新納武蔵入道拙斎、山田越前入道利安に外様の勢を相添へ庄内へ差遣はされ、彼の逆党を押へ置き、則ち伏見へ飛脚を飛ばせて御注進ましましければ」（庄内軍記・上・忠恒公御下向の事）。○新納武蔵守＝新納忠元、拙斎。数々の合戦で武功をあげ、「鬼武蔵」の異名をとった。特に豊臣秀吉の九州進攻に際しては大口城に立て籠もり最後まで抵抗した。和歌や茶の湯も嗜んだ。○山田越前守＝山田有信、理安。義久の下で各地の地頭として活躍。のちに家老となる。日向高《たか》

城《じょう》で豊臣軍の猛攻を退けたことは有名。○外様＝諸本および前引の『庄内軍記』とも「外様」。直系ではない傍系の人、または、主家に代々臣従する譜代に対して後から家臣となった者、の意か。あるいは、「外城《とじょう》」の誤りか。「外城」とは、島津藩の地方行政区画で、その中心「麓《ふもと》」には地頭仮屋があり、半士半農の郷士《ごうし》が集住していた。○不虞＝予期しないこと。思いがけないこと。○出張＝軍勢を引きつれて他所に出向いて陣を張る。○少将忠恒公＝〔五の1〕の「忠恒公」の注、参照。○中務大輔豊久＝島津家久（義久・義弘の弟）の嫡子。軍法戦術の妙手と謳《うた》われた。日向佐土原の城主。〔七の1〕の「忠豊公」の注、参照。○同六月上旬＝「同」は、ここでは慶長四年のこと。訓みについては〔二の1〕の「同十二日」の注、参照。「慶長四年六月上旬、薩摩少将忠恒公、日州の凶徒御征伐の為、御首途ましましける」（庄内軍記・上・忠恒公日州御進発の事）。○雷発＝勢いよく出発することか。「信玄、其の勢三万五千余人を引率して甲府を雷発におよび」（落語・嘘講釈）。○阿多長寿院盛淳＝島津義久・義弘に仕えた重臣。一度出家したが、義久に請われて還俗《げんぞく》し国政に従事し、「黒衣《こくえ》ノ宰相」と呼ばれた。関ヶ原の役で義弘の身代わりとなって討死した。○島津右馬頭征久＝島津忠良の孫。後に以《ゆき》久《ひさ》と改名。数々の武功あり。のちに佐土原城主。○島津下野守久元＝宮之城島津家。島津光久の家老。○島津河内守忠信＝『庄内陣記』には「同河内守忠倍〔割注＝又五郎ト云。宮城串良〕」とあり。『西藩野史』は「忠陪」とする。詳細未詳。○島津豊後守忠朝＝『本藩人物誌』の「島津豊後守忠朝」は別人。『庄内陣記』には「島津豊後守忠賀〔割注＝黒木〕」とあり。詳細未詳。○喜入摂津守忠政＝〔七の2〕参照。○鎌田政近＝出雲守。武功多く、義久・義弘・家久の家老。○佐多太郎次郎＝『西藩野史』には「久慶」とあり。○比志島紀伊守国貞＝高岡の地頭。後に国老となる。○平田太郎左衛門尉増宗＝〔一の2〕参照。○鉄騎＝勇猛な騎兵。諸本の本文、「銃騎」（東北本・野邉本・さんぎし）、

「鋭騎」（刊本）などとあるが、県図本に従う。『太平記』にも「鉄騎の勇士」とある。〇雲霞＝雲と霞《かすみ》。人々が多く集まっているさまの形容。

〔八の2〕　さてまた、吉田大蔵清家《おほくらきよいへ》・平田三五郎宗次《むねつぐ》も、共に君命に応じて出陣しけるが、宗次はわざと父増宗《ますむね》に後れて、六月十日の暁《あかつき》に、清家・宗次もろともに、兄弟つれてぞ出陣せり。然《しか》るに、隅州帖佐《ぐうしうてうさ》を通るとて、武運のために米山薬師《よねやまやくし》に参詣しけるに、堂の左の柱に墨おぼつかなくも、「文《ぶん》禄《ろく》元年壬辰《みずのえたつ》二月、隅州帖佐の住人、帖佐六七、今度《このたび》朝鮮に渡海す」と書いて、その下に、

　命あらばまたも来て見ん　米山の薬師の堂の軒端《のきば》荒らすな

清家・宗次、感嘆して、

「かの六七は、過ぎし年、高麗昌原《かうらいしやうげん》の狩《かり》に虎《とら》に噛《か》まれて死したりける勇猛無双《ゆうまうむさう》の勇士なるが、あはれなり、筆の跡ほど末の世までも残る形見はなし」

と、そぞろに感涙《かんるい》袖をしぼりけるが、

「さらば、我らも今度の合戦は、千に一つも生きて帰らんとは思はれじ」

とて、清家やがて矢立《やたて》を取り出《い》だし、すなはち堂の右の柱に、「時に慶長四年己亥《つちのとゐ》六月十日、平田三五郎宗次、吉田大蔵清家、共に庄内一戦の旅に赴《おもむ》く」と書き付けてぞ立ち出《い》でける。

後《のち》にかの両雄《りやういう》が戦死して、その身は苔《こけ》の下に朽《く》ち、野外《やぐわい》の土となりぬれど、佳名《かめい》は死後にとどまり

て、末の世までも残りつつ、見る人袂《たもと》を絞り敢《あ》へず。げにや「龍門原上《りうもんげんじゃう》の土、骨を埋《うづ》めて名を埋めず」とは、かかることをや申すらん。

【注】○出陣せり＝上の「つれてぞ」に対する呼応が整わないが、そのままにおく。〔七の3〕の「またぞ」の注、参照。　○米山薬師＝帖佐郷（現在の姶良《あいら》市姶良町帖佐）鍋倉村の切り立った岡の上にある薬師堂。『庄内軍記』には「或る辻堂に逍遥し」とあり、『異本庄内軍記』や『三国名勝図会』などは「敷根の門倉薬師」とする（第三部第二章の5参照）。　○文禄元年＝天正二十年（一五九二年）十二月八日に改元して文禄元年となる。『島津国史』には、「太閤、将ニ朝鮮ヲ伐タントシ、諸将ニ命ジテ肥前名護屋ニ会ス。二月二十七日、松齢公、（島津義弘）久保ト栗野ヲ発ツ」（原漢文）とある。　○帖佐六七＝「むかし、帖佐六七なるもの、公に従ひ朝鮮の役に赴きしとき、薬師に参篭して、堂の柱に書を記たり。『命あらばまたもきてみむ米山の薬師の堂の軒端あらすな』六七は朝鮮昌原にて猛虎にあたり死す。彼が自筆の落書は寛延二年十二月十二日、薬師堂焼亡して失ひしといへり」（薩藩名勝志・帖佐・米山薬師堂。『三国名勝図会』もほぼ同じ）。　○朝鮮に渡海す＝諸本の本文は「朝鮮令渡海」または「朝鮮渡海」とある。　○高麗昌原の狩＝「春三月、義弘公昌原ニ狩シテ虎ヲ得タリ。先是殿下虎肉ヲ得テ疾ヲ療セントス。故ニ義弘公ニ命ジ虎ヲ獲テ献ゼシム。（中略）帖佐六七ススンデ其頭ヲ斬ル。虎六七ガ股ヲ噛ム。（中略）長野助七郎走来テ其左腋〔わき〕ヲ突テ脊〔りょ。背骨〕ニ止ル。虎膝ヲ折リ後ヲ顧ミ苦痛シテ、又六七ガ肩ヲ噛ンデ死ス。六七モ日アラズシテ死ス」（西藩野史・一三）。　○筆の跡〜＝「はかなき筆の跡こそ永き世までの形見にてさぶらへ」（平家物語・一一）。　○そぞろに＝自然にそうなるさま。おのずから。知らず知らず。　○さらば＝以下との続き、いかが。「さらば、我らも…書き残さん」の意か。　○思はれじ＝「思はし」とする写本が多いが、都城本・野邉本に従う。　○矢立＝出陣や旅に携行した

筆記具。　○庄内一戦の旅に赴く＝写本の本文は「庄内趣一戦旅」（都城本・さんぎし）、「庄内趣一戦の旅に」（野邉本）、「庄内に趣き一戦旅」（県図本）など。『庄内軍記』は「庄内一戦の旅に赴く」。○その身は～申すらん＝『庄内軍記』とほぼ同文（第三部第二章の4参照）。　○苔の下＝（苔むした地面の下の意から）墓の下。　○佳名＝よい評判。りっぱな名声。　○龍門原上の～＝中国は唐の詩人・白楽天《はくらくてん》が、友人の元宗簡《げんそうかん》の詩文集の後に題し、その文名が死後に永く残ることを歌った詩の一節に、「遺文三十軸、軸々金玉ノ声、龍門原上ノ土、骨ヲ瘞《うづ》ムルモ名ヲ埋メズ」（原漢文）とある。

九、財部《たからべ》合戦の事　並びに、吉田・平田討死《うちじに》の事

〔九の1〕　ここに、伊集院甚吉《いじふゐんじんきち》と猿渡肥前守《さるわたりひぜんのかみ》が楯籠《たてこも》る隅州財部《ぐうしうたからべ》の城といふは、十二城の一つにして、逆徒《ぎやくと》の張本忠真《ちやうほんただざね》が居城都城《みやこのじやう》より西に当たつて、その間《かん》わづかに一里《いちり》に過ぎず。また、忠真が股肱《こくわう》の臣《しん》、白石永仙《しらいしえいせん》と伊集院五兵衛尉《ごひやうゑのじやう》らが楯籠る安永《やすなが》の城を隔てたれば、在陣の勢《せい》どもは寄せて攻むるに手便《たより》あらず。

これより隅州浜之市《はまのいち》へ一筋《ひとすぢ》の山路《やまぢ》あり。義久入道龍伯公《にうだうりうはくこう》は富隈《とみのくま》の城におはしけるが、公、御賢慮《ごけんりよ》ありて、途中渡瀬《わたせ》といふ所に新関《しんせき》を据ゑて敵の襲来を防がるべしとて、一陣を構へて市成隼人助《いちなりはやとのすけ》武重《たけしげ》兄弟に命ぜられ、かの御陣《ごじん》を守らせらる。また、財部白毛峠《しらがたうげ》よりも一つの通路ありければ、ここへは伊地知周防守《いぢちすはうのかみ》、君命を受けて相守《あひまも》れり。然《しか》るに、かの両陣へ敵の兵ども襲ひ来て、小攻合《こせめあ》ひ度々《たびたび》に及びしとぞ。

【注】○ここに、伊集院甚吉と〜＝以下『庄内軍記』の「財部軍の事」とほぼ同文（第三部第二章の４参照）。○伊集院甚吉＝「後、蔵人と号す。幸侃の甥なり」（三国名勝図会）。○財部の城＝龍虎城。財部は薩摩国の東北、日向国の都城に隣接する（現在の曽於《そお》市財部町）。○一里＝約四キロメートル。○股肱の臣＝「股肱」は、なくてはならぬもの、の意。もっとも頼りとする部下。○白石永仙＝「本は紀州和歌山根来寺の法師なりし白石永仙と云ふ者は、法衣を帯する身ながら、一向武勇に練磨して、兵術を旨とせしかば、前の忠棟家臣として、今も亦評定の座に居たりしが」（庄内軍記・上・北原注進の事）。○安永の城を隔てたれば＝「安永」は、日向国諸県《もろかた》郡（現在の都城市庄内町）にあった城。十二の砦の一つ。「隔てたれば」というのは、既に攻め落として島津の本陣としている山田城と財部城との間に安永城があったということであろう。『庄内軍記』の本文をそのまま用いたため、文意が通りにくい。○浜之市＝現在の霧島市隼人町住吉。富隈城の近くで、湊があった。○富隈の城＝現在の霧島市隼人町住吉にあった城。文禄四年（一五九五年）豊臣秀吉より鹿児島内城から大隅に移るように命じられた島津義久（龍伯。〔三の１〕の注、参照）が修築して移った城。その後（慶長四年一月か）家督を島津忠恒に譲って隠居し、同九年十二月に国分の舞鶴城に移った。○渡瀬＝『島津国史』の「貫明公、忠真定メテ叛クヲ聞キ、乃チ肥後某ヲ遣シテ渡瀬ヲ戍ル」（原漢文。慶長四年三月）の割注に「国分郷河内村、地有リ、渡瀬ト名ヅク」（原漢文）とある。現在の霧島市国分川内《かわうち》に渡瀬がある。○市成隼人助武重兄弟＝弟は藤助武明。『庄内陣記』（隅州渡瀬陣之事）に詳しい。『旧記雑録』に収める「児玉利昌譜」には「平田狩野介宗応ヲシテ兵ヲ帥ヰ往キテ渡瀬ヲ戍リ以テ財部ニ備ヘシム」とあり、児玉利昌・新納忠陸・平田三五郎・吉田大蔵・市成武重・弟武明などの名をあげている（第三部第二章の２参照）。○白毛峠＝『三国名勝図会』に「白鹿嶽（中略）山上に登れば庄内の地方一望の眼下に収め尽す。

嶺上に山路あり、福山邑内、比曽木野の上に通ず」とあり。『薩隅日地理纂考』には「白鹿岳《シラカタケ》」とルビ。現在の財部町北俣。〇伊地知周防守＝『庄内陣記』（白毛峠陣之事）に、「爰ニ財部ノ内、白毛峠ヨリモ富隈ヘノ通路アリ。依テ此処ヘ新タニ関所ヲ栫ヘ、伊地知周防守重治ヲシテ此関所ヲ令守」とある。

〔九の2〕かかるところに、秋の末つ方、龍伯公《りうはくこう》の命によつて山田越前守有信入道《ゑちぜんのかみありのぶ》理安《りあん》、三軍の機《き》を司《つかさど》りて、財部の城を攻めにける。既に巳《み》の刻より手合《てあは》せして、寄せ手秘術を尽くして攻めければ、城兵も共に武功《ぶこう》の者どもにて、ここを先途《せんど》と防ぎ戦ふ。中にも忠真《ただざね》が家臣に瀬戸口石見《せとぐちいはみ》といふ者は、屈竟《くつきやう》の鳥銃《てうじゆう》の上手《じやうず》なるが、緋縅《ひをどし》の鎧《よろひ》着て、岸の小松を楯《たて》に取り、寄せ来る勢《せい》をぞ射たりければ、味方の勢ども左右《さう》なく近づき得《え》ざりしに、讃良善助某《ささらぜんすけぼう》これを見て、十匁《もんめ》の鳥銃を放ちて射たりけるに、あやまたず石見が真中《まなか》を射通しければ、俯《うつぶ》しざまに倒れて、岸より下に落ちんとす。長曽我部甚兵衛《ちやうそかべじんべゑ》走り来て、石見を取つて引き上げ、味方の陣に助け入れんとするところを、あひもすかさず、また撃《う》つ鳥銃に、長曽我部が腰に挿したる団扇《うちは》を微塵《みぢん》に射砕きたりけれども、ものともせず、石見を助けて本陣に帰りしは、あつぱれ勇々《ゆゆ》しく見えにけり。

これを軍《いくさ》の初めとして、敵味方互ひに入り乱れて、巴《ともゑ》のごとくに切り廻《まは》れば、十文字《じふもんじ》のごとくに駆《か》け立つる。天地を動かす鬨《とき》の声は、山岳《さんがく》もこれがために崩れ、射交《ちが》ふる鳥銃の音、打ち合ふ太刀《たち》の鍔音《つばおと》は、ただいま天地も裂くるばかりなり。味方に平田仁左衛門尉《にざゑもんのじよう》・宮内治部《ぢぶ》ら討死《うちじに》す。その他《ほか》、両方もろともに手負《ておひ》、死人《しにん》は数知れず。

【注】○山田越前守有信＝〔八の1〕の注、参照。○三軍の機を〜＝全軍の機略を担当する、つまり、全軍を統率すること。「山田越前入道利安、軍大将を承りて三軍の機を司る」（庄内陣記）、「三軍之指揮ヲ司ル」（庄内陣記）。○巳の刻＝〔五の5〕の注、参照。○武功＝諸本の表記みな同じ。「武功」は、戦場での手柄、武勲、の意。ここは、「武功を立てた者」の意か。○先途＝勝負を決する大事の場合。せとぎわ。○屈竟＝きわめてすぐれていること。○鳥銃＝小銃のこと。『近世説美少年録』（第三回）は「撃出《うちいだ》す鳥銃《てつぽう》に」とルビ。○緋縅＝鎧の札（さね）を、はなやかな緋色に染めた革・糸組の緒で綴り合せたもの。○左右なく＝あれこれとためらわない。容易である。○讃良善助某＝「讃良」は「皿良」の表記もある。『「さつま」歴史人名集』に「皿良善介　慶長一〇年国分衆」と見えるが、同一人物かは不明。○十匁＝十匁（約三八グラム）ある鉄砲の玉。「十匁の種子島、逆様に追取り」（雪折り竹・二五ウ）。○俯しざま＝腹這いになったさま。○あひもすかさず＝一瞬の猶予もなく。息も継がせず。○団扇＝軍勢を指揮するのに用いた軍配団扇《ぐんばいうちわ》。○巴のごとく＝ともえの形のように、物がぐるぐる回るさま。○十文字のごとく＝前後左右、ばらばらに動き回るさま。敵陣をばらばらに打ち破るさまにいう。「大勢の中へ懸入、十文字に懸破、巴の字に追廻らす」（太平記・四）。○鬨の声＝合戦の初めに全軍で発する叫び声。○射交ふる＝互いに撃ち合う。県図本の「射ちかふる」に従う。東北本などは「射ちかふ」。○平田仁左衛門尉、宮内治部ら＝平田、宮内ともに詳細未詳。『庄内軍記』には「寄手に吉田大蔵清家、平田仁左衛門尉、宮内治部等打死す」とあり。吉田の名を省いたことについては、第三部第二章の4参照。

〔九の3〕 ここに、吉田大蔵清家《おほくらきよいへ》、平田三五郎宗次《むねつぐ》は、いつも互ひに寄り添うて、駆《か》け引き共に両人は、形に影の従ふごとく、毎度手柄《てがら》を顕《あらは》しけるが、今日《けふ》も今朝《けさ》よりもろともに一つ道にと志し、両人つれて進まれしが、合戦に暇《ひま》なうして、心ならずも押し隔てられ、清家遂に討死す。

一人当千《いちにんたうせん》の郎等《らうどう》に佐藤兵衛尉《ひゃうゑのじょう》武任《たけたふ》、かの死骸《しがい》を肩に掛け、味方の陣に引き退《しりぞ》く。後ろを見れば、宗次は卯《う》の花縅《はなをどし》の鎧《よろひ》着て、わざと甲《かぶと》は召さざりしが、嬋娟《せんけん》たる顔《かんばせ》に、髣髴《ほうひ》たる鬢《びん》の毛の鎧《よろひ》の袖まではらはらと乱れかかりし有様は、さながら楊柳《やうりう》の春風になびく風情《ふぜい》なり。清家を尋ねかねたる有様にて、茫然《ばうぜん》として立ちたまふ。

武任うち見て、

「宗次さまか」

と問ひければ、

「清家はいかに」

と宣《のたま》ふ。

「はや討死《うちじに》」

と答へければ、

「こはいかに。あさまし」

と、馬より下に飛び下り、そのまま死骸に抱《いだ》きつき、発露涕泣《ほつろていきう》したまふが、

「よしよし、今は力なし。合戦に暇《ひま》なうして後《おく》れしこそ無念なれ。今生《こんじやう》の対面これまでなり。武任、さらば」

と言ひ捨てて、また馬にうち乗り、すなはち敵陣に駆《か》け入つて、たちまち古井原上《こゐげんじやう》の草葉の末の露《つゆ》霜《しも》と消え果てたまふこそ、いたはしけれ。

あはれなるかな、宗次は、今年やうやく三五《さんご》の年、十年《ととせ》余りの春秋《しゆんじう》はただ一時《ひととき》の胡蝶《こてふ》の夢、覚《さ》めて義を知る武士《もののふ》の弓矢の道ほど、世の中にわりなきものはなかりけり。つらつらこれを観《くわん》ずるに、春の朝《あした》の花の色一陣《いちぢん》の風に誘《さそ》はれて、秋の夕べの紅葉葉《もみぢば》の一夜《ひとよ》の霜に移ろひて、あだに散り行く風情《ふぜい》より、なほはかなくぞ覚《おぼ》えける。

【注】○形に影の～＝「形に影の添ふ如し＝常に付いて離れないことをたとえていう」（ことわざ大辞典）。〔一の1〕に「影のごとくに伴ひしが」とあるのも同意。○進まれしが＝このあたり、三五郎に敬語を用いているのは不審。『庄内軍記』の表現をそのまま用いたからであろう。以下、「召さざりし」「立ちたまふ」「宣ふ」「涕泣したまふ」「消え果てたまふ」とある。第三部第四章の4参照。○郎党＝〔五の6〕の注、参照。○卯の花縅＝白一色の「をどし」（鎧の札《さね》を糸または細い革でつづること）。○わざと甲は～＝「其日を最後とや思はれけん、わざと甲は着たまはず」（平家物語・四）。○嬋娟＝容姿があでやかで美しいこと。品位があってなまめかしいこと。○髣髴＝ここは「ハウヒ」（髪の乱れたさま）であろう。○楊柳の春風になびく＝「楊柳」は、ヤナギ。「翡翠《ひすい》の髪《かんざし》は婀娜《あだ》とたをやかにして、楊柳の春の風に靡くが如し」（謡曲・卒都婆小町）。○あさまし＝あまりの意外さに驚く意を表す。なんということだ。○発露涕泣＝涙をながしながら、思いのたけを吐露すること。「ホツロテイキュ

ウ　涙を流して泣くこと」（日葡辞書）。　○よしよし＝不満足ではあるが、仕方がないと放任するさま。どうなろうとも。ままよ。　○力なし＝自分の力ではどうしようもない。仕方がない。「涙にむせんで居たりしが、よしよし今は力なし」（雪折り竹・二六オ）。　○今生の対面〜＝この世での最後の別れのあいさつ。「今世の対面これまでぞと言ひ捨てて兄弟ともかけ出づる」（雪折り竹・二四オ）。　○古井原上＝財部町北俣に「古井原《こいばる》」の小字名がある。「原上」は、野原のほとり。「古井原にても、我軍、重信越後と戦あり。吉田大蔵、平田三五郎、宮内式部左衛門等戦死す」「平田三五郎墓　古井原荷込坂の上にあり。墓側に一古松あり。墓面に平田三五郎　慶長四年　十六歳　戦死と銘し」（三国名勝図会）。○草葉の末の露霜と＝「露霜」は「露」を強めていう。消えやすいことのたとえに用いる。「ああ、あはれなるかな、春田主左衛門、内村半平、比翼連理の兄弟二人、終に半年も過ぎざるに、同じく白刃の先にかかつて草葉の末の露と消え、野原の土となりしかば、是を見聞きける人ごとに、袖を濡らさざるはなかりけり」（雪折り竹・三〇オ）。　○消え果てたまふこそ＝諸本「給ふそ」。結び「痛ましけれ」（諸本同じ）との呼応を考え、刊本に従い「こそ」と改訂。第三部第四章の2参照。　○胡蝶の夢＝（荘子が夢で胡蝶になって楽しみ、自分と蝶との区別を忘れたという故事から）夢と現実とがさだかでないことのたとえ。また、人生のはかなさのたとえ。『庄内軍記』（下）の富山次十郎の討死の段にも「此少年十年あまりの春秋は、只一時の胡蝶の夢」とあり。　○覚めて＝「夢」の縁語。迷うことがない、しっかりと自覚する、の意であろう。　○弓矢の道＝武士の道。「弓矢の道、死を軽んじて名を重んずるを以て義とせり」（太平記・一〇）。　○わりなき＝ここは、なんともやるせない、切ない、の意か。「武士の道とは言ひながら、弓矢はつれなきものかなと、敵味方…袖を濡らさぬはなかりけり」（雪折り竹・二四オ）。「武士の道とは言ひながら弓箭はつれなきもの、ふ〈ママ〉かな」（雪折之松・一〇オ）。

○観ずるに＝「観ず」は、よくよく考える、心深く思い見る、の意。

〔九の4〕　ああ、宗次《むねつぐ》、未《いま》だ壮年《さうねん》にも至らずして、いかなれば、かくまでに弓矢の義を励み、終《つひ》に死に赴きけるにや。されば、「朱《しゅ》に交《ま》じるは赤く、墨に交じるは黒し」と言へり。宗次、いやしくも文武二道の清家《きよいへ》に馴《な》れて契りしことなれば、忠孝《ちうかう》・廉直《れんちょく》・剛毅《がうき》なる吉田が気風、おのづから宗次似たるこそ、理《ことわ》りなれ。

ああ、人として其《そ》の禽獣《きんじう》に異なるは、ただこれ義あるを以《もっ》てなり。もし義の太源《たいげん》を守らずんば、誰《たれ》か鬼畜《きちく》に遠かるべき。宗次未《いま》だ幼《をさな》しといへども、義を知りて義を守る故に、終《つひ》に佳名《かめい》を末代に残し、その遺跡乾坤《けんこん》と共に朽《く》ちずして、後世《こうせい》勇士の亀鑑《きかん》たり。

【注】○壮年＝人の一生のうち、最も元気の盛んな年ごろ。　○弓矢の義＝弓矢を取る身（武士）としての道義。武士の面目。　○されば＝感動詞（さよう、そのことよ）としての用法か。　○朱に交じるは赤く〜＝「交じる」は「交はる」に同じ。「朱に交われば赤くなる＝人はその環境によって善にも悪にもなるということのたとえ」（ことわざ大辞典）。　○いやしくも＝かりそめにも。かりにも。　○廉直＝正直で曲がったことをしないこと。〔三の3〕にも「かの宗次公は、人となり廉直・剛毅にして」とあり。○剛毅＝意志が強固で気力があり、何事にも屈しないこと。　○似たるこそ＝諸本「似たるそ」。結びの「理りなけれ」（諸写本みな同じ）に応ずるので「こそ」と改訂した。第三部第四章の2参照。　○禽獣＝鳥とけもの。　○太源＝おおもと。すべての根源。　○乾坤＝天と地。あめつち。　○亀鑑＝行動や判断の基準となるもの。手本。

〔九の5〕 されば、今の世の人も、少人《せうじん》たちは言ふまでもなし、若手の武士の輩《ともがら》は、必ず文武の士《し》に馴《な》れて契りを結びたまひ、宜《よろ》しく忠孝を重んじて、義を見て常に勇あらば、誰《たれ》か清家《きよいへ》・宗次《むねつぐ》が昔の心に劣るらん。

後世男色《こうせいなんしょく》を好まん人、ただただ色道《しきだう》にのみ沈溺《ちんでき》し、たとひ生死《せいし》の交はりありとも、忠孝の二つをうち忘れ、信義の心なかりせば、今川氏真《いまがはうぢざね》の三浦における、武田勝頼《たけだかつより》の土屋を寵《ちょう》せしごとく、大《だい》なるは国家を滅《ほろ》ぼし、小《せう》なるは身を破る。これぞ勇士の浮沈《ふちん》の境《さかひ》、恐れてもまた慎むべし。

【注】○宜しく＝すべからく。まさに。 ○義を見て常に勇あらば＝「義を見てせざるは勇なきなり（人として当然行うべき正義と知りながら実行しないのは、勇気がないからである）」（論語・為政）による表現か。〔三の2〕にも「義を見て勇を事とする」とある。 ○劣るらん＝県図本・東北本などは「劣るかは」とするが、「誰か」に呼応する反語表現なので刊本に従う。第三部第四章の5参照。 ○後世男色を好まん人～＝「後世男色を好まん人、よろしく忠孝を正し、文武に身命を抛つて、昼夜相励むにおいては佳名を千載に伝ふるのみならず、美麗の少人自ら雲のごとくに集まり、露のごとくに靡くべし」（雪折り竹・三〇ウ）。 ○生死の交はり＝諸本「死生の交り」とあるが、この物語では「生死を共にすべきこと」（四の6）、「生死の交はり契約してより」（五の2）とあるので、刊本に従って改訂する。なお、「死生」の語は、「もしも死生命あつて討死したまふことあらば」（五の4）と用いている。 ○今川氏真、三浦＝今川義元の子・氏真は、父の跡を継いで駿河国を守っていたが、永禄の初め（一五六〇年ごろ）から武藤新三郎（のちの三浦右衛門佐《うえもんのすけ》）という美少年を「限りなく愛《め》でまどひ」何事も「三浦が心にかなふをもつて喜びとし」財宝を惜しまず浪費し、国政も三浦のはからいに拠ったため、民心飽き果

て国家も穏やかならぬありさまとなり、これを見透かした武田信玄に攻め込まれ、終に駿河国を失った（狗張子・五・今川氏真没落）。　○武田勝頼、土屋＝武田信玄の子・勝頼は天正四年（一五七六年）に家督を継いだが、天正十年（一五八二年）諸将に相次いで離反され、織田・徳川軍に攻められ、終に天目山の戦いで追い詰められて自殺した。土屋は、その臣・土屋惣蔵であるが、二人の男色関係は『甲陽軍鑑』には見出だせず、未詳。

〔九の6〕けだし、この巻《まき》、折にふれ事につけて、後に壮士《さうし》の弄《もてあそ》びとならば、よくよく心を留めて見たまへかし。恐るべきは倉田・小浜《をばま》の始終《しじゆう》、また恥づべきは石塚らの奸計《かんけい》、ひとへに慕うてもまた恋ふべきは吉田・平田の義理の契り。かの清家《きよいへ》が腕を通せしことこそ、父母の遺体《ゐたい》を損《そこ》なうて非義《ひぎ》の義に似たれども、義毅《ぎき》より発するところなれば、また傷《いた》むことなきなり。ただ、その色道《しきだう》よりして見る時は取るに足らずといへども、義理よりして見る時は、いかでか我が師あるの益《えき》なからんや。

【注】○けだし＝（判断を下す時の、多分に確信的な推定を表す）おそらく。思うに。　○巻＝書画の巻物。転じて、書籍。　○弄び＝身近に置いてつれづれを慰めるもの。　○遺体＝父母があとに残した身体。○非義の義＝義のように見えて実は義でないもの。　○義毅＝辞書に見えず。義に強いこと、義を重んじることをいうか。〔七の2〕にも「清家が義毅勇敢、賞すべし、感ずべし」とあり（第三部第四章の6参照）。　○我が師あるの益＝「の」は、ような、の意か。自分を導く師のように役立つもの、と解しておく。　○益なからんや＝最後の「や」は、東北本「焉」、県図本・都城本は「乎」とある。

第三部　『賤のおだまき』の世界

第一章　『賤のおだまき』のこと

1　明治初年の東京で読まれた美少年物語

最後の士族の反乱と呼ばれる西南の役（明治十年・一八七七年）が終わって間もないころ、新しい都・東京で鹿児島の美少年物語が話題になり、若者たちの間で広く読まれたことがある。その物語の名は『賤のおだまき』、美少年の名は「平田三五郎」である。

まずは、森鷗外《もりおうがい》の『ヰタ・セクスアリス』を見よう。この作品が発表されたのは明治四十二年（一九〇九年）七月の「スバル」であるが、ここに引くのは主人公・金井湛《かないしずか》が十三歳になり（「学制が代った」とあるから明治十二年あたりのことだろうと小森陽一氏は言う）、東京英語学校に入って寄宿舎住まいになった頃の話。「その頃の生徒仲間には軟派と硬派とがあ」り、硬派は紺足袋《こんたび》・小倉袴《こくらはかま》の服装。軟派もその真似をしているが、「休日に外出する時なんぞは、そっと絹物を着て白足袋を穿《は》いたりなんかする」。その寄宿舎に出入りしていた貸本屋から借りる本も、硬派と軟派では違っていた。軟派は「例の可笑《おか》しな画」（春画＝男女の秘儀を描いた絵の類）を見るが、硬派はそんなものなど見ない。

平田三五郎といふ少年の事を書いた写本があつて、それを引張《ひっぱ》り合つて読むのである。鹿児島の塾なんぞでは、これが毎年元旦に第一に読む本になつてゐるといふことである。三五郎といふ前髪〔元服前の少年〕と、其《その》兄分の鉢鬢奴《はちびんやっこ》〔下僕または男だての町人。鷗外の誤解に基づく表現〕との間の恋の歴史であつて、嫉妬がある。鞘当《さやあて》〔ちょとした争いごと〕がある。末段には二人が相踵《あひつ》いで戦死することになつてゐたかと思ふ。これにも挿画《さしゑ》があるが、左程《さほど》見苦しい処はかいてないのである。

〈引用に当たって（　）にルビ、〔　〕に注を加えることがある。以下、同じ〉

次は、坪内逍遥《つぼうちしょうよう》の『当世書生気質《とうせいしょせいかたぎ》』（第九回）。某学校の塾舎の桐山勉六という書生の部屋の描写に、

『三五郎物語《しずのおだまき》』は、誰《た》が丹精の謄写《とうしゃ》に成りしか、洋書《ブック》と共に本箱のうちに交《まじは》る。しばしば取出《とりいだ》して読むと思《おぼ》しく、その摺れたること洋書《ようしょ》に優れり。顧《かへりみ》て壁の一方を望めば、たてかけたる竹刀《しなへ》両三本、握り太《ぶと》のステッキと相連《あいつら》なる。〈本文もルビも岩波文庫による〉

とある。この桐山は、「女子と交際するは、男子をして文弱《（ぶんじゃく）》〔文事にばかりふけって弱弱しいこと〕に流れしむる原因ぢや」といい、「女色《（にょしょく）》〔女との情事〕に溺るるよりは龍陽《（りゅうよう）》〔男どうしの同性愛、男色《なんしょく》のこと〕に溺るるほうがまだえいワイ。第一互に智力を交換することも出来るしなア、かつは将来の予望〔こうあってほしいという望み〕を語りあうて、大志《アムビシヨン》を養成するといふ利益もあるから」と主張する硬派書生である。『書生気質』は明治十八年（一八八五年）六月から十九年一月にかけて十七の分冊形式で刊行されたが、「話譚《はなし》は明治十四、五年の事に起せり」と、著者自身がのべている（緒言にかふるに、かつて『自由の燈』に投じて、某が批評に答へたる文をもつてす）。

注目されるのは、この書名の表記である。「三五郎物語」と言えば「しずのおだまき」、「しずのおだまき」といえば「三五郎物語」と、広く知られていたからこそ、このように、ルビによって二つを併記することが可能になったのであろう。

先の『キタ・セクスアリス』には「写本」とあり、『当世書生気質』には「謄写」とあるように、もっぱら写本で読まれていたのであるが、明治十七年（一八八四年）になると、活字に翻刻して出版されたり、自由党の小新聞《こしんぶん》「自由燈《じゆうのともしび》」に連載されたりして、さらに広く多くの人々に知られ読まれることになった。「自由燈」連載の第一回（明治十七年七月十九日）の冒頭には、この物語のことを、

是《こ》の一篇《いっぺん》〔作品〕は、往時《むかし》薩藩及び諸雄藩《ゆうはん》に於《おい》て壮士・少年が膾炙《くわいしゃ》〔広く知られる〕伝誦《でんしょう》せし〔読み伝えた〕所の一奇書「賤緒環《しづのをだまき》」てふ書にして、壮士吉田大蔵《おほくら》・少年平田三五郎の義談艶話《ぎだんえんわ》〔義と恋の話〕を綴《つづ》りし物語なり。〔引用に当って、漢字は現行通用の字体を用い、句読点や「　」を加え、ルビは一部省略した。〔　〕は引用者の注。以後の引例も同じ〕

と紹介し、最終回（明治十七年八月十六日）の最後には、この連載した物語が「江湖《こうこ》の喝采《かっさい》を博したり〔世間で大いにほめそやされた〕」と記している。

明治二十一年（一八八八年）に「我楽多文庫《がらくたぶんこ》」に発表された、巌谷小波《いわやさざなみ》の『五月鯉《さつきのこい》』の中には、信州から上京し神田の英学校に通う田崎という書生が酒井光一という少年に心惹《ひ》かれていくさまを、こう描いている。

然《しか》し此《この》男一体が見識に乏しい人間で、兎角《とかく》心を動かされ易《やす》い質《たち》だ、それで或る時朋友から例の賤《しづ》の苧環《おだまき》をかりて読んで見た処がどう云《い》ふ因果か非常に感じ入《いつ》て頻《しき》りに吉田大蔵が慕はしくなりあはれ三五郎に似たる少年もあらば我と断袖《だんしゅう》の契《ちぎり》〔漢の哀帝の故事に基づく。「男色」のこと。第二部（三の6）の「聖卿」の注を参照〕を結ばんものと窃《ひそ》かに眼《まなこ》を配《くば》て居ると――嬉しや今三五郎を発見し

た因果や似而非〔えせ。にせもの〕大蔵に見付けられた――（第十二）

「賤の苧環」に「例の」という修飾語をかぶせ、その作中人物にあやかって「今三五郎」「似而非大蔵」と言っているのは、すでに活字翻刻本が流布し、この物語がさらに広く知られるようになったことを示しているかと思われる。

山田美妙が明治十八年（一八八五年）に「我楽多文庫」に発表した『新体詞華　少年姿《わかしゅすがた》』（七人の美少年を選んで新しい韻文体で描いた作品）の第一は「平田三五郎宗次」で、三五郎が財部《たからべ》の戦いで「生死《しょうじ》を同《とも》にせんと盟《ちか》ひし」「交情《なか》も吉田の義兄《あに》清家《きよいへ》」の跡を追って「稲麻《たうま》の如き賊中に　面《おもて》も振らず衝入《つきい》りて」遂に討死するさまを歌い上げている。明記はしていないが、これもまた広く知られるようになった『賤のおだまき』に拠るものであろう。

2　物語のあらすじと「男色」のこと

この物語の内容は、右の引用からもうかがえるが、もう少し詳しく物語のあらすじをまとめてみよう。

島津家の家老の子息で美少年の平田三五郎宗次《むねつぐ》（当時十三歳）は、我が物にせんと襲ってきた荒くれ者からの危難を、通りかかった吉田大蔵《おおくら》清家（当時二十三歳）に救われる。大蔵はそののち三五郎が忘れられず強く心惹《ひ》かれるようになり、三五郎もまた武士の鑑《かがみ》と称えられる大蔵に憧れ、遂に二人は結ばれ、義兄弟の堅い契りを交わす。

しかし、「好事魔多し」とか、二人の仲を妬む悪巧みや、大蔵の朝鮮出陣による余儀ない別離など、さまざまな苦難に遭遇するが、それを乗り越えることでかえって二人の契りは堅くなる。

慶長四年（一五九九年）、十五の春を迎えた三五郎は、その年に勃発した庄内《しょうない》の乱（日向国　都《みやこの》城《じょう》を中心とする庄内地方での伊集院氏と島津氏との戦い）に大蔵と共に出陣したが、財部《たからべ》（現在の曽於《そお》市財部町）の激戦で先に討死した大蔵の跡を追い、敵陣に駆け入って、「死なば共に」の契約どおりに義を貫いて死に赴いた。

つまり『賤のおだまき』は、一言で言えば「男色物語《なんしょく》」ということになる。

「男色」とは男どうしの同性愛で、洋の東西を問わず、昔からあった。日本では、平安時代の貴族社会や僧院で行われていたことは、物語や貴族の日記にも見られる。戦国の武士社会では、主君と小姓《こしょう》を初め武士の間で、生死を共にし義を重んじて堅い契りを交わす男色があった。これらは「稚児《ちご》」「少人《しょうじん》」などと呼ばれる少年への愛が中心であり、「若衆道《わかしゅどう》」「若道《にゃくどう》」「衆道《しゅどう》」などと呼ばれることもある。江戸時代になり戦乱の世が治まってくるとともに、生死を共にし男と男の愛の信義を貫き通すという戦国武士的な男色道の精神は薄くなり、「若衆歌舞伎《わかしゅかぶき》」（前髪のある少年役者の演ずる歌舞伎。その役者は男色も売った）や「陰間茶屋《かげま》」（男娼《だんしょう》を抱えて男色を売る茶屋）が登場するなどの性風俗も起きている。

明治時代に入って、文明開化・西欧化の波が押し寄せるようになると、女性を蔑視し男色を尚《とうと》ぶ武士道的な思想は旧弊（古い風習・思想に基づく弊害）とされ、新思潮とは真っ向から対立することになる。明治初年の書生たちは、この新旧の思想の対立の真っ只中にいたのであり、鷗外や逍遥の描いたような軟派と硬派の対立はその反映の一つといえよう。いわゆる硬派は、新しい風潮を軟弱軽薄にして節義に乏しいものとして反発し、かつての戦国武士のような勇・義を持つ生き方を是《ぜ》とし、《男と男が生死をかけて契り、互いに励まし合い、信義を貫き通す》男色を武士道的美として憧れたのであろう。

ここでまた改めて『賤のおだまき』の男色について考えてみたい。

この物語には「男色」の語が二か所に見える。一つは、物語の冒頭の「序」に相当する部分に用いられた次の例である（引用例の後の〔　〕は第二部の本文所在の段を示す）。

〔庄内の乱ではさまざまな悲しい離別があったが〕わきて哀《あは》れに聞こえしは、平田三五郎宗次といへる少人《せうじん》、吉田大蔵清家に男色の好《よし》み浅からず、共に故郷を出でしより片時も側《そば》を相去らず（中略）影のごとくに伴ひしが、清家先に討死《うちじに》しければ、死なば共にと契約の言葉を違《たが》へず、宗次も（中略）独り越えなん冥途の旅、伴ひ行くこそわりなけれ。〔一の1〕

これは物語の核心をあらかじめ紹介する部分であり、吉田との関係を端的に示すのに「男色」の語が用いられている。いま一つは、物語の結びの部分に用いられた次の例である。

後世男色を好まん人、ただただ色道《しきだう》にのみ沈溺《ちんでき》し、たとひ生死の交はりありとも、忠孝の二つをうち忘れ、信義の心なかりせば、（中略）大なるは国家を滅ぼし、小なるは身を破る。これぞ勇士の浮沈の境、恐れてもまた慎むべし。〔九の5〕

これは作者の「男色」に対する考えを述べたものであり、その背景には吉田・平田の関係を理想とする思いがあることは確かである。

では、主人公・平田三五郎をめぐる男色の関係は、どのように描かれているだろうか、具体的に見てみよう。まず、平田三五郎の美少年ぶりは、

花の面影吉野山、峰の桜か秋の月、雲間を出《い》づる風情《ふぜい》より、なほあでやかに麗しく、容色無双の少《せう》人《じん》たり。〔一の2〕

と描かれ、その三五郎に対する人々の思いは、

いつかそれぞと見初《みそ》めては、三五郎公に命を捨て、我一増《いちま》しに恋の山しげき小笹《をざさ》の露分けて、濡る袂《たもと》の乾く暇《ひま》なき袖の雨、思ひを常に駿河《するが》なる富士の煙《けぶり》と焦がれても（中略）はばかりの関に人目をはばかりて、取り入ることとも難波潟《なにはがた》葦のかりねの一夜《ひとよ》だに契りし人ぞなかりける。〔一の2〕

と、引き歌や歌語を多用した表現で描かれている（第三部第四章の1参照）。また、吉田大蔵が「花の平田の三五郎を一度見《ひとたび》」てからの様子は、

いとど心にとまり舟、波のよるひる憧れて、恋ふる心の一筋に、今は命も絶えなんと、思ひ焦がるる有様は、あはれなりけることどもなり。〔三の2〕

と、男女間の恋慕のさまに負けず劣らずの描写である。その吉田が三五郎と初めて契りを交わす場面は、

清家今はこらへかね、風に柳のよられつる風情に似たる三五郎を、ただ後ろよりじつと抱き、燈火《ともしび》ふつと吹き消せば、闇はあやなし梅の花、袖に匂ひの薫り来て、色こそ見えね、夜の雨窓打つばかり音ぞして、静まりかへる小座《こざ》の内、思ひもつれし恋の名をかけてぞとくる雪の肌、触れて契りを結びける。〔三の6〕

と、これまた歌語や和歌的修辞を多用して描かれている（第三部第四章の1参照）。これが物語の中で最も濃やかな二人の男色関係の表現であり、他は「同じ褥《しとね》の仮枕」〔一の1〕、「同じ褥の一つ夜着《よぎ》、共に寝《ぬ》る夜《よ》もこれまでと、交はすかたみの手枕《たまくら》は」〔五の4〕など、暗示的に二人の緊密な関係を表現するにと

どまる。

しかし、この物語が描こうとしたのは、そのような「色道としての男色」でないことは、先に引いた「物語の結びに見える作者の考え」を見ても明らかである。では、この作品が平田三五郎と吉田大蔵との義兄弟の関係を通して描こうとしたのは、何だったのだろうか。

吉田が三五郎と義兄弟の契りを結びたいと望んだのは、「かかる美麗の少人《せうじん》と共に契りを結びつつ、武芸稽古も励みなば、稽古も日々に進まん」〔三の3〕ということであったし、三五郎もまた、「かかる勇義の英雄と義理の契りを結びつつ、互ひに士道を嗜《たしな》みて、言ひつ諌《いさ》めつ励みなば、武士の本意」〔三の6〕と、吉田を憧れていたのである。事実、二人が結ばれた後は、

文武二道をもろともに、互ひに言ひつ諌めつ励ませば、聞く人・見る人ごとに羨まざらんはなかりけり。〔三の7〕

朝な夕なにただ二人、出《い》づるも入るも伴うて、武術稽古に身をゆだね、昼夜を分かたず励ませば、心ある面々はこれを見聞きて、「さあるこそ武士道の本意ならめ」と感ずる族《やから》も多かりし〔四の1〕

と、人々も認める理想の関係を結んでいる。そのことは、物語の結びに見える、次のような作者の言葉にも示されている。

今の世の人も、少人《せうじん》たちは言ふまでもなし、若手の武士の輩《ともがら》は、必ず文武の士に馴れて契りを結びつつ、宜《よろ》しく忠孝を重んじて、義を見て常に勇あらば、誰か清家・宗次が昔の心に劣るらん。〔九の5〕

すなわち、『賤のおだまき』は、男色関係にある義兄弟の物語ではあるが、単なるポルノグラフィーではなく、《文武両道に勝れた年長者が年少者をいたわり励ましつつ、堅い契りで結ばれ、生死を共にする

ことで義理を貫き愛を完結した、戦国時代のうるわしき義兄弟の物語》と言うべきであろう（白洲正子氏は「賤のをだまき」〔『両性具有の美』所収〕の中で「男色というのもちょっと気がひけるほど純粋無垢な男の友情譚なのである」と述べておられる）。

3　明治初年の書生たちと『賤のおだまき』

明治十年代の書生たちの間で『賤のおだまき』が流行した原因として、前田愛氏は「それはたぶん立身出世の夢を抱きつつ都会にあつまった青年たちの間に結ばれた友情の理想図なのである」（「賤のおだまき」考＝「成蹊国文」三号・一九六八年。後に改訂して「鷗外」一八・一九七五年）と言い、小森陽一氏は、士族階級が消滅し自由民権運動が敗退するなど、「武士道的な男色世界の基盤が…完全に崩壊させられていくところで」「現実としては不在の、そして今後も決してありえない、武士的男色の痕跡が、男色小説や男色詩という形で夢想された」と言う（座談会「日本文学における男色」および「日本近代文学における男色の背景」＝「文学」一九九八冬）。前節で述べた私見は、新しい西欧化の風潮を軟弱と反発し、男どうしが堅い契りで結ばれ切磋琢磨し信義を貫き死を共にすることで愛を完結する吉田・平田の関係と生き方に憧れたからであろう、というものであるが、いずれにしろ、その時代性を抜きには考えられないであろう。

そこで、明治初年の書生たちが「男色」や『賤のおだまき』についてどう考えていたか、その時代の人々の直接的発言を幾つか見てみよう。

前（第一章の1）に引用した明治十七年七月十九日の「自由燈」の一文（物語の紹介）の後に、当時の社会的風潮とこの物語との関わりを述べた次のような一文がある。

抑々《そもそも》男色《なんしょく》の事は、造化《ざうくわ》自然〔天然自然〕に悖戻《はいれい》〔そむくこと〕したる行事《かうじ》〔行い〕にして、開明〔文明開化〕の道学〔道徳学〕固《もと》よりこれを取らず、法律亦《ま》た禁ずる所なりと云《い》ふと雖《いへど》も、其の義を重んじ気を尚《たふと》び、生死渝《かは》らず〔生死を共にの誓をたがえず、の意か〕相誓《あひちか》ふて文武を奨励し、力を国家に尽くすが如き、彼《か》の軽薄者流〔軽薄な連中〕の利を見て義を忘れ、禄《ろく》〔俸禄〕の為《た》めに節〔節操〕を失ひ、軟弱卑怯《ひきょう》〔軟弱・卑怯であることに〕自《みづか》ら甘んずる近世人士《じんし》〔世間の人々〕の風《ふう》〔風潮〕に比すれば、大《おほい》に取るべきものあり。且《か》つ其《そ》の事《こと》たる〔内容たるや〕、封建時代の諸雄藩の人情風俗を徴《ちょう》する〔見比べて考える〕に於《お》いて甚だ益あるを覚ゆ。

これは先に引いた『当世書生気質』の桐山という硬派書生の考え方と同じであり、次に引く田岡嶺雲《たおかれいうん》〔明治三年・一八七〇年、高知に生まれた評論家〕の自伝『数奇伝』に書かれた若き日の恋愛事情にも、端的に示されている。

予《よ》〔自分〕は廿歳以前に異性に心を動かした事が無い。恐らく此《（これ）》は通有な〔共通の〕封建時代の余風であつたらうが、殺伐な士風の我が土佐では異性間の恋は殊に賤《（いや）》しめられてゐた。（中略）女子との交際は男子を懦弱《（だじゃく）》〔いくじがないこと〕にする者、女子に媚《（こ）》ぶるは男子の恥辱であるといふ様な思想が深く浸《し》み込んでゐた。（中略）

異性間の愛に餓えた我《（わが）》郷党〔郷里〕の青年は同性間の愛に其《（その）》代償を求めた。吉田大蔵と平田三五郎の情事を書いた『賤の小田巻』は武士道を以て潤色《（じゅんしょく）》〔いろづけ〕せる男色道の一経典《（けいてん）》〔優れた書の意か〕であつた。今の青年が琵琶《（びわ）》歌を朗吟する様に、当時の青年は風清き宵《（よい）》、月明《あか》き夜《よは》、此《（この）》書の一齣《ひとこま》を諷誦《ふうじゅ》〔声をあげて読む〕して其《その》遣《や》る瀬なき哀愁を漏《もら》したものだ。

同性間の愛は之《これ》を行動として形に現した時、固《もと》より法律上に禁ぜれた悖自然《はいしぜん》〔自然にもとる〕の所為《しょい》〔行為〕である、併《しか》し精神上に於《お》ける愛其者《そのもの》は異性間のと異なる所なき熱烈さを有する者で、単に濃厚にせられた友情では無い、（中略）異性の恋に於《おい》て男は情の沈溺《ちんでき》〔沈み溺れること〕を免《まぬが》れぬ、同性の恋に於ては寧《むし》ろ義の砥礪《しれい》〔研ぎ磨くこと〕がある。

之《これ》をローマンチックに観《み》れば、同性の恋も異性の恋と同じく詩である。月夜に天吹《てんぷく》〔原本のルビ「てんすい」は誤り〕を吹いて恋人の垣根の外に佇《たたず》みつくす、賤の小田巻に見《あら》はれた切なき恋を、吾等《われら》は偏《ひと》へに優しきものと感じた。予等《よら》は此に悖自然《はいしぜん》の矛盾を感ぜずして、寧ろ吉田大蔵たり平田三五郎たり得ざることを憾《うら》んだこともあった。

また、内田魯庵《ろあん》（明治元年・一八六八年生まれの評論家）の『社会百面相』の「書生」の章で、ある県の学生の合宿所の二階の隅に寄り合った学生たちの会話を描き、薄鬚《うすひげ》の生えた背の高い林という学生が、女義太夫《おんなぎだゆう》のことで互いに言い争っている二人（原と斧岡《おのおか》）を「威丈高《いたけだか》に」「制《おさ》へつけて」言う場面がある。

堂々たる書生が女義太夫の写真を買うの腕車《くるま》〔女義太夫の乗った人力車〕を追駈《おいか》けるのと汚らはしい。俺は、男色宗だ。男色は陣中の徒然《つれづれ》を慰める戦国の遺風で、士風を振興し国家の元気を養ふ道だ。少くも女色に耽《ふけ》るものの柔弱《にゅうじゃく》を救ふに足る。賤の小田巻を読んで見い。今の柔弱な恋愛小説と違って雄心勃々《ぼつぼつ》〔盛んに起こり立つさま〕として禁ずる能《あた》はずだ。

他に徳田秋声も、金沢の第四高等中学校時代に『賤のおだまき』を読んだことを書いている（「思ひ出るまゝ」）から、東京ばかりでなく地方の学生たちの間にも広まっていったことが知られる。このように、明治時代の学生たちの中には、「男色」を賛美し『賤のおだまき』に憧れる者たちがかなりいたのである。

氏家幹人氏は、『江戸のエロスは血の香り』の中で、「江戸から明治へ。『賤のおだまき』は、義兄弟の契りに男同士の確かな絆を求めた尚武の気風を背景に、武士道および男色の古典として生き続けた」と、時の流れに沿ってとらえ、その一方で、「江戸で色あせかけていた美少年への恋情が、東京で再び流行し始める。火をつけたのは、薩摩から吹いてきた風だった」と、空間的な動きでとらえているのは、まことに興味深い指摘である。

4　書名について

『賤のおだまき』という作品は、これまで見てきた明治時代の初めより古く、江戸時代末期に成立した（これについては「第二章『賤のおだまき』の成立」で触れる）ものであるが、この作品自体が《往時（戦国時代の武士の生き方）への憧れ》から作られたものであることは、その書名から見てすでに明らかである。

この書名は、歴史的仮名遣いで書けば、「しづのをだまき」となる。その「しづ」（漢字表記は「倭文」が一般的）とは、古代の織物の一つで、麻糸などで筋や格子を織り出したもの。「をだまき」（漢字表記は「苧環」が一般的）は「しづ」を織るための糸を玉のように巻いたもの。そこで、「しづのをだまき」という語句は、同音の「賤」を掛けて「いやし」（身分が低い、取るに足りないの意）の序詞《じょことば》として、

いにしへのしづのをだまき賤《いや》しきも善《よ》きも盛りはありしものなり（古今集・雑上）

〔「いにしへの」は枕詞。第二句まで序詞。身分の低い人も高貴な人も、同じように男盛りはあったのだよ〕

のように用いたり、また、「をだまき」は糸を繰り出すものなので「くりかへし」の序詞として、

いにしへのしづのをだまきくりかへし昔を今になすよしもがな（伊勢物語・三二段）

〔あのすばらしかった昔を、今に取り戻すてだてがあればよいのになあ〕

のように用いたりする。

『賤のおだまき』の書名は、当然後者の例であり、美少年・平田三五郎と吉田大蔵の義兄弟が堅い契りを全うした、あのすばらしい時代を今にとり戻すことができたらいいのに、という思いが込められている。

これまでに引いた例からも分かるように、この書名の表記は多様である。

賤之麻玉記（鹿児島県立図書館の写本）
賤の麻玉記（都城市立図書館の写本）
賤野麻玉木（出水市歴史民俗資料館の写本）
賤の緒玉記（東北大学附属図書館・狩野文庫の写本）
賤の男玉記（「さんぎし」連載の山本哲氏旧蔵本）
賤のをだまき（「自由燈」連載の題。白洲正子の『両性具有の美』）
纊絲艶語（明治十七年叙跋本と大正五年刊本の叙）
賤緒環（「自由燈」第一回の前書き。明治十七年叙跋本と大正五年の刊本の跋）
賤のおだまき（明治十七年叙跋本・明治十八年八月と十月の刊本・明治二十年刊本・大正五年刊本の書名。徳田秋声の前引書。本富安四郎の『薩摩見聞記』）

賎の小田巻（明治十七年十一月刊本の書名。田岡嶺雲・内田魯庵の前引書。笹川臨風の『明治還魂紙《すきがへし》』）

賎の苧環（巌谷小波の前引書）

本書では、歴史的仮名遣いとは異なるが、明治以降の多くの刊本の表記に従って、『賎のおだまき』とすることにした。

5　男色と鹿児島

『賎のおだまき』の作者は不明であるが、鹿児島で作られたものであることは、その内容や表現（島津義弘を「我が君」と呼んだり、「かみたくる」「（地上を）まくる」などの鹿児島方言を用いたり）から見て、疑う余地はない。

鹿児島といえば、辺陬《へんすう》の地であり、薩摩隼人は無骨で男尊女卑の風があり、戦国武士の面影が残っていて、男色も盛んであると、一般に言われてきた（氏家幹人氏の『武士道とエロス』に詳しい。五代夏夫氏の『薩摩秘話』『薩摩問わず語り』や日高旺氏の『薩摩の笑い』にもそのことに言及したところがある）。そして、鹿児島で男色が広がり慣行化した時期と理由を示すものとして引かれるのが、白尾国柱《くにはしら》の『倭文麻環《しずのおだまき》』（呼び名は同じであるが、全く別の本。島津藩にかかわる怪異・人物・合戦・民俗など六十の話を集めたもの）の巻四にある「風俗一新 総《すべてこれ》 是君恩」と題する話の前半部である。その内容は次のようなものである。

豊臣秀吉が朝鮮へ出兵した文禄・慶長の役《えき》の折（一五九二年～九八年）、島津義弘・忠恒《ただつね》父子に従って出陣した家臣の留守の間、風俗の乱れを憂慮した島津の老臣たちは、衣服など質朴の風貌をし飲酒・女色を戒めよと、厳しく申し渡したので、「風俗正しく立ち直り」朋友どうし互いに懶惰《フラチ》（ルビは明治の刊本のまま。道にそむくこと）を諫め、信義を結び合ったので、「自然と婦人《ヲミナ》・女子《ヲトメ》を忌み嫌ふは蛇蝎《ヘビマムシ》（ルビは明治の刊本のまま。一般には「だかつ」と訓み、ヘビやサソリ。人が忌み嫌うものをさす）を悪《（にく）》むに似て、道に美人《ヲトメ》に逢へば自ら不潔に及ばんとするが如く避け遠ざか」るようになった。また、「権門勢家〔権勢のある家〕に押し近づきて媚《コ》び諂《ヘツラ》ひ、女色〔女の容姿・色香〕を評論し衣食を吟味せしなどいふ者あれば、速やかに交りを絶ちて、郷中《（ごじゅう）》を放し〔仲間から追放〕」などしたので、若者たちは「任侠《オトコダテ》」を専らとし、質素を尚《（とうと）》ぶようになった。この男らしく質朴な若者を世の人々は「兵子《ヘコ》」と呼んだ。

ここには確かに「女性を遠ざけ女色を戒めた」ことが書かれているが、この話の主題は、《男だてや質朴が行き過ぎて粗野になったので、その悪風を改めるために代々の藩主が法律を出された結果「風俗一新」した》ということであって、特に男色のことを論じたものではない。

この朝鮮出兵時の風俗の乱れを憂慮した老臣の一人である新納忠元《にいろただもと》が、「二才咄《にせばなし》」あるいは「咄相中《はなしあいじゅう》」という青少年たちの組織（松本彦三郎の『郷中教育の研究』は「青少年同志者が相集まつて談話をなし、互に志操を練磨し士気を鼓舞し、倫常〔人倫の道〕の躬行を砥礪《（しれい）》し〔研ぎ磨き〕合ふ仲間たち」と説く）を作り、「二才咄格式定目《にせばなしかくしきじょうもく》」を定めたのは、この頃であるという。

これが、鹿児島の青少年教育の原点と言われる、後の「郷中《ごじゅう》教育」の規範となっているのであるが、その「郷中」の組織は、七、八歳から十四、五歳までの前髪のある元服前の「稚児《ちご》」（十歳を境に「小稚児《こちご》」と「長稚児《おせちご》」に分かれる）と、十五、六歳で元服してから二十四、五歳までの「二才《にせ》」（「兵児二才《へこにせ》」ともいう）とから成る。六、七歳の幼い頃から十八、九年にわたる長い年月の間、常に相依《あいよ》り相扶《あいたす》けて文武両道を琢磨し合うのであるから、そこに実の兄弟を超える親密な関係が生まれる素地があり、そのような関係を美化し認める社会的風潮があったのもまた確かであろう。

　時代は下って明治も中ごろのことであるが、鹿児島の男色に言及したものに『薩摩見聞記』がある。この本の著者、本富安四郎《ほんぶやすしろう》は、新潟県長岡の出身で、明治二十二年（一八八九年）から二年半のあいだ鹿児島県薩摩郡宮之城町（現在のさつま町宮之城）盈進《えいしん》小学校に勤務し、校長も務めた。その間の見聞をまとめたのが上記の書（明治三十一年刊）。その「風儀」の項の中で、天下一般に風儀が著しく乱れてきた中で、薩摩においてはまだしも風儀が厳正を保持している理由として、「美少年のこと」と「家庭の教育と社会の制裁の厳しさ」とを挙げ、特に前者については、次のように述べている。

　美少年の事は、是《こ》れ封建時代の蛮風《ばんぷう》にして固《もと》より醜事《しゅうじ》〔恥ずべきことがら〕に属す。去れども人慾〔人間の欲望〕遂に全く防止する能《あた》はず、殊に薩人の如く情感烈しき者に在りては、是れ寧《むし》ろ一方女色〔女との情事〕に溺《おぼ》れ柔弱《にゅうじゃく》〔弱々しいこと〕に陥るの弊を救ふて、青年の活気を振作《しんさく》する〔ふるいおこす〕の一方便たりしなるべし。隼人《はやと》の先人けだし此《この》意を以《もっ》て暗に之《これ》を奨励して以て士気を維持したるが如し。（中略）昔時此《この》風の盛んなるや美少年を呼ぶに「稚児様《ちごさま》」を以てし、其《その》出る時は或《あるい》は美しき振袖を着し数多《あまた》の兵児二才《へこにせ》之を護衛し、傍よりは傘《かさ》をさし掛け夜は其《その》門に立て寝ずの番を為《な》す者あるに至る。彼《か》の著名なる「賤のおだまき」の如きは彼等が以て金文の聖書〔聖典〕となす所、座頭《ざとう》〔盲人〕琵琶《びわ》を弾じて平田三五郎の名を呼ぶに至ては聴者皆一斉《いっせい》に「チエーストー」を叫ばざるはなし。此《この》風近年次第に衰ふるは喜ぶべきの事なれども、其《その》反動として青年者漸《ようや》く〔次第に〕女色に傾き遊惰《ゆうだ》〔遊び怠けること〕柔弱の輩《はい》〔やから〕次第に生じ来るに至ては深く歎ぜざるべからず。（注1）

この文章は、鹿児島が男色盛んな土地であったことを示すものとして、よく引かれているが、ここにも『賤のおだまき』を挙げて、「金文の聖書となす」と書いていることが注目される。
（注1）「昔時」の例として引かれた「稚児様」は、白尾国柱の『倭文麻環《しずのおだまき》』にも収める出水《いずみ》の「児請《ちごもうし》」という兵児修練の行事のことであろう。また、「座頭」の琵琶の弾奏とは、薩摩琵琶歌の「形見の桜」（次章の8、参照）のことであろうか。

6　鹿児島の男色を取り上げた文学作品

(1)「恋の山源五兵衛物語」（井原西鶴『好色五人女』より）

鹿児島の男色を取り上げた文学作品として有名なものは、井原西鶴の『好色五人女』である。この作品は、「お夏清十郎」や「八百屋お七と吉三郎」など五組のカップルの恋物語を収めているが、その巻五「恋の山源五兵衛《げんごべゑ》物語」は、鹿児島の豪商琉球屋のおまんと源五兵衛との話である。

その源五兵衛は「薩摩の国鹿児島の者なるが、かかる田舎《ゐなか》には稀なる色このめる男なり。（中略）明け暮れ若道《じやくだう》〔美少年を愛する男色の道〕に身をなし、弱々としたる髪長の戯《たはぶ》れ〔女性相手の色事〕一生知らずして、今ははや二十六歳の春とぞなりける」と紹介されている。

この源五兵衛は、世にまたとない（たとえて言えば「一重なる初桜の半ば開きて花の物言ふ風情」の）「美児《びせう》〔美少年〕」中村八十郎と「初めより命を捨てて浅からず、念友《ねんいう》〔男色の契りを結ぶこと〕」し、年久しく愛してきたが、同じ枕に夜を過ごした明け方に八十郎が突然痛みを訴え、そのままはかなくなってしまう。嘆き悲しんだ源五兵衛は出家して菩提《ぼだい》を弔う。

夏が過ぎ盂蘭盆《うらぼん》になって、高野山《こうやさん》に詣でようと故郷を発った源五兵衛は、途中で十五、六歳の少年が小鳥を捕ろうとしているのに出会い、「さても世に、かかる美童もあるものぞ。その年の頃は過ぎにし八十郎に同じ。うるはしき所はそれに増《まさ》りけるよ」と心奪われ、代わりに多くの小鳥を捕ってやる。喜んだ少年に問われて始終を語ると、少年は感動して自宅に誘ってもてなし、「夜に入れば、しめやかに語り慰み、いつとなく契りて、千夜《ちよ》とも〔今宵一夜を千夜にもと〕心を尽くし〔互いに心から愛し合い〕」、後日の再会を約束して別れる。しかし、道々少年のことが心にかかって気もそぞろ。高野山では宿坊に一泊しただけで下山し、少年の家を訪れると、二十日前に死んだとのこと。僅かの間に愛する若衆を二人まで失い、世の無常を感じた源五兵衛は、片山陰に草庵を結んで世捨て人になる。

そのころ、鹿児島の浜の町（現在の鹿児島市浜町）の豪商琉球屋の娘おまん（十六歳）は、去年の春ごろから源五兵衛の男盛りに惚《ほ》れ込み、数々の恋文を送るが返事もない。勧められる縁談も狂人のふりをして断り、いちずに思い続けていたが、源五兵衛が出家したことを知ると、若衆姿に変装して山奥の庵《いおり》を訪ね、二人の美少年の亡霊に悩む源五兵衛に近づき、二人の代わりにと誘うと、女とは知らず戯れかかる。やがて女であるとわかり、おまんがこれまでのことを語ると、源五兵衛は「男色《なんしょく》・女色《ぢょしき》の隔てはなきもの」と取り乱し、遂には還俗《げんぞく》して夫婦となった。

その後、鹿児島に戻り、町はずれでしがない暮らしをしていたが、落ちぶれて今日が最期という折も折、娘の行方を捜していたおまんの両親に見出だされ、娘の好いた男ならと源五兵衛を婿に迎え入れ、莫大な財産を譲り渡したので、たちまち大富豪になったというのである。

源五兵衛・おまんのことは「時花唄《はやりうた》」にも歌われていたらしいが、事の詳細は不明であり、二人の人物像も、源五兵衛が男色好きであったというのも、西鶴の創作であろうと言われている。それほどに鹿児島と言えば男色というイメージが強かったということであろう。

(2)「薩摩心中」（西村天囚）

いま一つは、明治二十四年（一八九一年）に「都の花」（五一号）に発表された西村天囚《てんしゅう》の「薩摩心中」である。作中に「此の三四十箇年前は矢叫《やさけび》の声絶ゆる間なく」とあり、「薩隅日三州の太守薩摩宰相殿《さつまさいしやうどの》仮殿《かでん》に入らせ給へば」とあるので、島津家久の治世のころ（一六三〇年ごろ）の鹿児島という設定のようである。

物語の主人公は、すでに義兄弟の契りを結んでいる川上大八（二十二、三歳。「色黒けれど眼《まなこ》涼しく骨柄秀でし屈強の兵児《へこ》」）と伊東小太郎（十四、五歳。「角髪《つのかみ》うるはしく眉目《みめ》秀で花も差《はぢ》なん」美少年）の二人。その小太郎に情を通ぜんものと度々手紙をよこし、二人の仲を裂こうとして大八に「嘲弄《てうろう》の語を与へ」る山田十助（二十三、四歳）がからむ。

そのころの老人たちは、太平の世となった当今の若者たちの惰弱《だじゃく》〔いくじがないこと〕を嘆き、古式を再興し、かつまた武士道を励ますために、「犬追物《いぬおふもの》」を催すことを殿に進言し、吉野の原で行われることになる。

射手《いて》に選ばれた大八は、同じ組の山田十助の妨害に遭うも、ひるまず犬に射当てるが、十助は落馬して射当てられず不覚を取る。

射手慰労の酒宴に大八は小太郎を伴って出席する。平田呑牛坊《どんぎゅうぼう》という山伏が、「出水《いづみ》の執持児《とりもちご》（「美童を執持《とりもつ》て大将となし」彼から一番盃《さかずき》をさされた者は一座の二才《にさい》たちから鬢《びん》の毛を抜かれてあやかりものとされる習わし）に倣《なら》って盃を回すことを提案し、執持児に選ばれた小太郎が一番盃を山田十助にさすと、一座の者は十助に飛びかかり遂に禿鬢《はげびん》にしてしまう。宴が果てると小太郎は「心きたる者」に送られて帰宅。十助は大八に向かって「小太郎に言い含めて衆人の中で恥をかかせた」と言いがかりをつけ、勝負を挑むので、大八が説得し怒りをなだめようとすると、「未練者、卑怯者」とののしられ、遂に洲崎松原で勝負を決することになる。

山田の太刀に空を切らせて肩先に切り込み、返す刀で首を落とした大八は、「ああ過《あやま》てり」と悔い、腹を切らんとするところに、二人の争いの噂《うわさ》を聞いた小太郎が駆け付け「事の起こりは自分ゆえ、罪を引き受けて死ぬ」と言い争うが聞かないので、遂には「御身の死をも留め申さじ、我等も争《いか》でか生延《いきの》びん、いで諸共に差違《さしちが》へて死なん」と言うと、大八も「死を共にせんと契りし日比《ひごろ》の誓《ちかひ》を空《むな》しうせず、諸共に差違《さしちが》ひ申すべし」と応じ、「互《たがひ》に胸元差貫《さしつらぬ》き、声をも立てず息絶えたり」という結末になる。

嫉妬・怨恨・挑発・恥辱などがからみ合い、根深い原因はあったとしても、私事により人をあやめ、それが因《もと》であたら優れた若者が心中するとは、いささか首をかしげたくもなるが、西村天囚はこの作品によって鹿児島の良き伝統・風俗・士風を世に知らしめようとしたのであろう。

作品冒頭の古老の話の中に、島津の数々の合戦を取り上げ、前（5　男色と鹿児島）にも触れた白尾国柱の『倭文麻環《しずのおだまき》』巻四に収める「風俗一新総是《（すべてこれ）》君恩」に拠って、慶長の昔の風俗一新のことや薩摩兵児《へこ》の名の起こりを述べるのも、今は昔のこととなった「犬追物」のさまを詳しく描写（何に拠ったかは未詳。『古事類苑』に引く「島津伝記」の正徳四年十一月に島津光久が将軍家光を招いて武州王子村でおこなった犬追物の記録と関係あるか）したり、かつての「執持児」の行事を紹介（『倭文麻環』巻八の「出水児請《いずみちごまうし》」に拠る）したりするのも、その現れである。

義兄弟の契り（天囚はこの作品で「男色」の語は用いていない）もその一つであり、川上大八の最期の言葉に「たとひ義の為に同じく死すとも、魂魄《こんぱく》は此《こ》の土《ど》に留りて長く薩摩の士風を護らん」とあるのは、まさしくこの作品の主題を示すものであろう。

この二人の関係について、川上大八は小太郎に「昼夜《ちうや》ともなく御身《おんみ》を訪《と》ひ来ること強《あなが》ち色道《しきだう》に溺《おぼ》れしにあらず。年はゆかねど気象《きしやう》と云ひ才智と云ひ、天晴《あつぱ》れ名ある武士《もののふ》ともなり給はんかと末頼母《たのも》しくて、斯《か》くは深く契り進《まゐ》らするなり」と言い、それに応えて小太郎は、「我とても貴公様《きこうさま》と兄弟の義を結びしこと豈《あに》色情《しきじやう》の為《ため》ならんや、諫め励《はげま》されて武士道を磨かんと思へばなり」と言っているが、これは『賤のおだまき』の描く吉田・平田の義兄弟の関係と同じである。

西村天囚は、名は時彦《ときつね》。慶応元年（一八六五年）鹿児島は種子島の西之表に生まれた。明治十三年（一八八〇年）亡父の親友であった重野安繹《しげのやすつぐ》（明治期の歴史学者）に入門、明治十六年（一八八三年）東京帝国大学古典講習科の第一回官費生となったが、明治二十年（一八八七年）官費生廃止のため退学。同年「屑屋の籠」という社会風刺的小説を発表して文名が上がり、地方新聞や「大阪公論」の記者を経て、明治二十三年（一八九〇年）大阪朝日新聞社に入社、記者のかたわら大阪の文学活動興隆にも尽力した。大正八年（一九一九年）朝日新聞社を退社。日本漢学の研究でも知られ、著書『日本宋学史』は有名。

この天囚の上京の時期と『賤のおだまき』が東京の書生たちの間でもてはやされた時期が重なるのは、偶然なのであろうか。

7　『雪折り竹』と『雪折之松』

『賤のおだまき』と同じころに鹿児島で成立したと思われる二つの男色物語がある。橋口晋作氏が初めて紹介・翻刻されて人の知るところとなった『雪折り竹』と『雪折之松』がそれである。(注1)

この三つの作品には、次のような共通点や関連がある。

①三作品とも男色物語であり、しかも庄内の乱に関わりがある。

②『雪折り竹』『雪折之松』の主要人物である内村半平と松島三五郎、ならびに奈良原清八は、『賤のおだまき』(第二部の〔三の3〕)で「今三州に名高き少人」として話題となった「日州の美少年」である。

③『雪折り竹』の表現や用語には、『賤のおだまき』と同一または類似するものが多い(第二部の「注」に引用した)。

④『雪折之松』の内容は、『雪折り竹』で横田市助が語る松島三五郎との関係や島流しのことを詳しく物語り、補完するものである。

(注1)「翻刻『雪折り竹』」(鹿児島県立短期大学地域研究所　研究年報・一七号＝一九八九年)、「翻刻と研究『雪折之松』」(同・二一号＝一九九一年)

(1) 『雪折り竹』のこと

鹿児島県立図書館の所蔵する写本（本文三一丁。転写本であるが他に現存する写本はない）。新しい表紙には「日州庄内軍記」の題箋を付すが、もとの表紙の中央には「雪をり竹」と大書し、その左に「庄内軍記」と書き、ほかに和歌や「嘉永二年」「宮里」（注1）などの書入れが雑然とある。内題は「雪折竹」を見せ消ちにして、その右に「庄内軍記」と記す。作者は不明。成立は、柳川原《やなぎかわら》での対面（慶長四年・一五九九年）から「弐百余年の今に至て」とあるから、十九世紀の前半（もとの表紙にある嘉永二年＝一八四九年以前）ということになろう。

主人公は『薩藩旧伝集《さつぱんくでんしゅう》』に二つの話（矢文、切腹）が伝えられ、広く人々に知られている春田主左衛門（注2）である。

「矢文」のこととは、かつて義兄弟の契りを結び死なば一緒と約束しながら庄内の乱では敵味方に分かれた美少年・内村半平に、今生の思い出に今一度逢いたいと思い、敵将・志和池《しわち》の城主・伊集院掃部助《かもんのすけ》春成《はる　なり》に懇願の手紙を認《したた》め、かぶら矢に結んで城中に射込んだところ、その情に感じた春成は柳川原での一日の対面を許したという話。

いま一つの「切腹」のこととは、龍伯公（島津義久）の小姓であった宮内弁助に思いをかけたが、弁助は伊地知慶右衛門と堅く契っており、承諾しなかったので、ある夜、二人が共寝している所に押し入って切り付け、弁助は落命するも、慶右衛門に反撃され、逃げ去ったが捕らえられ、切腹を命ぜられたという話。

『雪折り竹』は、この二つの事件を基にし、次のような経緯を加えて物語化したものと考えられる。

①春田と半平の出会い（伊集院幸侃《こうかん》は、密かに謀叛の悪念を抱き、諸方から武錬の若者たちを都城に集

めた折に、春田〔当時十八歳〕もこれに参加し、ここで内村半平〔当時十三歳〕を見初めて心ひかれ、翌慶長二年春、終に思いかなって契りを結ぶ）

②二人の仲への危機や悪巧み（春田に憧れ誘う加治木三郎五郎のこと、半平を恋い慕うあまり二人の仲を妨げようと悪巧みする林某のこと。しかし、奸計であることが明らかになり、二人の契りはますます堅くなる）

③庄内の乱で春田と半平は敵味方に分かれる（半平は伊集院忠真《ただざね》に小姓のように召しつかわれたので、春田との対面もままならぬまま、庄内の乱が勃発。春田は島津方についたため、敵味方に分かれることになる）

④半平、兄の小川半助と共に志和池《しわち》に移る（半平は同輩の奈良原清八に妬まれ、暗闇で襲われて恥辱を受けたため、清八と刺し違えようと怒り狂ったが、兄の小川半助になだめられ、忠真の許しを得て志和池城に移った。それを聞いた鹿児島の二才たちは志和池を訪れ、半平の盃を請い、終日酒宴を催し、横田市助から松島三五郎と遠島になった話を聞く）

⑤矢文のこと（矢文で対面を許され、春田と半平は柳川原で終日名残を惜しみ、歌を詠み交わして別れた）

⑥半平の死と春田の死に狂い（柳川原の対面の翌々日の合戦で半助・半平の兄弟は討死。それを伝え聞いた春田は、「死に狂いぞ」と敵軍に切って入るが、死にはぐれたばかりか、抜け駆けということで恩賞にも預からなかった）

⑦切腹のこと（志和池落城ののち、春田は母の死の知らせを受けて故郷の国分に帰るが、奇行・狼藉を繰り返したあげく、宮内弁助と伊地知慶右衛門の二人を襲い、弁助を殺したために切腹を命ぜられ、辞

世の歌を書き認め、脇差で胸を突き貫き、介錯人・宇都八兵衛に首を切り落とされた）

現存する写本は一本のみ。本文に不明のところも多く、表現・叙述の整わないところや不審の箇所もあるが、正したり確かめたりするすべはない。ただ、前述のように『賤のおだまき』と共通もしくは類似の表現が多く、次のような「男色」に関する記述も関係の深さを物語る（表記を現代風に改め、句読点を付す。私に改訂したところあり）。

それ男色は、秋津洲の古風として、貴賤もてはやす。その中にも分きて勇士の好むところなり。（一オ・冒頭部）

後世男色を好む人、よろしく忠孝を正し、文武に身命をなげうつて昼夜相励むにおいては、佳名を千載に伝ふるのみならず、美麗の少人自ら雲の如くに集まり、露の如くに靡くべし。もし（中略）家職をうち忘れ、ひたすら色道に迷はんずる輩は、忽ちその身をあやまり、数代勲功の名家をもただ瞬息の間に滅ぼさんこと、目前なり。慎まずんばあるべからず。男色を好まずんばあるべからず。

（三〇ウ～三一オ・結び）

（注1）鹿児島県立図書館の所蔵する『大石兵六夢物語』の写本の一つに、「嘉永六年丑正月廿日　宮里氏」と巻末に記す本がある。他の写本と異なり跋文を有し、その中に男色について言及したところがある。この「宮里氏」と同一人物かどうかは不明。

（注2）『大石兵六夢物語』にも、兵六の友人の一人として登場する。

(2)『雪折之松』のこと

出水市歴史民俗資料館所蔵の孤本（本文一九丁）。橋口晋作氏が紹介・翻刻されて初めて世に知られた。二宮壮八郎氏（当時十六歳）が田実某氏より借りて明治三年（一八七〇年）七月二十六日に書写したという奥書があるが、作者は不明。成立について、橋口氏は、『雪折り竹』の中で横田市助が語る松島三五郎との関係や遠島にされた出来事は、『雪折之松』もしくはその類の作品が存在していたことを前提としなければ理解できないので、「『雪折り竹』の写された嘉永二年（一八四九年）十二月頃に成立していたことは間違いない」とされる。

その内容は、伊集院忠真に仕える美少年・松島三五郎が、恋い焦がれる横田市助の情に感じて一夜の契りを交わすが、忠真の知るところとなり、遠島に処せられたことを中核とするが、そのあらすじは次のとおり。

伊集院忠真の家中に松島三五郎という美少年があり、心惹かれた横田市助が文をやるが、返事はない。思い余った横田は白石永仙（茶坊主）にうちあけて助力を請う。横田の心に感じた永仙が横田の文を渡すと、三五郎は「忠真公に仕へし身なれば」と拒むが、永仙の説得に応じ、一夜だけならと返事を書く。約束の日、横田は暮れるのを待って三五郎宅を訪れ、「同じ床に枕を並べて思ひの程を晴らし」たのである。やがて人の噂《うわさ》にのぼり、忠真の耳に入るが、伊集院掃部助《かもんのすけ》のとりなしで死罪を免れ、三五郎は喜界島へ、横田は徳之島へ、流されることになる。鹿児島でそれぞれの船に乗る時に、横田が扇子に歌を書いて渡すと、三五郎は左の袖を引きちぎって返歌を書き、互いに取り交わして別れた。

流罪一年もたたぬうちに、またも掃部助のとりなしで許されて帰郷するが、間もなく庄内の乱がおこり、二人とも忠真の側を離れて志和池城に籠《こも》り、内村半平と一緒になる。その半平の盃を望んで鹿児島の二才たちが訪れたとき、横田が亭主ぶりで遠島の折のことを語る（この場面は『雪折り竹』にも見える）。二才たちは感涙にむせびつつ聞き入ったが、夜更けと共に暇乞いして帰っていった。

伝聞によると、横田市助も松島三五郎もやがて討死したということである。

主人公の松島三五郎は、「天のなせる美躰にや、容顔万人に超えて、絵に書くとも筆に及ばず、学問は顔回《がんくわい》・閔子《びんし》〔閔子騫《びんしけん》のことであろう。共に孔子の弟子〕も及ぶ事能はず、勇は子路《しろ》〔孔子の弟子〕が思ひにかなひて、常に李白《りはく》〔唐の詩人〕が文を好んで唐詩の道をもて遊び」と、かなり大げさに描いているが、横田の人物描写はほとんどない。

橋口晋作氏は、この作品を評して、

『賤之麻玉記』『雪折り竹』には、横恋慕による恋の試練が設定されていた。『雪折之松』は、主人忠真に対する「抜返シ」として、二人の「衆道」を設定しているところに新しさが見られ、島流しという『賤之麻玉記』『雪折り竹』にない場面も出て来るが、総じて筋の起伏に乏しく、「庄内合戦」における戦死の扱いなど、誠に素っ気ない。（「翻刻と研究『雪折之松』」）

と述べておられるが、もっともと言わざるを得ない。

第二章　『賤のおだまき』の成立

1　作者

『賤のおだまき』の作者は不明である。

明治十七年の「叙」「跋」を持つ刊本（明治十七年本）の「纅絲艶語叙」には、

聞クナラク、「此ノ書、西薩〔西国薩摩〕ノ婦女ノ手ニ出ヅ」ト。嗚呼《ああ》、紡織ノ余〔余暇〕ヲ以テ、事ノ此《ここ》ニ及ブ〔これほどまでのことをする〕トハ。薩ノ人ヲ導クコト〔薩摩の教育には〕、素《もと》〔積み重ねられた伝統〕有ル、亦以テ想フベシ。〔原漢文。ルビや〔注〕を加える〕

とあるが、この作品の内容・表現から見て「婦女ノ手」に成ったとは考えにくい。（注1）

また、昭和三年（一九二八年）三月十九日の「鹿児島朝日新聞」には、「或る古老の話」として「伊藤仙平どんの戯作であるといふ」とあり、この「仙平どん」とは「薩摩三奇人の一人」で、鹿児島の横馬場（現在の鹿児島市春日町）に住んでいた伊藤三四郎祐成（幼名は仙平、「百三十五年忌追悼法要が近々執行さるる筈《はず》」とあるから一七九四年没か）のことだという記事（「天涙生」と署名あり、森園天涙か）があるが、確証はない。

（注1）笠間千浪氏は『現代語訳　賤のおだまき』（平凡社）の「解説」で、「西薩婦女」が「紡織ノ余」に『賤のおだまき』を書いた可能性を詳細に考察されている。

2　『旧記雑録』に見える平田三五郎

平田三五郎の名は古くから知られており、薩摩藩関係の史料を編年集成した『鹿児島県史料　旧記雑録・後編三』の慶長四年（一五九九年）に引かれた次の史料の中に見出だすことができる。

①八二四（『盛香集』より）新納忠元が平田三五郎の死を哀傷した歌。
②八二五（『殉国名藪』より）十一月二十八日の死者の中に平田三五郎・吉田大蔵の名がある。
③八五五（『児玉利昌譜』より）庄内の乱の折に渡瀬の守備に当たった者の中に平田・吉田の名もあり、来訪した安楽大炊介に礼状を送っている。
④八五六（国分安楽家蔵の書状）前記の大炊介の来訪に対する礼状。
⑤九二四（島津義久の義弘宛て書状案）庄内の乱に関する十月六日付けの書状であるが、中に平田三五郎・吉田大蔵らの討死を伝えたところあり。
⑥九二五（義久書状抄）前記の義弘宛て書状のうち、平田・吉田の討死を知らせた部分。

このうち、①は異伝もあるので後（本節の終わり、および、3）で改めて取り上げる。

②は、『殉国名藪』（伊地知季直が島津家臣で戦死あるいは殉死した者を文書や系図から集録したもの。鹿児島県立図書館に写本がある）から慶長四年の分を引いた中に見えるもの。（十一月）二十八日の日付の下に次のように記す（〔　〕は割注）。

吉田大蔵清盛〔財部ノ渡瀬ヲ戍テ敵ト戦ヒ死之〕　平田三五郎宗次　平田二左衛門　宮内式部左衛門〔或治部トモ〕　同小者一人

四名の死者の名は、『庄内軍記』の記述（第二章の4の(5)を参照）とほぼ同じであるが、死亡の日が義久の書状（⑤・⑥）と大きくずれていること、吉田大蔵の名を「清盛」とすること（第二章の6「人物造型」で詳述する）、死亡の場所を割注で「財部ノ渡瀬」とすること（次の③・④参照）など、史料としての信憑性にいささかの疑念が残る。

③は漢文で記されているが、私に訓み下して引く（傍線を付し、注を〔　〕に加えることがある）。

慶長四年己亥三月、慈眼公〔島津忠恒〕手ヅカラ伊集院忠棟〔幸侃〕ヲ伏見ノ邸ニ誅ス。子・源次郎忠真、邑〔知行地〕ニ在リテ訃ヲ聞キ、乃チ都城ニ拠リ、十二ノ堡〔とりで〕ヲ置キ、兵ヲ分チテ公ニ叛ク。特リ貫明公〔島津義久〕富隈ニ老ス〔年老いて官を退く〕。乃チ平田狩野介宗応ヲシテ、兵ヲ帥キ、往キテ渡瀬ヲ戍ラシメ、以テ財部ニ備フ。是ニ於テ、実相〔児玉利昌〕及ビ新納四郎右衛門忠陸・平田三五郎宗次・吉田大蔵清家・市成隼人武重・弟藤助武明・中村弥七・弟彦三郎等、亦与ニ之ヲ戍ル。

五月、慈眼公、伏見ヨリ反リ、親ラ将ニ之ヲ討タントス。時ニ安楽大炊介、従ツテ別ノ屯ニ在リ。八月十七日、渡瀬ニ来訪ス。十八日、実相及ビ忠陸・清家・宗次等、檄ヲ飛バシ〔ここは文書を送るの意か〕之ヲ謝ス。

④はその十八日の礼状である。まず昨日の来訪を謝し（誠に御心実の儀、忝く存じ候）、お急ぎだったので十分な話もできず（しかじか申し承らず候事）残念だったと記し、「爰元ハさむく候てめいわく〔難儀〕候、いま分にてハかつゑじに〔飢え死に〕可申候」と苦しい実情を書き添え、いずれ対面のうえ申し入れたい旨を述べている。差出人は、児玉四郎兵衛尉実相・新納四郎右衛門尉忠陸・吉田大蔵允清家・平

田三五郎宗次の連署、宛名は安楽大炊助殿と前原平兵衛殿の両人、「参人々御中」の脇付がある。（注1）

　この③・④によれば、慶長四年の八月には平田三五郎も吉田大蔵も共に渡瀬の陣にいたことになる。ところが、『島津国史』には「貫明公、忠真定メテ叛クヲ聞キ、乃チ肥後某ヲ遣ハシテ渡瀬ヲ戍ル」（巻二一・原漢文）とあるが、平田や吉田のことは全く見えない。その割注に「国分郷河内村、地有リ渡瀬ト名ヅク」とあるのが正しければ、現在の霧島市国分川内《こくぶかわうち》の渡瀬であり、②の「財部ノ渡瀬」という割注には疑問が残る。

　『庄内軍記』や『賤のおだまき』には、義久公が渡瀬に新関を構えて市成隼人助武重兄弟に守らせたとある（『庄内陣記』にも市成武重兄弟に命じられた経緯を詳しく記す）が、これにも平田や吉田の名はない。安楽大炊助あての書状もあるので、③に記すところが史実かと思われるが、他に傍証を見出だすことはできない（『西藩野史』は、志和池の戦いのことは詳しいが、渡瀬や財部の戦いのことは記していない）。吉田大蔵の名も、③・④と『庄内軍記』や『賤のおだまき』とは同じく「清家」であるが、他に「清盛」「康時」とするものもある（第二章の6参照）し、平田・吉田の年齢や二人の関係など、この史料からは明らかにしえないことも多い。

　⑤・⑥は、島津義久から弟・義弘に宛てた書状（注2）であるが、⑤の前半は、次のようになっている（私に読み、表記を改め、傍線・（ルビ）・〔注〕を加えることがある）。

急度《（きつと）》〔急いで〕啓せしめ候。仍《（よつて）》内府様の御使者〔徳川家康が伊集院忠真との和を勧めるために遣わした山口勘兵衛直友のこと〕、何事もなく上国なられ、満足の至りに候。早々御着船候や、承りたく存じ候。

一、庄内表の儀、上使 御曖《あつかひ》〔調停、仲裁〕候といへども、源次郎〔伊集院忠真〕和平の始末 違変いたすに依り 破れ候ふ間、去る二日、しわち〔志和池城。庄内十二城の一つ〕境へ着陣候ひて、少将〔島津忠恒〕彼の表の如く〔庄内表の方へ〕差越《さしこ》され候。我々事〔義久自身〕は、ここもと堺目多々これ有るに依り、しかと罷《まか》り居候。御心得のため候事。

一、右陣取〔志和池の戦い〕のからみとして、財部《たからべ》口へ人衆《にんじゅ》〔人々〕少々ここもとより差し出だし候ふ処、敵催し行ふに付き、猛く芳戦〔防戦〕候ひて、各《おのおの》粉骨いたし〔力の限りを尽くし〕、敵四五人 討ち捕り候。手負《ておひ》〔負傷者〕なども多々これ有る由に候。此方《こなた》には、平田三五郎、朝は分捕《ぶんどり》〔敵の首を捕ること〕仕り、その後戦死を遂げ候。并《なら》びに宮内式部左衛門、同前に候。吉田大蔵ことは、手負にて越度《おつと》〔落命〕申し候。誠《まこと》に稠《きび》しき軍《いくさ》にて候ひつれども、右の外、人衆何事もなく候ふ間、珍重〔めでたいこと〕に存じ候事。（以下、略。文末に「十月六日」とあり）

⑥は、次のとおり。

一、龍伯様〔義久〕より惟新公〔義弘〕へ御状の内
財部口合戦、甚だ手きびしく儀《ママ》にて、平田三五郎、朝は分捕、夕方戦死をとげ候。吉田大蔵、深手《ふかで》〔重傷〕を蒙り越度〔落命〕申し候。其の外、何事もなく候。珍重に存じ候。

右、日付は慶長四年十月六日とこれ有る由、全文これ無く、略《ほぼ》これを写す□なり。

この書状において義久が名を挙げてその死を知らせている平田三五郎と吉田大蔵らは、義弘も聞き知っている優れた家臣であったと思われるが、書状ゆえ当然のことながら、二人の素性も年齢も、ましてや義

兄弟の契りを結んでいたかどうかも、明らかではない。なお、二人が戦い討死した場所を「財部口」と記しているが、これは財部へ通じる道の入口の意であり、③の史料にある「渡瀬」を指すのであろう。

ところが、それから百年余りを経たのちに成立した『庄内軍記』（これが『賤のおだまき』の成立に大きく関わっていることについては後述）では、平田三五郎宗次は「平田太郎左衛門尉増宗の息男」で、「今年三五〔十五歳〕」「容色無双の少人」であり、「吉田大蔵清家に男色の好み浅からず」という関係であったとし、財部の合戦で吉田の跡を追って「古井原上」（現在の曽於《そお》市財部町北俣古井原《こいばる》）で討死したと記しているが、どのような根拠に基づくかは明らかではない。

ここで注目したいのは、『松操和歌集』（戦国時代から文政までの三百年にわたる島津藩の和歌千三百余首を集成した歌集）に見える、新納忠元《にいろただもと》の次の歌である。

庄内軍の時、若武者のうたれしなきがらを見て

昨日まで誰が手枕に乱れけん　よもぎがもとにかかる黒髪（哀傷歌一〇九八）

「若武者」の名は記していないが、歌の内容から見て、男色関係にあった美少年の死を哀傷した歌であることは明らかであり、戦国武士の間では男色は特異なものではなかったことが知られる。この歌は、都城市立図書館蔵の『庄内軍記』の「拾遺」や『異本二巻本庄内軍記』ならびに『盛香集』（清水盛香が「君臣の嘉言善行を輯録」した書。前述の①参照）では平田三五郎を悼む歌とし、『庄内軍記』や『三国名勝図会』（姓を「曽山」としている）では富山次十郎（十六歳）の死を哀傷して詠じたものとしており、永い年月の間にさまざまに伝承されてきたことがうかがえる。

平田三五郎と吉田大蔵の二人の関係もまた、時代や社会の変化の中で、さまざまに脚色され語り継がれ

てきたのではないかと考える。いつ死ぬかも分からぬ戦国の世とは全く異なる泰平の世が永く続き、鹿児島でも言語・容貌を正したり喧嘩・口論を戒めたりする藩主の達しが出る（『倭文麻環』の「風俗一新総是君恩」などに見える。第一章の5、参照）など、戦国の遺風を粗野として排斥する風潮が高まるにつれて、逆に、義を貫き死を共にする堅い契りで結ばれ、互いに励まし合って文武両道にいそしむ、そのような関係を理想とする「若衆道《わかしゅどう》」（男色の道）に憧れ、平田と吉田の二人を義兄弟の鑑として美化した伝承が形成されていった、と考えるのである。

（注1）『本藩人物誌』によれば、児玉利昌（筑後守）は、国分において御船奉行・兵具奉行を勤め、始良地頭となった。平田宗応は、本城の地頭、天正十六年の島津義久上洛の御供、文禄・慶長の役に参戦。関ヶ原で戦死。嫡子は平次郎宗次。安楽大炊介（のち伊予守。『庄内陣記』に「富隈衆」とあり）は、数々の軍功あり、庄内の乱の折には龍伯公（義久）の使者として活躍した。前原平兵衛は未詳。『「さつま」歴史人名集』に「前原隠岐守、富隈衆、慶長四年、庄内陣に出陣。同一〇年、国分衆中」とある人か。

（注2）この書状のことは、『三国名勝図会』の財部「龍虎城」の項に、「貫明公より松齢公へ遣さる御書翰に、財部口に人数を出せしに、敵固く拒ぎ戦ふ、我軍奮闘して功あり、我兵にて平田三五郎、朝たには斬獲の功ありしかども、遂に戦死す、宮内式部左衛門も亦然り、云々と見えたるとぞ。是此役なり」とあり、よく知られていたようである。

3　「伊勢殿若衆文」のことなど

庄内の乱から百年経たのちに成立した『庄内軍記』は、財部の戦いを描いたあとに、「わけて哀れに聞こえしは」として、平田三五郎の死を情感こめて語っている。これが『賤のおだまき』の成立に大きく関わることについては次節で詳しく考察するが、ここでは、『庄内軍記』より前に「伊勢殿若衆文」という文書が存在していたことが鹿児島県立図書館所蔵の『庄内軍記』の「拾遺」に見える〔『天誅録拾遺』にも収めるが欠損あり〕ので、それをまず取り上げる〔引用に当たって濁点・句読点・引用符を付し、送り仮名を改め、漢文表記は訓み下した。〔　〕は引用者の注〕。

世俗「伊勢殿若衆文」ト名ヅケテ、小児ノ弄ビ草〔『天誅録拾遺』は「笑草」〕ニ写シ伝フル一紙アリ。按ズルニ是嬌言嬉語〔「狂言綺語」が一般的〕ノ楽書ト見エタリ。其ノ詞フツツカニシテ取リ用フルニ足ラズトイヘドモ、平田・吉田戦死ノ事ハ併ラ〔しかしながら〕其ノ実ヲ記スル者カ。故ニ其ノ詞ノ拙キヲ厭ハズ、其ノ事ノ実ナルヲ以テ之ヲ摘テ茲〔ここ〕ニ記シ参考ニ備フルノミ。

昨日ハ今日ノムカシ、平田三五郎ト申ス少人、吉田大蔵康時ニ知音〔恋情を通じること〕浅カラズ。一年〔ある年〕、隅州庄内ニテ康時討死ツカマツル。一騎当千ノ倅者《カセモノ》〔ルビは原本のまま。家来の従者〕佐藤兵衛武任、彼ノ死骸ヲ肩ニ引キ掛ケ、味方ノ陣へ引キ退ク。後ヲ見レバ若武者一騎、卯ノ花オドシノ鎧ヲ着、甲ヲバ召サザリシカバ、ムカフセキ〔不詳〕毛ノ□ニ鎧ノ袖ニカカリシハ、サナガラ楊柳ノ風ニナビクガ如シ。武任ツクヅクト見テ、「宗次公〔『天誅録拾遺』は「宗次様」〕カ」ト申セバ、「何某」トノタマフ。「康時ハ打死」ト申ス。「コハイカニ」言フヨリ早ヤ馬ヨリ下ニ飛ンデ下リ、彼ノ死骸ニ抱キ付キ、嘆キ給フガ、合戦ニ隙ナウシテオクレシ事〔『天誅録拾遺』には「隙なければ、是までなりと言ひすてて、敵の陣にかけ入り、則ち打死なされし事」とあり〕前世ノ約束トハ申シナガラ、タメシ少ナキ次第ナリ。云々按ズルニ此ノ文、実ニ伊勢殿ノ記ナリヤ否ヤ。蓋シ又往日〔『天誅録拾遺』は「往昔」〕ヨリ虚ヲ以テ虚ヲ伝へテ伊勢殿ノ作ニ名ヅクルカ。強テ其ノ作者ニ因ラズ、幸ニ事実ヲ採ル者ナリ。

○平田氏戦死ノ所、財部ノ内、見籠〔「荷籠」の誤りか〕ノ渡ナリ。其ノ塚、今ニ在リ。吉田氏ノ墓、又コレ有リ。此ノ文、已ニ「康時」ト記セリ。又、近ゴロ此ヲ聞クニ、隅州国分安楽氏ノ家ニ吉田大蔵直ノ状〔前述の書状（④）であろう〕コレ有リ、「清家」ト署スト云々。吉田氏ノ系譜ヲ按ズルニ、皆「清」ノ字ヲ以テ実名ト為ス。則チ此ノ説、拠有ル者カ。

○惣テ財部渡瀬等ノ事、諸々ノ旧記ニモ出デズ、又、前ノ編書ニモ之ヲ記サザル所ナリ。予〔自分は〕近ゴロ財部・国分等ノ古老ノ伝説ヲ聞キ、彼是参考シテ以テ本文ノ闕ケタルヲ補フ。故ニ其ノ事ニ於テ毫釐モ〔ごく僅かでも〕虚妄〔うそ偽り〕ノ説アラバ、後人之ヲ正スヲ厭ハザルベシ。

引用された「伊勢殿若衆文」は、「昨日ハ今日ノムカシ」という書き出しが『賤のおだまき』の冒頭と同じであり、極めて注目される。その内容は簡潔ではあるが、『庄内軍記』の「平田三五郎戦死之事」に極めて近い（次節の(6)参照）。ただ吉田大蔵の名が「清家」ではなく「康時」となっている（6の「人物造型」で詳述する）が、これについて橋口晋作氏（注1）は、次のように書かれている。

この記事は「拾遺」ではなく、二巻本『庄内軍記』の編著者の解説文である。それによれば、「伊勢殿若衆文」の吉田大蔵の名前を彼の書状の名前によって康時から清家と改めるなどして「平田三五郎戦死之事」は出来ているとのことである。（中略）「平田三五郎戦死之事」は「伊勢殿若衆文」の改訂版で当代「少人道」の理想像に迫ったものだったのであろうか。

これとは別に橋口晋作氏が紹介された（注2）『異本二巻本庄内軍記』も、吉田・平田の戦死のことは『庄内軍記』とほぼ同じ（ただし、吉田の名は「康時」）であるが、二人が出陣に当たって書き置きしたのが「隅州敷根門倉の薬師堂」であること、それに続けて新納忠元の歌を載せていることなど、異なる伝承に基づくところが見られる。

新納忠元の歌は、前述のように、『松操和歌集』では「若武者のうたれしなきがらを見て」とあり、『庄内軍記』では富山次十郎の死を悼んで詠じたことになっている。また、出陣に当たって詣でた堂も、『庄内軍記』は「或る辻堂」、『賤のおだまき』は「帖佐米山の薬師堂」となっているが、『三国名勝図会』では敷根（現在の霧島市国分敷根）の門倉にある「薬師堂」の項で、平田三五郎が歌を書き記したという異なる話（後述）を伝えている（吉田大蔵のことは書いていない）。

いま一つ、『財部町郷土史』に引かれた『庄内治乱記』（現在その所在は不明）は、平田三五郎（名は「増近」）の奮戦ぶりを詳細に描いており、他の資料には見られない、全くの別伝である。

これらを見ると、前節末でも言及したように、平田三五郎の物語は、長年の伝承の過程でさまざまにふくらまされ創り上げられたものであり、『賤のおだまき』はその一つの結実した形である、と推測される。

（注1）「平田三五郎物語の流れ」（鹿児島県立短期大学地域研究所研究年報・一八号・一九九〇年）
（注2）「翻刻　異本二巻本『庄内軍記』上巻」（鹿児島県立短期大学地域研究所研究年報・一九号・一九九〇年）

4　『庄内軍記』の「財部軍之事」との関連

『賤のおだまき』の成立に『庄内軍記』の上巻末にある「財部軍之事　付、平田三五郎戦死之事」が大きく関わっていることは、まずまちがいない。それを明らかにするために、以下、やや煩雑になるが、両者を対比・考察してみよう。

「財部軍之事」の章段を、対比するのに適切な部分に分けると、次のようになる。

A　財部の戦いのこと
B　平田三五郎の死
C　平田三五郎の素性
D　平田三五郎の容色
E　平田と吉田の関係
F　討死した吉田の跡を追う平田
G　愛着の縁にひかれて
H　伴い行く冥途の旅
I　死のはかなさ
J　〈追記〉出陣の途次、辻堂に書き置く

これらA〜Jの部分（パーツ）が、どうはめ込まれ、どう組み合わされて、『賤のおだまき』という物語がまとめられていくのかを検証するために、物語を七つの部分（場面）に分けて見ていく。

(1)　物語冒頭の序に相当する部分
(2)　平田三五郎のこと
(3)　『庄内軍記』にはない、物語の創作部分

(4)　庄内への途次に堂に書き置く場面
(5)　財部の合戦の場面
(6)　討死した吉田を平田が追う場面
(7)　『庄内軍記』にはない、物語の結び

なお、『庄内軍記』からの引用（都城市立図書館のプリント版を基に、鹿児島県立図書館蔵本で校訂した本文）は、その初めにA～Jの符号を付してどの部分かを示し、『賤のおだまき』と異なるところには傍線を付し（　）にその異文を引く。また、『庄内軍記』には存在せず『賤のおだまき』が新たに加えたと思われる部分は、段落を改めて【　】に入れて示す。本文（引用者が校訂した本文。第二部、参照）の引用に当たっては、句読点や濁点を加え、表記を現行通用の形に改める（引用例文などの後に本書第二部の本文の相当箇所を示す）。

(1)　物語冒頭の序に相当する部分

初めに『庄内軍記』にはない、物語の語り出しの一文を置き、BとEをつないで二人の関係を示し（CとDは(2)に移す）、さらに死に至る経緯を簡潔に加え、H・Gと順序を入れ替えてここに移し、その後に（Gの繰り返しの感はあるが）新たに一文を加えて序の部分を締めくくり、作品の主題を提示する。

【昨日は今日の昔、庄内二年の在陣には、未だ二葉の若衆より、国に杖つく老いの身も、名を一戦の功に

惜しみ、おのおの子路が纓を結び】

B　親を〔に〕先立・〔ち〕子に後れて〔ナシ〕袂をしぼる人もあり、主を討たせ〔失ひ〕兄弟に別れて〔を討たせ〕胸を焦がせる族もあり、別離〔離別〕の愁ひとりどりなりしに、わきて哀れに聞こえしは、平田三五郎宗次なり〔といへる少人〕

E　吉田大蔵清家に男色の好み浅からず、共に故郷を出でしより、片時も側を相去らず、征鞍山路を分くる日は〔も〕同じく迷ふ馬蹄の塵、軍旅野外に屯せば、同じ褥の仮枕、共にながむる夜半の月、【影のごとくに伴ひしが、清家先に討死しければ、死なば共にと契約の言葉を違へず、宗次も、今年三五の秋の露、消ゆるぞ花の名残にて】

H　同じ戦士の苔の下に百歳の身を縮め、独り越えなん冥途の旅、伴ひ行くこそ哀れなり〔わりなけれ〕。

G　されば、弓矢取る身の習ひ、高きも賤しきも〔高きも賤しきも、弓矢の家に生まれては〕、義のために命を捨つるは武士の本意〔習ひ〕といひながら、これはまた、ためしなき〔少なき〕愛着の縁に引かれて、【義理と色とに捨てし身の、心の程こそやさしけれ。】（第二部の〔一の1〕）

(2)　平田三五郎のこと

序に相当する部分のあと、改めて物語の主人公を紹介するために、まず「いでや由来を尋ぬるに」と話題を転換し、『庄内軍記』のCとDをここに移すが、その表現の簡略なところを詳しくし（すでに前に用いた「今年三五の」という討死の時の年齢を示す語句は削除）、三五郎の人物像を描き出して、物語の発端とする。

【いでや由来を尋ぬるに、かの平田三五郎公といふは、御当家島津の累代執権職たりし】

C　是は〔ナシ〕平田太郎左衛門尉増宗の息男とかや。

【鎧着初めのころよりも気量骨柄人に超え、末頼もしく見えたりしに、日に増し月に随つて、花の面影吉野山、峰の桜か】

D　今年三五の〔ナシ〕秋の月、雲間を出づる風情より、なほあでやかに麗しく、容色無双の少人たり。

（第二部の〔一の2〕）

(3)『庄内軍記』にはない、物語の創作部分

平田三五郎が「容色無双の少人」であったという叙述(2)を受けて、

【されば、そのころ国家乱世の折なれども、さすがに耐へぬ人心、いつかそれぞと見初めては、三五郎公に命を捨て、…】（第二部の〔一の2〕）

と、美少年平田三五郎に憧れる人々が多かったという叙述から始めて、『庄内軍記』には存在しない、三五郎の十二歳から十五歳夏までの物語（それは吉田大蔵との関係の歴史でもある）の世界へと展開していく。

この部分がどのように創作されたかについては、あと（5『賤のおだまき』の創作部分）で改めて考察する。

(4)　庄内への途次に堂に書き置く場面

『庄内軍記』では、財部の戦いでの吉田・平田の二人の死を描き終えたあとに、「追記」の形で、財部へ赴くとき或る辻堂の柱に書き置きした話（J）を記すが、その前半部は次のようになっている。

J（前半）件の二人首途して財部へ赴くとき、或る辻堂に逍遙して、「平田三五郎宗次、吉田大蔵清家、共に庄内一戦の旅に赴く」と、堂の柱に書き付けけるこそ、末の世までも留まりて、

しかし、『賤のおだまき』では、物語の流れに沿って描くために、庄内の乱の発端から吉田・平田の義兄弟も出陣することになった経緯を記し、そのあとに「隅州帖佐を通るとて、武運のために米山薬師に参詣し」（第二部の〔八の2〕）たところ、その堂の左の柱に、文禄の役の折に虎狩で虎にかまれて死んだ帖佐六七の歌（命あらばまたも来て見ん米山の薬師の堂の軒端荒らすな）が書き残されているのを見て感嘆し、【我らも今度の合戦は、千に一つも生きて帰らんとは思はれじとて、清家やがて矢立を取り出だし、すなはち堂の右の柱に「時に慶長四年己亥六月十日、平田三五郎宗次、吉田大蔵清家、共に庄内一戦の旅に赴く」と書き付けてぞ立ち出でける。】（第二部の〔八の2〕）と、叙述している。「或る辻堂」を「帖佐…米山薬師」と改めたのは、「勇猛無双の勇士」にあやかる作意によるものであろう（前述のように敷根の門倉薬師とする別伝もあるが、これについては改めて「5『賤のおだまき』の創作部分」で取り上げる）。

先の引用（Jの前半）に続くJの後半部は、、次に示すのように、『賤のおだまき』も（つなぎのために

初めに〔　〕の部分を補っているが）ほぼ同じである。

J　〔後半〕〔後にかの両雄が戦死して〕その身は苔の下に朽ち、野外の土となりぬれど、佳名は身後に〔死後にとどまりて、末の世までも〕残りつつ、見る人袂を絞り得〔敢へ〕ず。げにや「龍門原上の土に〔ナシ〕骨を埋めて名を埋めず」とは、かかることをや申すらん。（第二部の〔八の2〕）

(5)　財部の合戦の場面

『庄内軍記』のAの部分は「財部軍之事」の章段のメインであり、初めに位置するが、『賤のおだまき』は、物語の時間的経過に沿って後の方に移す。しかし、内容はほぼそのまま（一部に簡略化したり新たに補ったりしたところもあるが、吉田・平田の戦いぶりは補っていない）を用いて、合戦の描写としている。

A　ここに伊集院甚吉と猿渡肥前守が楯籠る隅州財部の城といふは、都城の〔十二城の一つにして、逆徒の張本忠真が居城、都城より〕西に当たつて、その間わづかに一里に過ぎず。また、忠真が股肱の臣、白石永仙・〔と〕伊集院五兵衛尉等が楯籠る安永の城を隔てたれば、在陣の勢どもは寄せて攻むるに道〔手便〕あらず。

これより隅州浜之市へ一筋の山路あり。義久入道龍伯公は富隈の城におはしければ〔けるが〕、辺境の固めとして新関を据ゑて敵の襲来を防がるべしとて〔公御賢慮ありて〕途中渡瀬といふ所に関所〔新関〕を構へて〔据ゑて敵の襲来を防がるべしとて、一陣を構へて〕市成隼人助武重、弟藤助武明〔兄弟〕に、かの警固を勤むべしとて御勢を添へられしかば、武重兄弟渡瀬に至つて二か所に陣を構へて〔命ぜられ〕かの関所〔御陣〕を相守る〔守らせらる〕。また、財部白毛峠よりも一つの遍路〔通路〕ありければ、ここへは伊地知周防守一陣を構へ〔君命を受け〕て相守れり。故に〔然るに〕かの両陣へ敵の勢〔兵〕ども襲ひ来たりて〔来て〕小軍〔小攻合ひ〕度々に及ぶとかや〔及びしとぞ〕。

かかりしかば〔かかるところに、秋の末つ方〕龍伯公財部を攻め給はんとて、自ら御馬を出させ給ひ、白毛峠に御陣を据ゑられ、財部城を攻めさせ給ふ。〔の命によつて〕山田越前〔越前守有信〕入道利安〔理安〕、軍大将を承りて〔ナシ〕、三軍の機を司る〔司りて財部の城を攻めにける〕。已に〔既に巳の刻より手合せして〕寄せ手の軍兵ら業ケ迫まで〔秘術を尽くして〕攻め入る時〔ければ〕、敵軍急に打つて出て〔城兵も共に武功の者どもにて〕ここを先途と防ぎ戦ふ。

ここに〔中にも〕忠真が家臣〔家臣に〕瀬戸口石見といふ者は、鉄砲〔屈竟の鳥銃〕の上手なるが、緋縅の鎧着て、岸の小松を楯に取り、寄せ来る勢をぞ射たりける。これに依つて〔ければ〕味方の勢〔勢ども〕左右なく近づき得ざりしに、讃良某〔善助某〕鉄砲〔これを見て、十匁の鳥銃〕を放ちて是を射る〔射たりける〕に、あやまたず石見が真中を射通しければ、俯しざまに倒れて、岸より下に落ちんとす。長曽我部甚兵衛走り来て、石見を取つて引き上げ、味方の陣へ〔に〕助け入れんとするところを、あひもすかさず射る〔また撃つ〕鉄丸にて〔鳥銃に長曽我部が〕腰に挿したる団扇を微塵に射砕きたりけれども、ものともせず、石見を助けて本陣にぞ〔に〕帰りける〔しは、あつぱれ勇々しく見えにけり〕。（注1）

これを初め〔軍の初め〕として、敵味方縦横に〔互ひに〕入り乱れて〔乱れて巴のごとくに切り廻れば、十文字のごとくに駆け立つる。〕天地を動かす鬨の声〔声は〕山岳に響き〔もこれがために崩れ〕鉄筒の音〔射交ふる鳥銃の音、打ち合ふ太刀の鍔音は〕おびただしとも言ふばかりなし〔ただいま天地も裂くるばかりなり〕。

巳の刻より申の刻まで火出づるばかり戦ひければ〔ナシ〕、寄せ手〔味方〕に吉田大蔵清家〔ナシ〕、平田仁左衛門尉、宮内治部ら討死す。その他、両陣〔両方〕もろともに討死手負〔手負・死人は〕数知ら〔知れ〕ず。（第二部の〔九の１・２〕）

右の引用の最終段落に挙げられた寄せ手の死者の中から『賤のおだまき』は「吉田大蔵清家」の名を削除しているが、これは吉田と平田の死を描く次の部分(6)との関係を考慮しての処置であろう。

（注1）『庄内陣記』は、この後に「古井屋ケ代ノ原」と「荷籠ノ渡リ」の戦いのさまを描き、吉田らの討死のことを記すが、平田三五郎のことは全く記していない。

(6)　討死した吉田を平田が追う場面

『庄内軍記』は「財部軍之事」（A）の後に「平田三五郎戦死之事」を付載するので、まず三五郎の紹介や吉田との関係を述べ（B～E）、その後に吉田・平田の討死のこと（F）を続けている。しかし、『賤のおだまき』はすでに、B・Eは序に相当する部分(1)に、C・Dは平田三五郎の紹介の部分(2)に移しており、財部の合戦のこと（A）に続けて二人の死の場面（F）を描くために、新たなつなぎを加えている。

また、Fの後のG・Hの部分を『賤のおだまき』では序に相当する部分(1)に移したので、新たな締めくくりを置いてⅠにつなぐ。

【ここに吉田大蔵清家、平田三五郎宗次は、いつも互ひに寄り添うて、駆け引き共に両人は、形に影の従ふごとく、毎度手柄を顕しけるが、今日も今朝よりもろともに】

F　況んや合戦の場までも〔ナシ〕一つ道にと志し、諸共に〔両人つれて〕進まれしが、合戦に暇なうして思はずも〔心ならずも〕押し隔てられ、清家遂に討死す。

一人当千の郎等に佐藤兵衛〔兵衛尉〕武任といふ者〔ナシ〕かの死骸を肩に掛け、味方の陣に引き退く。後ろを見れば、宗次は卯の花縅の鎧着て、甲をば〔わざと甲は〕召さざりしかば〔しが〕、嬋娟たる顔に髣髴たる鬢の毛の鎧の袖まではらはらと乱れかかりし有様は、さながら楊柳の春風に靡く風情なり。清家を尋ねかねたる有様にて、茫然として立ちたまふ。

武任これを〔うち〕見て、「宗次公にて候〔さま〕か」と問へば〔問ひければ〕、「清家はいかに」と宣ふ。「はや討死」と答へければ、「こはいかに、あさまし」と、馬より下に飛んで〔飛び〕下り、そのまま死骸に抱きつき、発露涕泣し給ふが、「よしよし、今は力なし。合戦に暇なうして後れしこそ無念なれ。今は〔今生の対面〕これまでぞ〔なり〕。武任さらば」と言ひ捨てて、また馬にうち乗り、敵陣に〔すなはち敵陣に〕駆け入つて、忽ち古井原上の草葉の末の露霜と消え〔消え果て〕給ふこそいたはしけれ。

【あはれなるかな、宗次は、今年やうやく三五の年、十年余りの春秋はただ一時の胡蝶の夢、覚めて義を知る武士の弓矢の道ほど、世の中にわりなきものはなかりけり。】

Ｉ　つらつらこれを観ずるに、春の朝の花の色一陣の風に誘はれて、秋の夕べの紅葉〔紅葉々〕の一夜の

霜に移ろひて、あだに散り行く風情より、なほはかなくぞ見えに〔覚え〕ける。（第二部の〔九の3〕）

(7)『庄内軍記』にはない、物語の結び

『賤のおだまき』は、これまで見てきたように、『庄内軍記』の「財部軍之事」の章段を基にしているが、新たな創作の部分(3)を含む作品であり、吉田・平田の義兄弟としての関係の始終を物語ったものであるから、語り終えた後に作者の感慨（それは作品の意図を表すものでもある）を述べて物語の「結び」としている。

その内容は、二人の義兄弟としての生き方を称賛し、今の世の人もこの二人を手本として文武両道に優れた士に馴れ親しみ堅い契りを結ぶことを勧めるが、ただ色道にのみ溺れては国を滅ぼし身を破ることになると戒め、この物語の意義に言及して結ぶ（第二部〔九の4〜6〕）。

5『賤のおだまき』の創作部分

『賤のおだまき』の成立に『庄内軍記』の「財部軍之事　付、平田三五郎戦死之事」の章段が大きく関わることを検証してきたが、その関わりは、いわば骨格部分のみであり、二人の人物像も、その出会いも、関係の経緯も、何一つ明らかではない。それを補うべく創作し物語化を図ったのが、先に指摘した『賤のおだまき』の(3)の部分である。

その内容を整理すると、次のようになる。

①《美少年・平田三五郎に憧れる者多し》〔前節の(2)を受けて〕三五郎に恋い焦がれる者は多かったが「一夜だに契りし人」はいない。（第二部の〔一の2〕）

②《倉田軍平からの文を破棄》**慶長元年**に「二六の春」を迎えた三五郎を恋い慕う倉田が文を遣るが、三五郎は一目見るなり破り捨てる。（第二部の〔一の3〜5〕）

③《危難に遭い、奇跡の出会い》**慶長二年**一月七日に角入れ（半元服）を許された三五郎（十三歳）は、同月十二日に吉野へ小鳥狩りに行く。倉田はその帰途をねらって力づくで「本意を達せん」とするが、通りかかった吉田大蔵によって危難を救われる。（第二部の〔二の1〜5〕）

④《義兄弟の契りを結ぶ》吉田大蔵は「武士の手本」と称えられた若者（二十三歳）であるが、三五郎と出会った日から「恋ふる心の一筋に今は命も絶えなん」（第二部〔三の2〕）と悩み、思い切って一月末に三五郎の家に赴く。三五郎もまた吉田を思って眠れぬ夜を過ごしていたので、喜んで迎え入れ、遂に二人は義兄弟の契りを結ぶ。（第二部の〔三の1〜7〕）

⑤《姦計による疑惑も解けて起請文》二人の仲を妬む石塚十助が偽作した手紙（二月八日付け、加納八次郎から吉田宛て）を見た三五郎は、吉田の心変わりを疑い　義絶しようとしたが、吉田の情理を尽くした言葉に納得し、互いに血判した起請文を交わし、「兄弟の契りはいよいよ深く」なる。（第二部の〔四の1〜7〕）

⑥《吉田の朝鮮出陣、哀しい別離》文禄の役から一旦帰国していた島津義弘公が再び出兵することになり、その供を命じられた吉田は、三五郎と名残を惜しみつつ、二月二十一日に出陣する。（第二部の〔五の1〜7〕）

⑦《石塚の威に屈せず節を守り抜く》独り残された三五郎は、吉田の無事を祈って諏訪大明神に日参する。**慶長三年**三月下旬のこと、石塚十助は仲間を誘い威を以て迫ったが、三五郎は一度も不覚を取ること

がなかった。〔第二部の〔六の1～4〕〕

⑧《吉田の活躍、帰国して再会》慶長の役から退陣する折に、薩摩の将兵の乗った軍船が朝鮮の南海島に漂着したが、吉田大蔵は小舟に乗って唐島の義弘公に救援を求め、五百余人の命を全うする功をあげた。吉田は十二月中ごろに帰国、三五郎と久しぶりに再会し「昔に勝る兄弟組、片時も側を離れず」過ごす。〔第二部の〔七の1～3〕〕

⑨《庄内の乱に二人連れだって出陣》都城の城主・伊集院忠真は、父幸侃が誅殺されたことを恨み、島津氏に反逆して庄内の乱が勃発。吉田・平田の義兄弟も**慶長四年**六月十日に鹿児島を発って出陣する。〔以下、前節の(4)に続く〕〔第二部の〔七の4、八の1・2〕〕

以上〔①～⑨〕の内容は、財部の戦いで二人が死を共にして義を貫いたという感動的な出来事を原点としてさかのぼり、時の流れに沿って物語ったものであるが、その創作に当たって留意したと思われるのは、次の三点である。

(1)　出会いの時期

平田三五郎が財部の戦いで討死した年齢を、『庄内軍記』も『賤のおだまき』も十五歳としている（『三国名勝図会』は十六歳）。これを原点としてさかのぼり、二人の出会いをいつとするか、創作上の一つの問題であろう。作者は「角入御免」を蒙り半元服を許された十三歳を出会いの年とし、その前年（慶長元年）から物語を始めることにしたが、この構想は、出会い〔前述の③〕から吉田の朝鮮出陣〔⑥〕まで、僅か一か月余の間にさまざまな出来事を盛り込むという、かなり無理な設定になっている。

(2)　吉田大蔵の朝鮮での活躍

朝鮮から退陣する時（慶長三年十一月）の吉田大蔵の活躍（前述の⑧）は、『征韓録』『西藩野史』『島津国史』にも記されている史実であり、吉田大蔵の人柄を示すものであるから、文禄・慶長の役のこと、吉田の出陣、二人の別離（前述の⑥）と再会（前述の⑧）は、物語中に盛り込み位置づける必要があった。

(3)　恋の物語のパターン

恋の物語には基本的な型がある。出会い、契り、堅く結びあう仲になるプロセスの間に、さまざまな抵抗や悪巧みによる危機、疑惑や嫉妬、やむをえぬ別離などがあり、そういう苦難を乗り越えてこそ深い契りの仲になる、というパターンである。『賤のおだまき』の創作部分はまさにそのパターンによって、倉田軍平や石塚十助を登場させ、さまざまな出来事（前述の②③⑤⑦）を設定して、物語を展開している。荒くれ者に襲われて危機一髪というところを通りかかった人に助けられるという出会い（③）もまた、典型的なパターンである。

『賤のおだまき』の構想について今一つ触れておきたいのは、財部への出陣の途次に詣でた堂のことである。先述（第二章の4の(4)）のように、『庄内軍記』に「或る辻堂」とあるところを、『賤のおだまき』は帖佐（現在の姶良市姶良町鍋倉）の「米山薬師」としているが、これには別伝も存在するのである。

『三国名勝図会』の「大隅国曽於郡敷根」（現在の霧島市国分敷根）の「薬師堂」の項には、次のような記述がある（引用に当たって現行の表記に改め、〔注〕を加えることがある）。

薬師堂　敷根村、日州通道、門倉坂の北側にあり。俗に門倉薬師と呼ぶ。（中略）慶長四年、庄内伊集院忠真を御征伐の時、兵士この堂に集まり、各その志を述べて文句を前後左右の板壁等に題しける。そのうち、平田三五郎宗次は、姿容〔容姿〕秀麗にして美少年の名高かりしが、年十六にて従軍し、この堂に来たりしに、衆人既に題書してその板壁の低き処は書すべき隙なかりければ、家丁〔原本のルビ「ケライ」〕に捧持〔高く持ち上げ〕せられて、その最高の所に自詠の和歌を題しける。その歌に言ふ。

書き置くは形見ともなる筆の跡　我はいづくの土となるらん（注1）

かくて宗次は庄内の役に戦死しける。その板壁は衆兵の題書長く残りし故、本府侠少年の徒〔男だての若者たち〕、遠路を歴て来たり見る者多かりしとぞ。中に就いて〔とりわけ〕平田宗次が題詠を見る、老少となく皆感泣〔深く感じて泣くこと〕を催しけるとかや。然るに、往時、瑞慶寺〔この薬師堂を所管する寺〕より堂の内外すべて黒く塗りければ、今は片言隻字〔一言一字〕も見えずとなり。この題書は古風なるものなりしに、誠に惜しむべき事と謂つべし。（下略）

ここには吉田大蔵のことはなく、三五郎の年も十六となっている。『異本二巻本　庄内軍記』も、「件の両人、首途して庄内に赴く時、隅州敷根門倉の薬師堂に参詣し」としており（歌はない）、そのような語り伝えもあったのであろう（次の「人物造型」で記すように、平田三五郎が国分に関わりのある人物であるとすれば、門倉薬師が妥当ということになる）が、『賤のおだまき』は、先にも記したように、虎狩で死んだ勇士・帖佐六七にあやかって、意図的に改変し、帖佐の米山薬師に詣でたことにしたと考える。

なお、米山薬師堂で帖佐六七が出陣の折に参詣し歌を書き残したことは、『薩藩名勝誌』も『三国名勝図会』も書き伝えているが、平田三五郎のことには言及がない。

（注1）この歌のことは三上喜孝氏の『落書きに歴史をよむ』（吉川弘文館）に詳論がある。

6　人物造型ならびに構想の破綻

(1) 平田三五郎

『賎のおだまき』の主人公・平田三五郎は、物語成立の基となった『庄内軍記』から「是は平田太郎左衛門尉増宗の息男とかや」とされており、『賎のおだまき』ではさらに「御当家島津の累代執権職たりし」（第二部の（一の2））という修飾語が加えられている。ところが、『本藩人物誌』は「平田三五郎宗次」の名の下の割注に「太郎左衛門増宗ノ子トイフハ誤レリ　子孫国分ニアリトモイヘリ」と記しているのである。

その『本藩人物誌』の「平田増宗」の項（巻十三・国賊伝）に付された子息の伝には、

> 増宗嫡子、新四（一本「次」）郎宗次（母ハ上井覚兼女）慶長七年八月十七日、野尻ニ於テ横死。年十七。二男、新三郎行宗、慶長十五年十一月十五（一本「九」）日、筑前海上ニ於テ疾風覆船時、自殺。年十九。三男ハ出家。父ノ罪科ニ依リ琉球勝連島へ配流。四男、治部卿、硫礦島へ配流ナリ。（引用に当たって句読点を付し、表記を改めた）

とあり、三五郎宗次のことは記されていない。

鹿児島大学玉里文庫蔵の『庄内陣記』の頭注には、「平田三五郎ハ国分郷士平田仁左衛門祖也」とあり、前述（第二章の2）の『旧記雑録』八五五に名を記された人の中に国分衆や富隈《とみのくま》衆と思われる人（『「さつま」歴史人名集』による）が見える。また、『財部町郷土史』や『国分郷土誌』には、財部町古井にある平田三五郎と宮内式部の墓に、国分・隼人の平田・宮内家の代表の人々が毎年彼岸の中日に墓参に来ている、という記事がある。これらを見ると、前引の島津義久の書状（『旧記雑録』九二四・九二五）の中で、特に平田・宮内・吉田の死を取り上げて書いているのは、この人たちが国分や隼人に関わりがあり、義久も知っていたからではないか、と思われる。

以上の諸点を考え合わせると、平田三五郎宗次を、家老平田増宗の息男（住居は鹿児島城下の「玉龍山のこなた」〔六の1〕）とするのは、伝承の過程で虚構されたものである、ということになろう。家老の子とすることによって、家柄と育ちの良さを示し、父の慈愛を受け、鎧着初めのころから気量骨柄人に超え、文武両道に秀で、節を守り義を貫く、申し分のない美少年であった、という人物像が形成されることになる。

(2)　吉田大蔵

平田三五郎と義兄弟の契りを結んだ人物は、『庄内軍記』でも『賤のおだまき』でも「吉田大蔵清家」とあるが、先述のように「伊勢殿若衆文」や『異本二巻本　庄内軍記』は「吉田大蔵康時」と、名を異にする（『島津国史』も「康時」とするが、割注には「清盛」もあげ、「蓋一人而改名云」とある）。

ところが、『薩藩旧伝集』（巻二）所収の「本藩中興臣行業録」は「清家」も「康時」も誤りとして、

吉田大蔵清盛〔一本作清家、或康時、皆非〕

一、清長子、母島津周防守忠続女

一、高麗御供（この後の「泗川追打の時…」と「番船破の時…」を略）

一、庄内乱之時、於財部、平田三五郎と共に戦死。年弐拾八歳。法名薫山了香庵主。墓、南林寺にあり。

と記し、名は「清盛」、没年は「弐拾八歳」としている（『称名墓誌』や『本藩人物誌』も同じ。『賤のおだまき』が二人の出会った時の吉田の年齢を「行年ここに二十三」（三の2）とするのは、物語上の創作であろう）。

先に引いた島津義久の書状（『旧記雑録』九二四・九二五）や『西藩野史』は「吉田大蔵」のみで名はなく、「児玉利昌譜」と安楽家蔵の書状（『旧記雑録』八五五・八五六）に見える「清家」を実在した吉田の名とすべきかとも考えられるが、それを「非」とする説を否定する根拠もない。

『「さつま」の姓氏』によれば、吉田清盛は「国分流清長の子」であり、その後を西川源右衛門の子・清貞が養子となって継いでいるとのこと。また、前引の「伊勢殿若衆文」の後に付された解説の中に「近ゴロ此ヲ聞ニ隅州国分安楽氏ノ家ニ吉田大蔵直ノ状（『旧機雑録』八五六の書状のことであろう）有之、清家ト署スト云々」とあり、平田三五郎と同じく国分につながりがあるかとも思われるが、詳細は不明である。

右のように史実を確かめ得ないところもあるが、『賤のおだまき』の「吉田大蔵清家」は実在の人物を基に創り上げられた物語中の人物であり、「太守公にも別して御秘蔵に思し召し、『武士の手本は大蔵なり』と折々御賞美ありしほどの者」（第一部（三の2））で、若手の武士たちが憧れ配下になることを望んでおり、慶長の役で目覚ましい活躍をした、平田三五郎にふさわしい兄貴分として造型されている、ということになろう。

(3)　構想の破綻

『賤のおだまき』には、物語の構想に関して見逃すことのできない大きな問題がある。それは、二人の出会い（慶長二年・一五九七年）以前に吉田大蔵が朝鮮に在陣したかどうか、ということである。

吉田と平田が契りを結んでから十日余り後の慶長二年二月のこと、石塚十助の悪巧みによって三五郎は吉田の心変わりを疑い、義絶しようとまで思うが、吉田の理にかなった説得で疑いがとけ、起請文を交わすことになり、吉田が三五郎に腕を刺し通させて血判をする場面で、三五郎が白手拭を引き裂いて吉田の腕を巻きつつ「痛みは強く御座なきや」と聞くと、吉田はこう答える。

何でふこのくらゐの小疵に痛むことの候はんや。去年朝鮮在陣の時、左の腕に毒矢を射られ、その疵は癒え候へども、少し武芸にても修練の時は、必ず悪血滞りて心地悪しくも候ひしに、今こそ腕も素軽く覚えて、痛みは少しも御座なく候。（第二部の〔四の7〕）

いま一つは、上記の場面から十日余り後のことである。豊臣秀吉の命により文禄元年（一五九二年）に朝鮮に出兵した島津義弘は、文禄四年五月に子息の忠恒（後の家久）らの将兵を朝鮮に残して帰国していたが、慶長二年（一五九七年）二月、再び朝鮮への出兵を命ぜられ、吉田大蔵も出陣することになり、三五郎と別れを惜しむ場面で、互いに刀を贈るが、吉田は関の孫六兼基の打った刀を与えて、こう言う。

これは先祖代々伝来の太刀にて、殊には去年朝鮮にて数人の首を切り候ふに、水もたまらぬ大業物にて、それがし、これまで一度もこの刀にて未だ不覚を取らず、別して秘蔵に候へども、今度離別の御名残に君に進呈いたすなり。もしや、それがし高麗にて討死いたし、異国の土ともなり候はば、これぞ清家が形見とも御覧候へ。（第二部の〔五の4〕）

この二つの場面の吉田大蔵の言葉に出てくる「去年」は、慶長二年の前年、すなわち慶長元年のはずである。だとすれば、吉田はその年の内に軍勢から抜けて帰国していなければならないが、果たしてそんなことが可能だったろうか。もし義弘が一旦帰国した折に供をして帰ったとすれば、それは文禄四年のことであり、吉田が毒矢を射られたり敵の首を切ったりしたのは「一昨年」以前のことでなければならない。

この「去年」は「去《い》ぬる年」であり、過去のある時点を指すとは読めないかとも考えてみたが、そのような例は見出だせない。この作品の中でも、慶長三年になって、石塚十助が吉田の留守を幸いとばかり三五郎に手紙を送った場面に、「去年、朝鮮御出陣のみぎりは病気によつて御供の人数に洩れたりしが」（第二部の〔六の2〕）とあるのは、まさしく前年の慶長二年を指しており、「去ぬる年」ではない。

このように見てくると、慶長二年の場面にある「去年」はその前年のことであり、その年（文禄五年。十月に改元して慶長元年）に吉田が朝鮮に居て毒矢を受けたり敵の首を切ったりしたとするのは無理があろう。（注1）これは吉田大蔵の武勇のほどを示そうとして筆が滑ったミスであり、財部の戦いでの二人の死からさかのぼって物語化するに当たっての構想の破綻である、と言わざるをえない。

（注1）『本藩人物誌』によれば、樺山久高は、島津久保《ひさやす》（義弘の子）が朝鮮で病死した時（文禄二年九月）その遺骸と共に帰国し、翌三年冬にまた渡海、文禄四年夏五月に義弘の供をして帰国し、翌々年（慶長二年）二月「又々御供ニテ渡海」している。このように帰国と渡海をくりかえすこともあったようであるが、これは特殊な例であろう。

7　成立の時期

『賤のおだまき』の成立について、いろいろな角度から考察してきたが、その成立の時期は明らかではない。

『賤のおだまき』の現存写本は極めて少なく、しかも奥書を持つものはないので、伝来の過程を知ることはできないが、かつて「さんぎし」（薩摩文化月刊誌）に浜田亀峰氏が紹介し、その翻刻を連載（昭和三十三年五月から翌年八月まで十六回）された、川内市《せんだい》（現在の薩摩川内市）向田町の山田哲氏旧蔵の『賤の男玉記』（残念ながら現存せず）の奥に「安政四年十二月廿四日　佐多直次郎」とある由なので、安政四年（一八五七年）以前に成立したことは間違いない。

それでは、古くはどこまでさかのぼれるだろうか。『賤のおだまき』の成立に大きく関わる『庄内軍記』は、その巻頭の「庄内軍記伝」に「慶長ヨリ今ニ到ルマデ殆幾一百年」（原漢文）とあるので、一七〇〇年ごろの成立かと思われる。また、『賤のおだまき』が文禄・慶長の役や庄内の乱に関して参考にしたと思われる『西藩野史』には宝暦十年（一七六〇年）の自序があるので、『賤のおだまき』の成立はそれ以後ということになろう。

いま一つ注目したいのは、帖佐六七が米山薬師堂の柱に書き残した歌（第二部の〔八の2〕参照）のことである。吉田・平田の二人が財部に赴く途次、これを見て感動し、自らも書き置くことになるのだが、『賤のおだまき』の作者が何からこの歌を引いたかは不明である。ただ、地誌の類では『薩藩名勝志』の「米山薬師堂」（巻一三・始羅郡帖佐）にこの歌が引かれており、これを参考にしたとすれば文化三年（一八〇六年）以降ということになる。これを受けて補い集大成した地誌『三国名勝図会』（完成は一八四三年）も「米山薬師堂」にこの歌を引いているが、同書は、前述（第二章の5）のように、平田三五郎が財部への出陣の折に詣でた堂を敷根の門倉薬師（吉田大蔵は同道していない）としているので、『賤のおだまき』との直接の関係は考えにくい。（注1）

以上の諸点を勘案すれば、極めてあいまいではあるが、『賤のおだまき』の成立は十九世紀前半のある時期ということになろう（「1　作者」で引いた伊藤仙平戯作説が正しければ十八世紀末ということになるが）。
（注1）『三国名勝図会』の「平田三五郎墓」の項に「庄内軍記等に、三五郎は姿容秀麗にして美少年の名高く…」とあり、『庄内軍記』に拠ったことは明記している。

8　薩摩琵琶歌「形見の桜」について

『賤のおだまき』の成立と関連して触れておきたいのは、薩摩琵琶歌の「形見の桜」のことである。「形見の桜」は、「庄内合戦」とも呼ばれる三段からなる合戦物の琵琶歌であるが、平田三五郎・内村半平・富山次十郎という美少年の物語を織り込んでおり、入佐又四郎と中村四郎太（共に十九世紀初めごろの人という）の合作で、八田知紀《はったとものり》（一七九九～一八七三。歌人として名高い）が校閲したと伝えられる（島津正『江戸以前　薩摩琵琶歌』）。本富安四郎《ほんぶやすしろう》が『薩摩見聞記』で「座頭、琵琶を弾じて平田三五郎の名を呼ぶに至ては聴衆皆一斉にチエーストーを叫ばざるはなし」と述べている（第一章の「5　男色と鹿児島」参照）のは、この琵琶歌を聴いてのことであろう。

その内容を整理して示すと、次のようになる。なお、比較・考察のために適宜「形見の桜」の本文（萩原秋彦編・千田幸夫注解『薩摩琵琶歌集』、島津正『江戸時代以前　薩摩琵琶歌』による）を引用し、『庄内軍記』にも見える表現には傍線を引く。

〔初段〕
①庄内の乱の始まりと島津軍の出兵のさま

②平田三五郎も義兄弟の吉田大蔵と共に出陣する

これはさて置き、ここにまた、いとど哀れをとどめしは平田三五郎宗次にて、平田太郎左衛門尉増宗の嫡男とかや。今年三五の秋の月、雲間を出づる風情より、なほあでやかに麗しく、容色無双の少年なり。吉田大蔵清家と兄弟の契り浅からず、共に故郷を出でしより、片時も側を相去らず、征鞍山路を分くる日も、同じく迷ふ馬蹄の塵、軍旅野外に屯（たむろ）せば、同じ褥（しとね）の仮枕、共にながむる夜半の月、況んや合戦の場までも同じ道にと志す。

（この後に、三五郎のその日の出で立ちの姿、母との別れのさまを詳しく語るが、その中に「卯の花縅（をどし）の鎧（よろひ）着て、わざと甲（かぶと）は召さざりしが」「振り分くる黒髪の鎧の袖に涙と共にはらはらと乱れかかりし有様は、さながら楊柳の雨に添うて春風（しゅんぷう）にうち靡く風情なり」という表現がある。なお、「況んや合戦の場までも同じ道にと志」は『賤のおだまき』には見えない）

③吉田と共に出立し、敷根の門倉薬師に詣でて歌を書き置く

さて清家はかねて期したることなれば、共にうちつれ急がるるに、ここははや敷根の里にもなりぬれば、音に聞こえし門倉薬師に参詣せんと、諸共に駒より飛び下りて、うやうやしくも南無薬師尊と合掌し、しばしこの辻堂に逍遥して、一首の歌を連ねける。

書き置くも形見となれや筆の跡　我はいづくの土となるらん

と、矢立を出だし、清家、宗次を抱き上げて、筆先高く天井の板の表に記し置き、または「この度庄内一乱により清家・宗次うちつれ合戦に赴く」と堂の柱に書き付けしは、末の世までも留まりて、見る人袖を絞りける。共に踏み出す武者草鞋《わらぢ》、結び合はせて行く先の誉れは後に知られたり。（参詣

した所を「門倉薬師」とし、書き残した歌をあげているのは、前（5の(3)に引いた『三国名勝図会』に拠るものであろうか）

〔二段〕

①清家・宗次の二人は柳川原《やなぎかわら》のほとりで春田主左衛門道春と行き合い、春田が義兄弟の契りを交わしながら今は敵味方にわかれた内村半平と一目対面したいと敵方の城主に矢文で訴え、許されて酒宴したが何語るべき暇もなく別れた、という話を聞かされ、共に涙して別れる。（春田主左衛門の矢文のことは『薩藩旧伝集』などに見える有名な話であるが、『庄内軍記』には春田の名はなく、「矢尻に文を結びそへて志和《しわ》池《ち》の城に射る人あり」として載せる。また、同書に吉田・平田と春田が出会う場面はない）

②吉田・平田の二人は襲い来る敵にうち向かうが、思わずも宗次は二町ほど後れ、五六人の敵にとり囲まれ、「天晴れ類なき美少年かな、いで生け捕りにして慰み者にせん」とかかってくるが、宗次が車輪の如く切って回ると、敵は退散する。

③吉田大蔵は、重藤《しげどう》の弓に矢をつがえ三十六騎を射て落とし、矢種が尽きると敵陣に駆け入り突き伏せ切り伏せる。あぐみ果てた敵は鉄砲の者十四五丁を選りすぐって撃ちかけるので、さすがの吉田も遂に胸板を撃ち抜かれて、生年二十八で戦死した。（②③共に他の資料には見えない内容）

④吉田の討死を知った三五郎は、敵陣に駆け入って討死する

かかる処に、清家が郎等に佐藤兵衛武任は、主人清家が死骸を肩に掛け、味方の陣に下がりしに、やがて宗次帰り来て、清家を尋ねかねたる有様にてただ茫然として立ち給ふ。武任うち見て、清家の戦死の様をこまごまと告げければ、宗次聞いて、「さては清家殿にはもはや討死なされつるや。死

なば一緒と思ひしに、合戦に暇なうして後れしこそ無念なれ」と、そのまま駒より飛んで下り、清家が死骸に抱き付き、うちしをれたる卯（う）の花縅の鎧の袖に乱れ髪、世にあるうちの言ひ交はし、桃李《たうり》はものを言はねども、今は最期の色見えて、後に残りし紅葉々の散るを惜しまぬ太刀の柄《つか》、これまでなりと思ひ切り、「武任さらば」と言ひ捨てて、駒引き寄せうち乗り、大音あげて名乗るやう、「某《それがし》、島津方に於いて平田三五郎宗次と申す者なり。手並みの程を見せん」とて、大身の槍を馬の平首《ひらくび》引きそばめ、当たるを幸ひ突き伏せ切り伏せ、獅子奮迅の怒りをなして必死になつて戦へば、向かふ敵七八騎を討ち取り、我が身も数か所の傷を蒙り、哀れ三五の秋の空、変はり行く世の習ひにて、一陣の風に誘はれて、義のためにむくろを戦土にさらし、百年の齢（よはひ）をちぢめ、終《つひ》に財部の草葉の露と消えにける、今を盛りの花衣、きてみる人々、鎧の袖を濡らさぬはなかりけり。（平田三五郎の戦いぶりの描写は他には見えない）

〔三段〕

①富山次十郎の死、それを悼む新納忠元の歌

（『庄内軍記』も、富山次十郎が風呂谷のほとりで鉄砲に撃たれて死んだこと、それを聞いた新納拙斎（忠元）が哀悼の歌を詠んだことを記す。『庄内軍記』と同一表現（傍線部）の見える部分を引用する）

わけて哀れに聞こえしは、富山次十郎とて、生年二八ばかりとうち見えて容顔美麗の少年なりしが、華やかなる鎧を着て一陣に進み出で、天晴れゆゆしく見えたりしが、いたはしや、敵の放てる鉄砲に真只中を撃ち抜かれ、はかなき命は財部の草葉の露と消えにける。これを聞くより忠元は、早くも尋ね向はれしに、蘭麝（らんじゃ）の匂ひ消えやらず、蓬《よもぎ》が本にうち伏して（中略）露を片敷く

草枕、寝乱れ髪の打ち解けたる姿と見えて、秋の野の千草にすだく虫の音と、泣く泣く死骸を埋《うづ》め置き、落つる涙を押し拭ひ、一首の歌を詠じ、追善に供へ給ひける。

昨日まで誰（た）が手枕（たまくら）に乱れけん蓬が本にかかる黒髪

と連ね置かれて、手向《たむ》けの水をうちそそぎ、しばし回向《ゑかう》をなされける。されば、形見の桜、誰がこの里に植ゑ置きて、名も財部に匂ふらん。聞く人見る人もろともに涙は袖に余りけり。

②庄内の乱の結末、さらに伊集院忠真の死を語り、「これにより薩隅日三州静謐《せいひつ》に治まれる、御代の程こそめでたけれ」と歌い納める。

これまでの比較・考察から、薩摩琵琶歌「形見の桜」の創出には『庄内軍記』が大きく関っているが、『賤のおだまき』は直接の関係はない、と言ってよいだろう。

第三章　『賤のおだまき』の写本と刊本

1　『賤のおだまき』の写本

『賤のおだまき』の現存する写本は、極めて少ない。管見に入るものは、次の四本に過ぎない（本書で用いる略称を〔　〕に示す）。

①鹿児島県立図書館蔵本〔県図本〕
外題「賤之麻玉記」　四十九丁（ただし一〇丁は白紙）、絵なし。書写年・書写者は不明。

②東北大学附属図書館・狩野文庫蔵本〔東北本〕
外題「賤の緒玉記」　八十六丁、絵あり。書写年・書写者は不明。

③都城市立図書館蔵本〔都城本〕
外題「賤の麻玉記」　ペン書き・本文三十二丁、絵なし。書写年・書写者は不明。

④鹿児島県歴史・美術センター黎明館寄託・野邉盛雅氏本〔野邉本〕
表紙および巻末の数丁を欠き、下部に欠損があるので、参考にとどめる。絵あり。

このほかに、薩摩文化月刊誌「さんぎし」に連載（昭和三三年五月号から翌三四年八月号まで十六回）

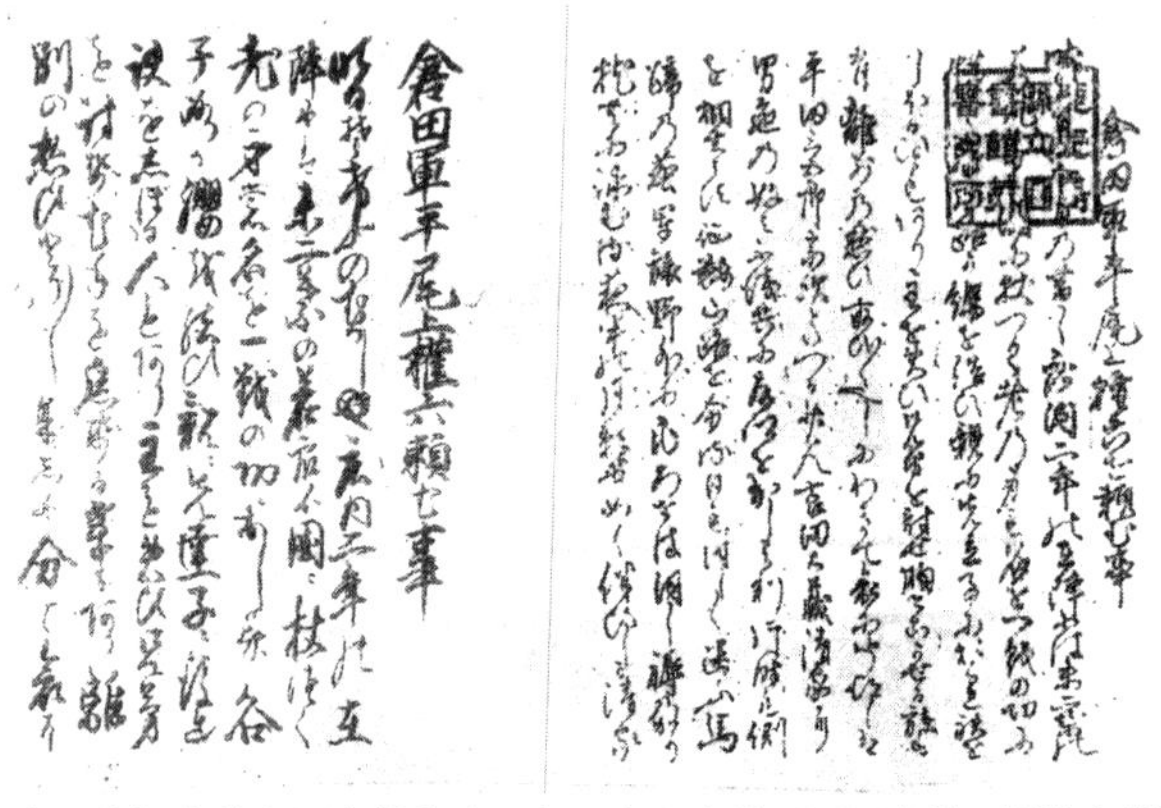

右は鹿児島県立図書館蔵本、左は東北大学附属図書館・狩野文庫蔵本の本文。

された翻刻がある。薩摩川内市の山本哲氏の所蔵本（外題は「賤の男玉記」、奥書に「安政四年十二月廿四日　佐多直次郎」とある由。丁数や絵の有無は不明）を浜田亀峰氏が紹介・翻刻されたものであるが、翻刻の誤りや脱落が多い。書写年を明記した貴重な写本であるが、山本哲氏の御遺族にお尋ねしたところ、残念ながら現存しないとのことなので、「さんぎし」の翻刻を参考するにとどめるしかない。〔さんぎし〕

さらにまた、出水市歴史民俗資料館に、文久三年（一八六三年）六月に「稽古の為」に書写したという、表紙に『賤野麻玉木』と題した資料があるが、物語の初めの部分のみの端本（十一五丁。脱落や誤写も多い）であるから、参考にとどめる。〔出水本〕

これらの本文を対校してみると、それぞれ異文や脱落が多く、いずれも欠陥のある本と言わざるを得ない。以下、野邉本を除く三本について、それぞれの本文の特徴を取り上げる。なお、引用した例文の後の〔　〕は、本書第二部の本文所在の段を示す（「2　『賤のおだまき』の刊本」も同じ）。

(1)　鹿児島県立図書館蔵本〔県図本〕

A　他本にはあるが県図本にはない本文のうち、一〇字以上の脱落が三箇所ある。東北本によって示すと、次のようになる（傍線部が県図本の脱落部分）。

（例1）仁恵の情深き由去と身持を重んして士道にかくる処なし去は見る人聞く人ことに（東北本二三オ・県図本一五ウ）〔三の3〕

（例2）偖も武士たる者の此程位の事に疑ひを起し事の実否を不聞定（東北本四二オ・県図本二六オ）〔四の5〕

（例3）いさや威勢をもつて威しかけ威勢にて彼を取付ん（東北本六三オ・県図本三七ウ））〔六の2〕

このほかに、県図本・都城本・野邉本の三本ともに脱しているところもある。

（例4）さしたる事も不出仕跡になりさきになり切声かけたる計にて諏訪の鳥井より（東北本六五ウ・県図本三八オ）〔六の3〕

B　県図本にのみあって他本にはない本文で主なもの（他にも例は多いが、枚挙に暇がないので取り上げない）を挙げると、次のとおり。

（例5）若しも無礼をするならは恥辱を身の上に受ては只に此場を引へき者か（八オ）〔二の2〕〈筆がすべって誤ったか〉

（例6）昼夜武芸〈他本＝昼夜に文武〉をはけみして〈他本＝励まして〉士道にかくる処なく亦折々は和歌の道さへ嗜み（一五ウ）〔三の3〕

〈他本はこの後にAで引いた（例1）が続くが、その中に「士道にかくる処なし」とある。県図本は（例1）を脱しているが、それと関連する誤写か〉

（例7）高根の花の三五郎を折得て手には入れたりし縁有て只一責に攻め落したやすく手に入れたりし有様〈他本＝有縁〉無縁そ不思議なれ（二一ウ）〔四の1〕〈すぐ後の「手に入れたりし有縁」と関連があるか〉

（例8）一度も不覚を取らずして節を守りし義心の程天晴けなけの振舞也（三九ウ）〔六の4〕〈章題の「平田宗次節義の事」と関連あるか。この章の他の文中に「節義」の語はない〉

このような異文を有する本が他にあったことを全く否定することはできないが、むしろ無いほうが良いと思われる例や誤って加えたと思われる例もあり、県図本の独自異文と考えたい。

C　他本と本文が異なるところは多いが、その中の五字以上の異文は次のとおり。県図本の傍線部が他本では〔　〕のようになっている。

（例9）義の一筋を守る〔義理と色とに捨し身の〕心の程そやさしけれ（二ウ）〔一の1〕

（例10）唯今は我考ゆる子細のあれは〔箇様の事は能々了簡して社書へけれは〕明朝此方より手紙を認め〔他本＝認めナシ〕遣ん（四ウ）〔一の3〕

（例11）嗚呼有為転変の世の中過し高麗出陣の砌には再ひ三五郎か節義の誠大蔵か忠志の実を天道偏に憐み玉ひて再ひ逢ふたりけんか今の両人か心の中嬉しさは唯々昔しの仲算かみとせ別れにしその人に別れて跡をしたひ終にかの仙童と再会せし〔今斯く二度逢はんとはおもはさりしに誠に両人か心の内の嬉しさは只昔王質か仙より出て七世の孫に逢ひたりけん〕その喜ひも中々に是には過しと覚えける（四一ウ〜四二オ）〔七の2〕

以上の諸例からみても、県図本はかなり多くの特異な本文を持っており、他本によって訂すべきところが多いと判断される。

(2) 東北大学附属図書館・狩野文庫蔵本〔東北本〕

A　他本にはあるが東北本は脱落している例のうち、主なものを県図本によって示すと、次のようになる（傍線部が東北本の脱落部分）。

（例12）封押切て見られしに昨夜は罷出致（以下、手紙八行分の引用を略す）三五郎は見終て歯かみをなして、扨は大蔵殿我を見捨玉ひ（県図本二三オ・東北本三七ウ）〔四の2〕〈東北本の三七丁は白紙であるが、三七オは三六ウに続く絵であり、三七ウは（例12）の傍線部に相当する本文があるべきところ〉

（例13）宗次が留たる袖をふり切て後陣の勢にぞ加りぬ跡に立たる三五郎は唯清家が後影を見やり（県図本三五オ・東北本五九オ）〔五の6〕

（例14）仙童と再会せし（東北本＝七世の孫に逢ひたりける）その喜びも中々に是には過しと覚えける（県図本四二オ・東北本七一オ）〔七の2〕〈「ける」で目移りして一行脱落したか〉

（例15）共に庄内に趣き一戦旅と書付てこそ立出ける後に彼両雄か戦死して（県図本四五オ・東北本七六ウ）〔八の2〕〈東北本は「庄内」で行末、次行は「赴に彼」で始まる。一行脱落か〉

右に引いた例の多くは不注意による誤脱かと思われ、しかも作品の後半に集中している。

B（東北本にのみあって他本にはない本文）、および、C（他本と異なる独自異文）は、かなりの例があるが、小異なので省略する。

(3) 都城市立図書館蔵本〔都城本〕

A　都城本独自の脱落、および、野邉本と共通する脱落の主なものを四例あげる（県図本本と共通するものは前＝例4にあげた）。東北本の本文を引き、都城本の脱落箇所に傍線を付す。

（例16）平田三五郎宗次も共に君命に応じて出陣しけるに宗次は態と父増宗に後れて（東北本七五ウ・

都城本三二オ）〔六の2〕〈「宗次」で目移りしての脱落か〉

（例17）只其色道よりして見る時は取に不足といへとも義理よりして〔都城本＝心して〕見る時は（東北本八六オ・都城本三二ウ）〈「よりして見る」の繰り帰しで目移りしたか。あるいは意をもって改訂したか〉

（例18）今度遠く異国に渡海する事は君命とは乍言花の盛の宗次を跡に独り残置出陣せむ事（東北本四九オ・都城本一九オ）〔五の2〕〈野邉本も脱落〉

（例19）その内幾度か宗次危難の場所に望むといへとも一度も不覚を取らさりしは（東北本六七ウ・都城本二四ウ）〔六の3〕〈野邉本も脱落〉

このように同じ脱落がある都城本と野邉本は（さらには県図本も）近い関係にあり、東北本はそれらとは離れた関係にある、と言うことができよう。

B（都城本にのみあって他本にはない本文）、および、C（他本と異なる独自異文）は、かなりの数に上り、その中には不注意や無理解によると思われる誤りも多々あるが、一例のみあげる（東北本の本文を引き、その傍線部に対応する都城本の本文を〔　〕に示す）。

（例20）縁なき時は〔都城本・野邉本＝縁なけれは〕肝胆胡越のことし〔千曖朝起のめし〕といへり（東北本三四ウ・都城本一三オ）〔四の1〕〈「肝胆胡越」という諺を知らぬゆえの誤り〉

以上見てきたように、『賤のおだまき』の現存写本はいずれも多くの欠陥を有しており、校訂して本文を定める要があることはもちろんであるが、それにもなお限界があろう。

2　『賤のおだまき』の刊本

(1)　明治十七年の序・跋のある本〔明治十七年本〕

『賤のおだまき』は、明治時代には活字翻刻して出版され、東京の若者たちを初めとして、広く多くの人々に読まれるようになる。

現存する刊本の中で最も早いと考えられる本は、明治十七年（一八八四年）三月の序文（「纔絲艶語叙」）と同年四月の跋文（「賤緒環跋」蜻蜓州西畫處狂士）を持つ本である。（注1）黄色の表紙に「賤のおたまき　完」という題簽が付され、本文三十三丁（本文の後に添えられた短歌二首・「附録」の七言古詩・七言絶句を含む。他に序・目次・跋の三丁あり）の和装活字本で、八図の絵が挿入されている。奥付がないので正確な刊行年月や出版社などは不明であるが、本書では「明治十七年本」と呼んでおく（本書の第二部の注や第三部の他の章で単に「刊本」とあるのは、この本を指す）。

明治十七年本の出版の経緯について、「叙」と「跋」（共に漢文で書かれているが、私に訓読して引く）の中に、

世ニ版本ヲ欠クヲ惜シム。転々相伝ヘテ誤謬頗ル多シ。頃者、同人相図リテ、字句ヲ訂正シ、之ヲ活字ニ命ジ、以テ同好ニ頒タントス。（叙）

頃者、茨木県人多羅尾某、将ニ梓ニ上セテ同好ニ頒タントシテ、（跋）

明治17年刊本表紙（国立国会図書館蔵）

とあるが、なお詳細は不明である（(2)の「自由燈」の連載との関連も参照のこと）。

この明治十七年本のことかどうかは明確でないが、その頃の鹿児島の書店と『賤のおだまき』と関わる話があるので、ここで取り上げておきたい。

それは鹿児島朝日新聞の昭和三年三月十九日号に寄せられた天涙生（森園天涙であろう）の文章で、その中に次のような一節がある（現代の漢字表記に改め、ルビは一部を残すにとどめる）。

『賤之麻玉記』は旧藩時代は勿論、明治初年のころまで鹿児島兵児《へこ》達の間に圧倒的歓迎を受け、どんな場所でも大《おほ》ぴらに人前で声高々と読まれたものである。さうして機を見るに敏なる鹿児島の某書店主――故青木静左衛門氏だつたか知ら――なんか明治十七八年のころ、東京の出版屋に頼み、在来の写本を上梓《ぜうし》して四六版三四十頁（引用者注＝「丁」の誤りか）美本仕立として売り出したものだつたが、未だその全部を売り尽さないうちに発売禁止を喰《くら》つて、とうとう絶版になつて了《しま》つたといふ珍談さえある

この発売禁止事件のことは、五代夏夫氏も書いている（「青木静左衛門と『賤のおだまき』」＝下園あづさ書店本舗「古書目録」三号・一九九九年）。それによると、青木は鹿児島金生町木屋通りで古書・古画・硯石・筆墨などを手広く商っており、東京の出版社と契約して『賤のおだまき』を鹿児島で一手に販売していた。ところが、浮世絵師の月岡芳年が明治十一年に制作した「美立《みたて》七曜星」（明治天皇のお局《つぼね》たちを描いた七枚の絵）のうち、「燈台の火」は大正天皇の御生母・柳原愛子《なる》を描いたものであるが、その「口に懐紙をくわえ、ほのかにとぼる行燈《あんどん》の灯を吹き消して、濃艶な姿のまま、夜伽《よとぎ》をつとめるため、いまし

も天皇の閨屋《ねや》に入ろうとする図柄」が宮内省を怒らせ、売りさばきを差し止め、版画の回収が行なわれるという事件があった。「たまたま上京していた青木静左衛門は、商売がら、この絵の何枚かを買取っていたのが発覚して、強制的に回収されたが、けしからぬ行為として『賤のおだまき』の発売も禁止させられる羽目になったといわれている。」というのである。

【明治十七年本の底本】

明治十七年本の底本は、現存写本のいずれとも異なる本である。そう断定する根拠は、前節で指摘した「現存写本に見られる脱落」（A）が、一例を除いて、明治十七年本では脱落していないからである。

除外した一例とは、前節で都城本と野邉本との共通の脱落として引いた例（例18）であるが、明治十七年本では、次に示すように、二字前の「遠く」から脱落しており（県図本の本文を〔　〕に示す）、代わりに後に傍線を引いた「遠き異国に」を補っている。

今度〔遠く異国に渡海する事は君命とはいひながら〕花の盛の宗次を跡に独残し置き。遠き異国に出陣せんこと。誠に黙止し難き仕合なれど。（明治十七年本二〇オ）〔五の2〕

いま一つ関連して注目したいのは、都城本と野邉本との共通脱落の別の例（例19）である。明治十七年本でも脱落している（次の例の〔　〕部分）が、代わりに独自の本文（傍線部）を補って脱落による不整合を修正している。

三五郎は其内幾度〔か宗次危難の場所に望むといへとも一度も〕も彼の石塚等に出逢けれども。不覚を取らざりしは。天晴けなげの振舞なり。（明治十七年本二六オ）〔六の3〕

これらの脱落例から見ると、明治十七年本の底本は現存写本の中には見出だせないが、都城本や野邉本と近い関係にある本であった蓋然性は高いと思われる。

【現存写本との校異】

明治十七年本の本文を現存写本のそれと対校すると、かなり多く（大小合わせて六〇〇以上）の異なるところが見出だせる。以下、その主なものを整理して取り上げる（引例中の〔　〕は現存写本の本文）。

1.　翻刻の単純なミス

漢字の誤り＝連理の杖〔枝〕（一九ウ⑥）。関長〔張〕（二六ウ②）。

仮名づかいの誤り＝叶はづ〔ず〕ば（一一ウ⑫）。得たるわ〔は〕（二六ウ①）。

脱字（・で示す）＝其・〔身〕勇義（一五オ⑨）。・〔上〕徳は堯舜に近く・〔下〕仁は文武周公に遠しとせず（二二ウ④）

衍字＝申上たたる〔たる〕事（七オの丁初め）。来にけられし〔らし〕（二四オ⑦）

2.　本文の削除・省略など

重複した語句を省いたり、表現を簡略にしたりしたと思われるところ。誤って脱したところもあるかも知れない。

○尾上権六は。〔平田家新参の者なれとも生質至て器量の者なりしかは新参なれとも〕平田家の新参ながら。大に用られ。（二ウ）〔二の4〕

○斯る処に。〔宗次の運や強かりけん〕一人の士。馬に打乗り通りしが。（七ウ）〔二の4〕

○斯ることとは夢にも知らず。〔夕へより親類の事に付用事有て夫故宗次の宅にも〕昨日も行かず今朝も早天より立出て（一七オ）〔四の4〕

○隙行駒の足早く。〔やや其年も暮行て明る〕明れば慶長三年には（二四ウ）〔六の1〕

3.　本文の改訂

文意を明確にしようとしたのであろうか、語句を補ったり改めたりしたところがある。その中には無理解による改悪も見られる。

○程能く云て会釈なし〔あいしらい〕（八オ）〔二の4〕〈東北本は「会釈ひ」と表記。「あいしらい」（正しくは「あひしらひ」）を理解できず、改めたか〉

○天吹を余念もなげに〔ナシ〕吹たりける。（一二オ）〔三の5〕〈意をもって補うか〉

○縁なければ邯鄲呉越〔肝胆胡越〕の如しと云へり。（一五オ）〔四の1〕〈「肝胆も胡越なり」（淮南子）という成語を知らず改悪した〉

○名残尽せぬ物語り語るが中にほのぼのと〔寝咄に〕明方近く鳴る鐘に。（二二オ）〔五の4〕〈状況表現を細かく改めたか〉

ここに引いた例はほんの一部に過ぎず、明治十七年本の翻刻はかなり杜撰なところがあると言わざるをえない。

（注1）国立国会図書館に亀田文庫旧蔵の本がある。鹿児島県立図書館には原本はなく、コピーを製本したものを見ることができる。

(2)「自由燈《じゆうのともしび》」連載の「賤のをだまき」

【連載の経緯】

明治十七年（一八八四年）には、もう一つの翻刻が公にされていることは前（第一章の1・3）にも触れたが、改めて詳述すれば、自由党の小《こ》新聞《しんぶん》「自由燈」の明治十七年七月十九日（五五号）から八月十六日（七九号）まで、二三回（六九号と七八号には掲載なし）にわたって連載されたものである。（注1）

その第一回目の冒頭に、掲載を依頼し寄稿した「在東京　同窓学友連」なる者の文章があり、その前半部は、既に引用した、「この物語の紹介」（第一章の1）ならびに「当時の社会的風潮とこの物語との関わり」（第一章の3）を述べたものである。それに続く後半部は、「自由燈」への連載を依頼した経緯を述べた、次のような文章である（漢字は現行通用のものに改め、新たに句読点を付した。

近日、都下負笈《ふきゆう》の書生中、亦《ま》た愛読玩誦《ぐわんしよう》の余《あまり》、密《ひそか》に印刷に付して同窓の士に相頒《あひわか》つの挙ありと聞く。然《しか》れども、其の部数僅《わづか》に数百部に過ぎず、其の及ぶ所知るべきのみ。予輩《よはい》深く之《これ》を憾《をし》む。因《よつ》て貴社の余白を借り、普《あまね》く天下同好の士に示さんとす。貴社若《も》し談《だん》の陳腐《ちんぷ》と事の不倫なるとを以て之《これ》を放棄するが如きことなく、幸《さいはひ》に好武《かうぶ》・尚義《しやうぎ》・慷慨《かうがい》・悲壮の風に於《おい》て、取って以て余白に塡《てん》する所あらば、余輩《よはい》同窓の士の感喜《かんき》、豈《あに》これに如《し》くものあらんや。

この文章にいう「都下負笈の書生」が「近日……密に印刷に付して同窓の士に相頒つの挙あり」という噂の本は、前述の明治十七年本のことなのだろうか。明治十七年本には奥付がなく、出版人も出版社も明らかでないことと「密に」という表現は関連があるようにも思われる。しかし、一方、「自由燈」の連載の最終回の最後に添えられた一文には、

記者白《まを》す。此の篇は、前に記せし如く、府下書生連の需《もと》めに応じて二旬《じゆん》余の余白を塡《うづ》めし処、意外に江湖《こうこ》の喝采《かつさい》を博《はく》したり。因《よつ》て自由燈出版局において、近日、画入《ゑいり》の美麗なる冊子として発兌《はつだ》せん

とす。請《こ》ふ、購求《かうきう》・愛読なし玉はんことを。

とあり、この「画入の美麗なる冊子」が明治十七年本かとも考えられなくはない。そこで、明治十七年本と「自由燈」連載とを比較・検討してみたい。

【明治十七年本との校異】

総体的に言えば、この両者は極めて近い関係にある。(1)の明治十七年本の「現存写本との校異」で取り上げた「2. 本文の削除・省略など」「3. 本文の改訂」のすべての例は、「自由燈」の本文も全く同じであり、類例は他にも多い。

しかしながら、明治十七年本とは異なるところもある。

1. 明治十七年本の誤りを訂す。

(1)で取り上げた明治十七年本の「1. 翻刻の単純なミス」の諸例のうち、「脱字」以外はすべて正しく直されており、類例は他にもある。その結果として写本の本文と同じになる場合もあるが、写本に当たり直して訂したものではないだろう。明治十七年本は写本と同じであるのに、「自由燈」では異なる（誤った）本文である、次のような例もある（明治十七年本の本文の傍線部が「自由燈」では〔　〕のようになっている。以下、同じ）。

三五郎が。花の目元は〔に〕清家が。顔打守り（一四オ③）〔三の6〕

御渡海まします事到来して〔つ〕（二〇オ⑤）〔五の2〕

2. 「自由燈」は何回にも分けて連載したために、文の途中で回を終わらなければならない場合に、文末や次回の初めの表現を改めることがある。

○大段平を捻くれば。権六面色土の如く。〔捻くりたり（56号末）／権六は（57号初め）〕（二一オ⑤）〔一の5〕

○是ぞ当時の随一ならんと云ふに。〔ならん（60号末）〕（一〇ウ⑧）〔三の3〕

○白眼詰たる有様に。大蔵思掛なきことなれど。〔有様にその決心の現はれける（65号末）／大蔵は（66号初め）〕（一七オ⑪）〔四の4〕

○終夜名残咄を語りつつ。〔名残咄に時移す（70号末／夜も更行けば。（二二オ⑥）〔五の4〕

3.　朝鮮出兵の場面で、島津義弘公を「我が君（公）」と呼称しているところを改めたり、物語に直接関係のない部分を削除したりする。若干例をあげる。

○中にも我君〔ナシ〕兵庫頭島津義弘公は（二六オ⑦・74号）〔七の1〕

〈この他、「自由燈」74号（八月一〇日）掲載部分には、「我君」を削除した所（二六ウ⑥）、「我君」「我公」を「義弘公」と改めた所（二六オ⑩・二六ウ④）がある（三例とも〔七の1〕）。ただし、第一回（55号）の「御当家島津の累代執権職」〔一の2〕は明治十七年本に同じ〉

○必ず公の言に従ひなん。去れば我国の武名を聞て。明人島津を石曼子と呼て恐るるこそ理りなれ。〔「自由燈」は削除〕蓋し高麗八道を（二六ウ③）〔七の1〕

○事長続なる故爰に略す。猶知らんと欲せば他の書を尋て考ふべし。〔「自由燈」は削除〕斯て吉田清家は（二七オ③）〔七の2〕

4.　現存写本・明治十七年本の本文とは全く異なり、注目されるところが一箇所ある。

○三五郎を。只後よりじつとだき。〔三五郎の傍《かた》へにひしとよりそひて〕燈ふつと吹消せば。（一四ウ⑦・

63号）〔三の6〕

明治十七年本の本文の傍線部が「自由燈」では〔　〕のようになっているのであるが、現存写本にこのような本文を持つものはない。「自由燈」に掲載するに当たって、より穏やかな表現に改めたものであろうか。

以上の諸点を勘案すれば、「密に印刷に付し」たのが明治十七年本であり、それ（または、その稿）を基に「自由燈」の連載がなされたと考えてよかろう。

それでは、「自由燈」の最終回で「発兌」を予告した『賤のおだまき』はどうなるのだろうか。「自由燈」出版局の刊行と明記した本は現存していないので、詳細は不明であるが、「自由燈」の連載を編集して刊行したと思われる一本があるので、ここで取り上げて考察してみたい。

【『賤の小田巻』のこと】

その本は「賤の小田巻　全」という題簽を持ち、「岡山県士族　田中斧三郎」を「出版兼編輯人」として、明治十七年十一月（「自由燈」の連載終了から三か月後）に刊行されたもの（本文二〇丁。定価金七銭）である。（注2）

この本の本文を検討すると、先に指摘した「自由燈」連載本文の最大の特徴――回を分けて連載するために、回の終わりと次の回の初めとの本文を改訂したところがある――を、そのまま用いていることを初めとし、先の「明治十七年本との校異」で取り上げたすべての例が全く同じであるので、「自由燈」の連載本文を編集して一本にまとめたものであることは、疑う余地がない。

「自由燈」の連載と異なるところは、次の諸点である。

1. 冒頭の「在東京　同窓学友連」の寄稿の主旨を記した一文と、最終回の最後に付された「記者白す」以下の締めくくりは（当然のことながら）省いている。
2. 最終回の本文の後に付された短歌二首を、表紙の裏に移している。
3. 本文に付されたルビを省いたところがある。
4. 「自由燈」六七号（八月二日）に載せられた一回分を脱落している。
5. 翻刻の誤りがある。（下の〔　〕は「自由燈」の本文）
・仮名遣いの誤り＝色こそ見ゑ〔え〕ね（八ウ①）〔三の6〕。　いふやふ〔う〕は一〇ウ①）〔四の4〕。
・誤字と脱字＝云ひけれ・〔ば〕（一三オ①）〔五の4〕。　吉田大蔵の〔は〕今此時に（一四オ②）〔五の6〕。　宗次の勇気の〔に〕流石臆しけん（一六オ⑦）〔六の4〕。
6. 「自由燈」の誤りを正したところもある。
・文字並びの誤りを訂す＝お心得も候はゞ〔は候ゞ〕（八オ⑤）〔三の6〕。
・ルビに合わせて漢字を改める＝親族（ルビ＝しんぞく）〔親類（ルビ＝しんぞく）〕どもより（五オ④）〔二の5〕。

以上見てきたように、『賤の小田巻』は、「自由燈」の連載をもとに作られた本であることは確かであるが、挿絵はないし、「自由燈」が「発兌」を予告した「絵入りの美麗なる冊子」とは考えにくい。

また、連載の翌年、明治十八年（一八八五年）には、八月と十月に出版された二種の本があるが、次の(3)で取り上げるように、いずれも「自由燈」連載のままの本文ではなく、直接の関係はないと思われる。

（注1）国立国会図書館所蔵の複製に拠る。

（注2）国立国会図書館デジタルコレクションに拠る。

(3)　明治十八年と二十年の刊本

【明治十八年の刊本二種】

明治十八年（一八八五年）に出版された『賤のおだまき』は、次の二つである。

①明治十八年八月、東京同益出版社から刊行された本。（注1）題簽は「賤のおたまき　完」とあり、明治十七年本に極めて似ている。本文七〇ページ（最後に添えられた短歌二首・七言古詩を含む）。挿絵七図あり。序文・目次・跋文はなく、奥付に「著者　姓名不詳／出版人　市村丁四郎」とある。

②明治十八年十月、二書房から刊行された本。（注2）表紙中央に「賤のおたまき」と大書する。本文七一ページ（最後に添えられた短歌二首・七言古詩を含む）。挿絵七図あり。序文・目次・跋文はなく、奥付に「著者　姓名不詳／原版人　市村丁四郎／翻刻出版人　野村福太郎」とある。

この二つの刊本は、ほぼ同一である（十月本の奥付に「原版人　市村丁四郎」と断っている）。すなわち、二本とも一ページから二一ページまでは、一ページ一二行、一行三〇字で組まれており、全く同じである。二四ページ以降は（二二・二三ページは見開きの挿絵）は、一行の字数が、八月本は三一字と一字増えている（十月本は前と同じく三〇字）ためにズレが生じており、本文の異なるところも十八箇所見出されるが、挿入された絵は全く同じ（第二図の右下に「彫工野口圓活」とあり）である。

本文の異なる例を一部示す（八月本の傍線部が十月本では〔　〕のようになっている）。

物語〔語〕し（二五⑤）〔三の5〕　見付け〔て〕（二九⑫）〔四の2〕

知りたまはわ〔わ〕ん（三六④）〔四の5〕　率〔卒〕ひて（四〇①）〔五の1〕

不思召〔召思〕や（四六⑤）〔五の4〕　慶長三年〔三〕冬（五五②）〔七の1〕

このような小異がほとんどであり、大きく異なるのは、次に引く八月本の四〇ページの傍線部（一行分）を十月本は脱していることである。

速に高麗国に渡海有るべしと命令有りければ是に於て止む事を得ず公再び高麗国に御渡海ましまずす事到来して〔五の2〕

【明治二十年の刊本】

この明治十八年十月本と、ほとんど同じと言ってよい本が、明治二十年（一八八七年）八月に精文堂から出版されている（奥付には「著者　姓名不詳／翻刻人　高橋平三郎」とあり）。（注3）

一ページ一二行、一行三〇字という組み方も、各ページを子持ち罫で囲むことも、挿絵も、すべて同じであり、先に指摘した明治十八年十月本の十八箇所の異文（一行の脱落を含む）もそのままである。ただ、明治二十年本独自の異文が二四箇所あるが、次に示す（明治十八年十月本の本文を〔　〕に引く）ように、すべて不注意による翻刻ミスと言ってよい。

立木を打し〔て〕（二〇⑩）〔三の4〕。思を苫〔苦〕め（二一⑥）〔三の4〕。両人が中の心〔心の中〕の（五七④）〔七の2〕。嬋媚〔娟〕たる顔（六五⑨）〔九の3〕。

以上の比較・考察から、明治十八年八月本を基に明治十八年十月本が作られ、それを基に明治二十年本が作られたものである、と言えるだろう。

【明治十七年本との関係】

明治十八年と明治二十年に出版された三本は、これに先だつ明治十七年本とは、どのような関係にあるのだろうか。

先に指摘したように、明治十七年本には現存写本と本文の異なるところが約六〇〇あるが、そのうちの約五〇〇ほどは明治十八年・明治二十年本も同じであり、その関係の深さがうかがえる。しかし、異なるところも多く、その相違点を整理すると、次のようになる。

1. 句点の有無と挿絵

明治十七年本は本文に句点を付すが、明治十八・二十年本は句読点を付していない。また、挿絵は全く異なる。

2. 翻刻の単純なミスを訂す

先に指摘した明治十七年本の翻刻の単純なミスは、明治十八・二十年本では訂されている（「自由燈」の連載では訂されなかった「脱字」も訂された）。

3. 写本の本文と同じ

先に明治十七年本の本文が現存写本と異なるところの例に挙げた「削除・省略など」の四例と「本文

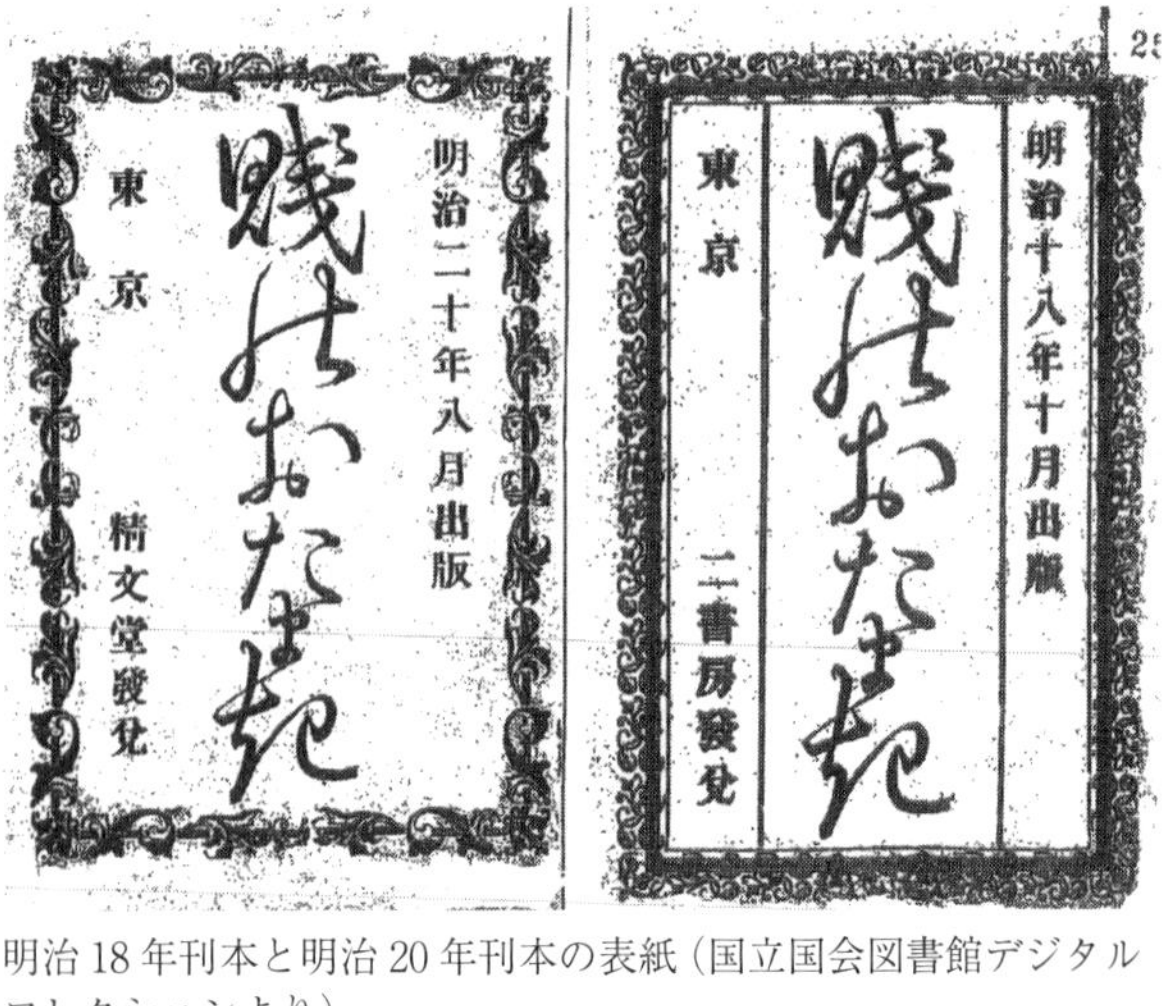

明治 18 年刊本と明治 20 年刊本の表紙（国立国会図書館デジタルコレクションより）

の改訂」の四例のうち、次の二例は、明治十八・二十年本では現存写本と同じ本文になっている（明治十七年本の本文を〔　〕に示す。以下、同じ）。

○斯る処に宗次の運や強かりけん〔十七年本＝ナシ〕一人の士馬に打乗り通りしが（明治十八年八月本一四⑪）〔二の4〕

○天吹を吹〔余念もなげに吹〕たりける（同二四⑩）〔三の5〕

このような例は他にもある。一部を引く。

○此三人に勝れたる紅顔は非じ〔又も世に非じ〕（同一八⑫）〔三の3〕

○跡に立たる三五郎は〔跡には独り三五郎〕只清家が後影を（同四八⑪）〔五の6〕

しかしながら、このように写本の本文と同じであるところは一部に限られているので、明治十八・二十年本が全面的に写本に当たり直して翻刻したとは言い難い。

4.　明治十八・二十年本の翻刻の誤り

右の3.とは逆に、現存写本と明治十七年本の本文が全く同じであるにもかかわらず、明治十八・二十年本の本文が異なる場合もかなり（四十数例）あるが、その多くは、次のような、翻刻ミスと見て良いものである。

○平に叶ひ〔御叶ひ〕被下度（明治十八年八月本一一⑩）〔二の3〕

○白妙の春〔暮〕の景色を（同二四⑩）〔三の5〕

○察し玉はぬこそ心得ぬ〔ね〕（同三六⑤）〔四の5〕

○替す契は石岩〔さざれ石の巌〕となる迄変らじ〔ぬ〕と（同五七④）〔七の3〕

注目されるのは次の例である。

○三五郎の傍へにひしとよりそひて〔を只後よりじつとだき〕燈ふつと吹消せば（同二七⑦）〔三の6〕

これは、前に触れた「自由燈」の特異本文と同じであるが、他に確実な例は見出だせないので、ここだけを「自由燈」に拠ったと言い切ることはできない。

以上の諸点を勘案すると、明治十八年と明治二十年の刊本は、基本的には明治十七年本を受け継ぎながら、一部には写本や「自由燈」の連載と同じ本文を持つ（意識してか偶然かは定かでない）と言えるだろう。

(4)　大正五年の刊本

『賤のおだまき』の明治二十年本から約三十年後、大正五年（一九一六年）二月に、若林姫路を校訂兼発行人とする『賤のおだまき』が、文教社からから刊行された。（注4）

この本は、本の大きさ（一八センチ×一三センチ）やページ数（叙・目次・跋を含めて一〇九ページ）こそ違え、内容は明治十七年本をそのまま受け継いでいる。叙・跋はもちろん、本文の後に添えられた短歌二首と「附録」の七言古詩と七言絶句も、挿入された絵も、本文に句点を付すことも、すべて明治十七年本と同じである。

しかし、本文を細かく対校すると、次のような異なるところもある（大正五年本の傍線部に対応する明治十七年本の本文を〔　〕に示す）。

1.　明治十七年本の単純な翻刻ミスの処置

先に明治十七年本の「翻刻の単純なミス」として挙げた例のうち、訂しえたのは「仮名づかいの誤り」の二例と「衍字」の一例（申上たたる）のみであり、他はすべて明治十七年本のままである。ただし、新たに訂した次のような例もある。

囃し〔噺し〕（三九⑥）〔三の7〕。

報は〔報ひ〕まし（八五⑨）〔七の3〕。

2. 文字の表記の改変・ルビの削除

明治十七年本の漢字や送り仮名を改めたところが若干例ある。

儚〔墓〕なく（九八③）〔九の3〕。　隙なう〔ふ〕して（九六②）〔九の3〕。

また、明治十七年本には四十八語にルビが付されているが、「角入《すみいれ》」（一一③）〔二の1〕、「強顔《つれなき》」（一六⑩）〔二の三〕、「賦《くばり》」（六〇⑧）〔五の2〕など六例を残すのみで、その他はすべて削除している。

3. 大正五年本の独自異文

大正五年本の独自異文は三十例を数えるが、その大部分は、次のような翻刻の単純なミスである（〔　〕は明治十七年本の本文）。

漢字の誤り＝析〔折〕能くも（一九⑧）〔二の4〕。　帳佐〔帖佐〕（六〇⑧）〔五の2〕。

路〔跡〕を慕うて（七五⑦）〔六の2〕。　清家宗之〔次〕（九〇⑨）〔八の2〕。

脱字＝心・〔を〕尽す（七⑦）〔一の4〕。　跡に・〔て〕独り（二八⑧）〔三の4〕。

大正５年刊本表紙（著者所蔵本）

人の心・〔と〕川の瀬は（四四⑦）〔四の3〕。

その他の異文＝我身を〔は〕（三一①）〔三の4〕）。色こそ見えぬ〔ね〕（三八⑥）〔三の6〕。
一心途〔心一途〕に思切り（四五⑤）〔四の3〕。

右記のような単純なミスと判断されるものとは別に、次に挙げるような、意を以て改めたか、と思われる例もある。

○吉田大蔵清家と。兄弟〔男色〕の契り浅からず。（二①）〔一の1〕
「男色」の語を避けて改訂したものか。ただし、作品の終わりの方にある「後世男色を好む人」（九九⑦）〔九の5〕はそのままである。

○寝ねん〔寝らん〕とすれど目も合はず。（二八⑩）〔三の4〕
現存写本（都城本を除く）も明治十七年本も「寝らん」であるが、大正五年本は「いねん」とあるのが正しいと判断しての改訂であろう。

○誠に宗次の心の程こそ理り過て哀なれ。〔なり〕（四六⑩）〔四の3〕
上の「こそ」の結びゆえ「なれ」とあるべきだと考えての改訂であろうか。ただし、「心の中ぞ切なけれ」（一五③）〔二の2〕、「有縁無縁ぞ不測なれ」（四一②）〔四の1〕は明治十七年本と同じであり、意識しての改訂かどうか、いささか疑わしい。

（注1）国立国会図書館デジタルコレクションに拠る。
（注2）（注3）注1に同じ。
（注4）伊牟田の購入した本には奥付がないが、鹿児島県立図書館の所蔵するコピー本（奥付あり）と内容は

全く同じである。

(5)　昭和の翻刻

『賤のおだまき』は、大正五年（一九一六年）に前述の刊本が出されてから百年を超えたが、その間に新たに出版されたものはない。ただ、橋口晋作氏の論文、「平田三五郎物語の流れ」（鹿児島県立短期大学地域研究所研究年報・第一八号・一九九〇年）の中に、鹿児島県立図書館蔵の『賤之麻玉記』の翻刻（明治十七年本と対校する）がある。

この論文は『賤のおだまき』を中心として、その関係資料（『旧記雑録』など）や文献（『庄内軍記』・薩摩琵琶「形見の桜」・「自由燈」連載の冒頭の断り書き・山田美妙斎の『新体詞華　少年姿』など）を引きつつ、「平田三五郎、吉田大蔵の物語の成長・展開」を論じたものであり、『賤のおだまき』に関する研究の嚆矢である。

【付記】翻刻ではないが、この物語の初めての現代語訳が平成二十九年（二〇一七年）に刊行された。鈴木彰氏（現代語訳）と笠間千浪氏（解説・論考）による、『現代語訳　賤のおだまき　さつまの若衆平田三五郎の物語』がそれであるが、明治十七年本（本章の「2　『賤のおだまき』の刊本」を参照）を底本とするものである。

第四章　『賤のおだまき』の文章表現

1　引歌や和歌的修辞を用いた表現

『賤のおだまき』の文章は、総じてリズミカルな和文体であるが、会話や手紙は候文体《そうろうぶんたい》である。

その文章表現で特に注目されるのは、有名な歌を踏まえた引歌表現や、歌語・掛詞・縁語など和歌的修辞を用いた表現である。

物語の初めで、美少年・平田三五郎を思慕する人々が多かったことを述べたところを見よう（引例の後のカッコは第二部の本文の章段と段）。

いつかそれぞと見初めては、三五郎公に命を捨て、我一増《われいちま》しに恋の山しげき小笹の露分けて濡るる袂《たもと》の乾く暇《ひま》なき袖の雨、思ひを常に駿河なる富士の煙《けぶり》と焦がれても、時の家老の子息といひ、父の慈愛も浅からざれば、何かは事をはばかりの関に人目をはばかりて、取り入ることも難波潟葦のかりねの一夜だに契りし人ぞなかりける。（一の2）

さるほどに、慶長元年には、宗次も未だ若木の八重桜咲くや二六の春の花、色香ぞ深くみかの原わきて流るる泉川いつ見きとてか恋しがる若手の武士のその中に、倉田軍平（中略）恋ひ慕ふといへども、たよりなぎさの捨て小舟よるべも波の梶枕、乾く暇なき袖の雨、晴るる月夜も曇る夜も、雨露《うろ》にうたれてひたすらに君が門辺に徘徊し（一の3）

傍線を付した部分は引歌表現で、それぞれ、

恋の山しげき小笹《をざさ》の露分けて入り初《そ》むるより濡るる袖かな（新勅撰集・恋一。薩摩琵琶歌「恋の山」にも引く）

人知れぬ思ひを常に駿河《するが》なる富士の山こそ我が身なりけれ（古今集・恋一）

難波江《なにはえ》の葦《あし》のかりねの一夜《ひとよ》ゆゑみをつくしてや恋ひわたるべき（千載集・恋三。百人一首）

みかの原わきて流るる泉川いつ見きとてか恋しかるらむ（新古今集・恋一。百人一首）

を踏まえている。その他、傍点部の「はばかりの関に人目をはばかりて」「たよりなぎさの捨て小舟」「よるべも波の梶枕」などの和歌的修辞（歌語・掛詞・縁語）が用いられている。

いま一つ、平田三五郎が吉田大蔵清家と初めて契りを交わす場面も、引歌や和歌的修辞を用い、情感こめて美しく物語っている。

ただ清家にうちとけて、心の内は最上川上れば下る稲舟の、いなにあらざるよそほひは、たとへんかたも梨の木の花にうるほふ春雨や、軒の玉水音しげく、人も静まる折なれば、清家今はこらへかね、風に柳のよられつる風情に似たる三五郎を、ただ後ろよりじつと抱《だ》き、燈火《ともしび》ふつと吹き消せば、闇はあやなし梅の花、袖に匂ひの薫り来て、色こそ見えね、夜の雨、窓打つばかり音ぞして、静まりかへる小座《こざ》の内、思ひもつれし恋の名をかけてぞとくる雪の肌、触れて契りを結びける。（二の6）

ここでは、古今集（東歌）の「最上川《もがみがは》上れば下る稲舟《いなふね》のいなにはあらずこの月ばかり」、同じ古今集（春上）の「春の夜の闇はあやなし梅の花色こそ見えね香《か》やは隠るる」を踏まえた引歌表現、ならびに、白楽天の「長恨歌《ちょうごんか》」の一節「梨花一枝《りかいっし》、春、雨を帯《お》ぶ」を踏まえた表現（「たとへんかたも無し」から掛詞で「梨」とつなぐ）や、「軒の玉水」「風によらるる柳」「窓打つ雨」などの和歌的用語・表現（第二部の「注」を参照）

が用いられている。

引歌や和歌的修辞の集中している二つの場面を取り上げたが、他にも、

梓弓春立ち来て（二の1）　　白妙の夕べの景色（三の5）

のように枕詞を用いたり、

いとど名残ぞをし鳥〔惜し・鴛鴦〕の身は淵川に沈むとも（五の2）

明け方近くなる〔成る・鳴る〕鐘に、時分もよしと清家は、二十一日の朝露と共におき〔置き・起き〕てぞ帰りける。（五の4）

のように、掛詞や縁語を用いた表現もある。

これらの表現は物語の前半に多く、後半はところどころ散見するにとどまり、戦乱の場面には全く見られない。

2　係り結び・文末表現

『賤のおだまき』の文中には、次のような係り結びを用いた表現も多くみられる。

明くる早朝《あした》、権六方へぞ遣はしける。（一の3）

恋の道にはかくまでに、思ひ極めけるこそはかなけれ。（三の4）

いかでか二心を存ずべき。（四の5）

ところが、中には、現存写本すべて、

独り越えなん冥途の旅、伴ひ行しそわりなけれ。（一の1・注参照）

と、係り結びが整っていない例も見られる。この例は、刊本が「行くこそ」と改訂しているように、「こそ」を「しそ」と誤り、そのまま伝写したものと考えられるので、本書でも刊本に従って本文を定めた。

他にも、現存写本がすべて「そ―已然形」となっているところが、七例ある。

心の中そ切なけれ。（二の2・注参照）

心のほどそあはれなれ。（三の4・注参照）〈刊本は「こそ」〉

有縁無縁そ不思議なれ。（四の1・注参照）

気分のほどそ勢ひなれ。（四の7・注参照）〈刊本は「こそ」〉

臆病のほどそ未練なれ。（六の4・注参照）〈刊本は「こそ」〉

露霜と消え果てたまふそいたはしけれ。（九の3・注参照）〈刊本は「こそ」〉

宗次似たるそことわりなれ。（九の4・注参照）〈刊本は「似たるぞ道理なる」〉

これらは作者の誤りか、伝写の間の誤りか、さだかではないが、本書では「こそ」の連綿を『そ」と誤ったものと考え、「こそ」と改めて本文を定めた。

係助詞「ぞ」を用いた表現でも、写本によっては整わない例がある。

門前にそ落とし置きたり。（四の1）〈野邉本と刊本は「ぞ」なし〉

宗次の心の程そことわり過ぎてあはれなり。（四の3）〈都城本・野邉本は「そ」なし〉

これらについては、本書では妥当と判断した本文に従うことにしたが、次の四例については、「ぞ―終止形」のままとし、呼応が整わない旨を注記した。

せんかたなきことぞ到来せり。（五の1・注参照）〈刊本は「ぞ」を省く〉

またぞ一つの大変出来せり。（七の3・注参照）〈刊本は「ぞ―せる」〉
やがて伊集院方にぞなりにけり。（七の4・注参照）〈刊本は「ぞ―ける」〉
兄弟つれてぞ出陣せり。（八の2・注参照）〈都城本と刊本は「ぞ―せる」〉

係助詞と呼応することなく連体形で文を終止する、いわゆる「連体形止め」も多々あるが、これは江戸時代の文章にはよく見られる表現であるから、そのままにおく（次の例はその一部）。

若党役を勤めける。（一の3）
それがし独り生き残り、何を頼みにおくるべき。（五の4）
十文字のごとくに駆け立つる。（九の2）

3　近接類似や重複の表現

『賤のおだまき』には、近接して同一または類似の表現を用いたところが見られる。

宗次のことの始終をよく聞きて、いとど恋しさいや増しつ。（三の4）

では、「いや増し」とあれば「いとど」は不要かと思われるが、あるいは語調を整える（七音にする）ために加えたものであろうか。

武士の一度言葉を交はし誓ひしことを、いかでか、何しに忘れ申すべき。（四の4）

の「いかでか」「何しに」は類似の語句である。重ねて強調したと考えられなくはないが、刊本が「いかでか」を省き、都城本が「何しに」を欠くのは、重複と見て、それを避けようとしたのであろう。

尾上権六を紹介する文章に、

尾上権六は、平田家新参の者ながら、生質気量の者なりしかば、新参なれども大いに用ひられ、常には三五郎の髪を結ひ、ただ何事も権六ならではと、ひたすらに用ひられける。（一の4）

とある傍線部を、刊本が「平田家の新参ながら」としているのは、誤って脱落したのか、意識して省いたのか、不明である。東北本が「新参なれども」を欠いていることと合わせ考えると、重複と見て省いた公算が大である（傍点部も近接類似の表現）。

いま一つの例を見よう。

我一増しに恋の山しげき小笹の露分けて、濡るる袂の乾く暇なき袖の雨（一の2）

の「濡るる袂」と「袖の雨」とは類似の表現。刊本が「濡るる袂の」を省いているのは、重複を避けたのであろう。このすぐあとに倉田軍平が平田三五郎を恋い慕うさまを描いているが、そこにも、

たよりなぎさの捨て小舟よるべも波の梶枕、乾く暇なき袖の雨、晴るる月夜も曇る夜も（一の3）

と、近接して同一表現を用いているのは、文章表現としてはいかがと思われる。

他にもこのような例は多い。三五郎が吉野で荒くれ者の倉田と小浜に出会った時の心中表現に、

よしなき道に行き合ひたり、いかがはせんと、宗次は独り心をもまれけるが（二の2）

三五郎は、是非なき所に出で合ひたりと、もはや覚悟を極めつつ（二の2）

と、近接して類似の表現が見え、吉田が初めて三五郎宅に行こうと決心する時の心中表現にも、

思ひのほどを君様に、明かしてもしも叶はずは、腹かき切つて死せん（三の4）

もしや思ひの叶はずは再び家に帰らじ（三の5）

と、類似の表現が近接して用いられている。

また、偽りの手紙によって二心を疑われた吉田が三五郎に語る言葉の中でも、

それがしが心中は、かねてさこそは知りたまはんに、この位の奸計を察したまはぬこそ心得ね。（四の5）

かねても君はそれがしが心のほどは知りたまはんに、かばかりの奸計に事を寄せ、君と我とは義絶して、（四の5）

と、ほぼ同じことが繰り返されている。

このような類似や重複は、表現としては洗練されていないものであり、いささか酷ではあるが、作者の文章力の拙さを示すものと言ってもよいだろう。

4　地の文中の敬語表現

『賤のおだまき』の地の文において、島津の太守公や豊臣秀吉などに敬語を用いるのは当然であるが、平田三五郎や吉田大蔵などの登場人物には敬語を用いないのが普通である。ところが、次にあげるように、平田三五郎や平田の一族の五次右衛門尉に対する敬語が散見されるのである。

①平田三五郎が倉田軍平からの恋文を見る場面で一か所だけ、「硯箱を開けられしに」（一の4）とあるが、その後には、「三五郎押し開き見るに」「三五郎いかが思ひけん」「かみたくりてぞ捨てたりける」と、敬語は用いていない。

②三五郎が吉田大蔵に危難を救われた場面で、「（三五郎が）事の始終を包まず語られしに」（二の4）と

あるが、その前後の三五郎の言動には敬語を用いていない。また、通りかかった平田五次右衛門尉について、「通りかかり、共に驚き、立ち寄りて、何事ぞやと尋ねらるるに、大蔵、次第を語りければ、五次右衛門尉、聞くに驚嘆せられしが、…いざ増宗の宅に行かんと勧められしが」（二の4）と、敬語を混用したところがあるが、その後は、全く敬語を用いていない。

③三五郎が吉田と契りを結ぶ場面に、二か所、「（天吹を吹いているところに声をかけられ）宗次いかが思はれけん」（三の5）、「（天吹を所望され）清家、再三辞しけれども、是非と宗次望まれければ、今は辞するに言葉なく」（三の6）とあるが、この前後の地の文には他に敬語を用いたところはない。

④三五郎が偽りの手紙を見て吉田の不義を疑う場面では、「清家の宅に行かんとて立ち出でられしに」（四の2）、「いかが心に思はれけん、先の手紙を取り出だし、封押し切つて見られしに」（四の2）と敬語を用いた例が見られるが、その間の「うち過ぎぬるに」「うち笑ひ」「差し越しけるに」「空しく立ち帰り」には敬語がない。

⑤財部の戦いの場面には、次に引くように、三五郎の言動に敬語を用いたところが多く見られる。これは基になった『庄内軍記』の本文に従った（第二章の4を参照）ためと考えられる。

　両人つれて進まれしが（九の3）
甲は召さざりしが（九の3）
茫然として立ちたまふ。（九の3）
清家はいかにと宣ふ。（九の3）
発露涕泣したまふが（九の3）

草葉の末の露霜と消え果てたまふこそいたはしけれ。（九の3）

右に引用した例の前後の、『庄内軍記』には見えない、『賤のおだまき』独自の本文には、次のように敬語を用いていない。

両人は、形に影の従ふごとく、毎度手柄を顕しけるが（九の3）

宗次、未だ壮年にも至らずして、いかなれば、かくまでに弓矢の義を励み、終に死に赴きけるにや（九の4）

⑥『賤のおだまき』の「結び」に相当する部分には、「文武の士に馴れて契りを結びたまひ」（九の5）、「よくよく心を留めて見たまへかし」（九の6）と敬語を用いたところがあるが、これは作者から読者への願望の表明であり、①から⑤に取り上げた諸例とは異なるものである。

以上のような事例を見ると、『賤のおだまき』の地の文における敬語の用法は一貫しないところがあり、文章表現に不備があると言わざるをえない。

5　文中の呼応や連接の整わぬ表現

『賤のおだまき』の文章表現の中には、反語の呼応の整わないところ、文中の語句の連接・展開が自然でないために中断・飛躍があると感じられるところがある。

(1)　反語の呼応の整わぬところ

吉田大蔵が初めて平田三五郎を覗き見る場面に、

暮るるも知らで天吹《てんぷく》を吹きたりける、その有様は、なかなかに筆に書くともいかでかは及びがたくぞ見えにける。（三の5・注参照）

とある。この「いかでかは」に応ずる表現としては、「及ぶべき」あるいは「及ばん」とあるべきところであるが、その表現を略し、反語の意味をそのまま表現して「及びがたく」としたのであろうか。

類似の例として、平田三五郎の言葉の中に見える、

誰か戦場に臨む者の、討死《うちじに》と極めぬは候はねど、（五の4・注参照）

がある。「誰か」に対しては「極めぬ者候はん。されど」とあるべきところを、直接「極めぬは候はねど」と続けているのである。

「誰か」を用いた表現には、他にも次のような例（現存写本すべて同文）がある。

百戦百勝、武功誰か我が君の右に立つ者なし。（七の1・注参照）

宜《よろ》しく忠孝を重んじて、義を見て常に勇あらば、誰か清家・宗次が昔の心に劣るかは。（九の5　注参照）

「誰か…なし」「誰か…劣るかは」では反語表現として妥当でないと考えたからであろうか、刊本は「誰か…立つべき」「誰か…劣るらん」と改めている。本書では、前者は「立つ者あらん」と改訂し、後者は刊本に従った。

(2) 語句の連接・展開が不自然なところ

平田三五郎が十三歳の春を迎えた慶長二年の正月の場面に、

今年正月七日に角入御免《すみいれごめん》を蒙りければ、花の面影日ごろに勝り、色香もいとど梓弓《あづさゆみ》春立ち来てぞ

四方山《よもやま》に霞の衣薄く着て、緑をたたむ初春の日影のどかにありければ（二の1）

とあるが、「色香もいとど」は「梓弓春立ち来てぞ」以下とどうつながるのであろうか。「梓弓」の「あつ」を「厚」が掛けてあると見て「色香もいとど厚くなり」の意ととるのは、かなり無理があろう。やはり「梓弓」は「春」の枕詞として用いたものであり、「色香もいとど」の後に「うるはしくなり」などの意を含めている（表現としては略している）と見るべきではないかと考える。それは、次の例でも同様である。

花にもまさる宗次を、強力荒者の両人が、ものの数とも思はずして、既に捻《ね》ぢ倒し、無理に本意を達せんと、夕日も西に入相の無常を告ぐる山寺の鐘の響きぞ音《ね》を添へて、あはれいや増す春の暮（二の3）

刊本のように「本意を達せんと云ふ日も西に」と見るのは無理があり、「本意を達せんと〈する、その時〉夕日も西に」と、省略（あるいは飛躍）があると解すべきであろう。次もまた、同様の例と見て、〈　〉を補って解すべきであろうか。

吉田大蔵清家は、その身勇義の徳により高嶺の花の三五郎をただ一攻めに攻め落とし、たやすく手に入れたりし〈とは〉有縁無縁こそ不思議なれ。（四の1）〈刊本は「手に入れたりしが」とする〉後に立ちたる三五郎は（中略）途方にくれてながめやる心の内の悲しさは、思ひやるだに今さらに〈あはれにて〉、ただその時の両人が名残惜しさはいかなりけん、（五の6）

いま一つの例を見よう。

武士の一度変はらじと契り置きしを、何故に変はる心の恨めしや。（四の3・注参照）

この文の「何故に」以下をどう解したらよいのだろうか。右の諸例と同じく「何故に変はる〈、その変はる」心の〜」と省略があると見るべきであろうか。それとも、「何故に」は「何故ぞや」などの意の挿入句と見るべきであろうか。いずれにしても連接・展開の整わない表現である。

以上のような反語や連接・展開の整わない文章表現もまた、作者の表現力の拙さが感じられるところである。

6　難語・特異語・方言

(1)　辞典類に見えない語

『賤のおだまき』には、『日本国語大辞典』や『大漢和辞典』などにも見えない語が用いられている。

①邪棒

「羨み妬むの余りには、邪棒をたくむ」（四の1）、「佞人《ねいじん》どもが、君と我とのその仲に邪棒を振るのたくみにて」（四の4）、「奸計に偽書を認《したた》めて、吉田・平田の兄弟が仲に邪棒を振りけれども」（六の2）の三例が見える（県図本には他に「種々に邪棒を企て」があるが、他の写本はすべて「邪悪を企て」（四の1）とある）。なお、鹿児島のいま一つの男色物語である『雪折り竹』（第一章の7、参照）にも「邪棒を振らんと企てける」（九オ）という例がある。

諸辞典類に「邪謀」の語はあり、「邪悪なはかりごと。わるだくみ。奸計」と説く。これと同音で誤って「邪棒」としたのか、あるいは邪悪な振る舞いをすることを「棒を振る」にたとえたのであろうか。

②義殺

「まことに清家が義殺勇敢（東北本は「義勇」）、賞すべし、感ずべし」（七の2）、「かの清家が腕を通せしことこそ、父母の遺体を損なうて非義の義に似たれども、義毅〔刊本は「義厚き」〕より発するところなれば、また傷むことなきなり」（九の6）の二例。『大漢和辞典』にも見えない語であるが、「義につよいこと」を言うのであろう。

③義功

右の「義毅」で引いた吉田清家の朝鮮での活躍ぶりを称賛したあとに続けて、「その他、義功忠労多しといへども」（七の2）とある。『大漢和辞典』にも見えない語であるが、「忠義の功労」を「義功忠労」と表現したものであろうか。

④何色

吉田と平田が取り交わした起請文の中に、「何色に依らず不律儀の儀これあり候はば、互ひに意見を加へ申し聞かすべく」（四の6）とあるが、諸辞典類に「何色」は見出だせない。刊本は「何事」と改めている。

(2)　辞典類の説くものと異なる意味・用法の語

①切声

『日本国語大辞典』は「きりごえ」の見出しの下に「切口上」に同じとあり、「切口上」の項には「一語ずつ区切るように、はっきりという言い方。改まって堅苦しい調子の言葉つきなどにいう。切声（きりごえ）」と説く。

また、『時代別国語大辞典・室町時代編』には、「きりこゑ」の項に、「蹴鞠で自分に向けて蹴るように誘う時に発する声」として、『蹴鞠之目録』から「たかくあがり、ゆるく落ときは、声を引長くこふ。ひきく付て俄に来にはきり声にてこふ也」の例を引いている。

しかし、『賤のおだまき』に用いられた例（次に引く五例）はいずれも右に引いた辞典の説く意味とは異なり、激したり感嘆したりした時に発する声である。

倉田・小浜は切声にて、「（中略）木竹同然の者に、口にて言ふはこさくなり。ただ無意気に掛かれ」と、（二の3）

〔初めて三五郎宅を訪れ、天吹を吹いているのを垣間見て〕清家おぼえず切声を掛けたりければ、（三の5）

〔吉田の不義を疑った三五郎、清家から貰った天吹を二つに割り、返す刀に机の角を切り〕なほも思ひに耐へかね、小座の柱を続け打ちに切声掛けて打ちたりしに、（四の3）

〔諏訪詣での三五郎を石塚らの荒者どもが取り囲み〕あるいは石垣に切声掛けて当たるもあり、または地上をまくるもあり。（六の3）

〔三五郎の態度に臆したのか、石塚らは〕ただ後になり先になり、切声掛けたるばかりにて、（六の3）

②玉枝

辞典には、「玉の枝。あるは、美しい枝の形容」の意のみをあげるが、『賤のおだまき』に見える三例は、すべて「玉枝忠恒公」（五の1・七の1＝二例）と、島津義弘公の子息（後の家久）をさして用いている。

③燕子花

「玉葉」には天子の一族をさす意があり、「金枝玉葉」とも用いるので、これに類推しての用法であろうか。

花の名「燕子花・杜若＝かきつばた」は辞典にあり、美しい意の「につらふ」「にほふ」にかかる枕詞としての用法にも触れているが、『賤のおだまき』の、

水無瀬川《みなせがは》深き思ひはもろともに 色に出ださぬ燕子花 思はぬふりの物話（三の5）

という表現の解釈の参考には役立たない。古歌の中にも参考にすべき適切な例は未だ見出だすことができない。

④しめ

右の「燕子花」の例に続いて、

包むとすれどなかなかに 余る色香の皆《まなじり》に引きしめ見しめ、おのづから 互ひに心恥づかしく（三の5）

という表現がある。「引きしめ」という接続から見て使役の助動詞「しむ」ではないだろうが、他にこのような「しめ」の用法を知らない。

⑤恋の名

三五郎が吉田大蔵と義兄弟の契りを結ぶ場面に、

思ひもつれし恋の名をかけてぞとくる雪の肌、触れて契りを結びける。（三の6）

という例が見える。『雪折り竹』にも、春田主左衛門が内村半平と初めて契りを交わす場面で、

言はでもしげき もろともにかけし思ひの恋の名ぞ、とくるもやすき下紐なれば、今夜やここにやどり木や、同じ褥《しとね》の手枕に雪の肌へを近づけて深き契りをこめにける。（五ウ）

とあるが、他には例を知らない。〈「恋」と名付けられる思い〉と解するのは、いささか冗漫に過ぎよう。

右（①〜⑤）のほかにも、疑問もしくは不明の語句もあるが、それらについては第二部の「注」に取り

上げて私見を記した。

(3)　鹿児島方言

『賤のおだまき』には、鹿児島方言と思われる、次のような語句が用いられている。

①かみたくりて

三五郎が倉田軍平からの手紙を見た場面に、

見終はると、かの手紙をずたずたに引き裂き、かみたくりてぞ捨てたりける。（一の4）

とある。これは、『鹿児島方言大辞典』に、「カンタクイ、カンタクッ　タクッは強意の接尾語。噛みまくる」と見える語であろう。刊本は「噛砕て」と改めている。

②ことる

吉田大蔵の思いが通じたのか、三五郎も俄かに寝苦しくなり、

夢ともなく現《うつつ》ともなく、吉田大蔵清家が門に来たりてことると見て（三の4）

とあるのは、『鹿児島方言大辞典』が、「コトッ　訪問する。おとずれる。通知する」「コトル　言葉をかける」と説いている方言であろう。方言と認識しなかったのか、東北本は「答」、都城本は「ことふ」、刊本は「問ふ」としている。

③せけたる

吉田大蔵が初めて三五郎宅を訪れた場面に、二例、

互ひに心恥づかしく、共にせけたる有様は、吉野の春に龍田《たつた》の秋、紅葉桜をこきまぜて一時に見る

の心地せり。（三の5）

〔吉田が必死の思いで心中を打ち明けると〕宗次聞きていと困り、せけたる顔に紅葉《もみぢ》して（三の6）

とあるのは、『鹿児島方言大辞典』に、「セケル　はにかむ。はじらう。人前で顔を赤らめる」と見える語であろう。刊本は二例とも「せきたる」と改めている。

④何ともしれぬ

三五郎が偽りの手紙を見て吉田の不義を疑う場面での吉田の言葉に、

事の実否《じつぷ》を聞き定めず、何を血気にはやりたまふや。（中略）何とも知れぬ落書《らくしょ》の奸計《かんけい》に御疑ひなされ候ふこと（四の5）

とあるのは、『鹿児島方言大辞典』が、「ナントンシレン　不用な。つまらない。わけのわからない。えたいがしれない。無意味な。くだらない。価値のない。役立たない」と説く語句であろう。

⑤手組み

石塚十助が三五郎を力ずくで取り付けようとする場面に、

同志の者を相語らふに、血気にはやる荒者ども、面白きことに思ひ、五、六人手組みして、互ひに不意をうかがひしに（六の2）

とあるのは、『鹿児島方言大辞典』が、「テグン　共謀する。仲間を組む。一緒に行動する。組合う。あまり良い意味に用いない」と説く語であろう。

⑥まくる

右と同じ諏訪詣での場面に、

宗次を中におつ取り籠《こ》め、前後左右に立ち渡り、あるいは石垣に切声掛けて当たるもあり、または
　地上をまくるもあり。（六の3）

とあるのは、『鹿児島方言大辞典』に「マクイ　転ぶ。転がる」「マクッ　ころころ転ぶ」「マクル　転ぶ」

と見える方言であろう。

⑦物話

平田・吉田の二人が親しく語る場面に、二例、
　深き思ひはもろともに色に出ださぬ燕子花《かきつばた》、思はぬふりの物話、包むとすれどなかなかに余る色香
　のまなじりに（三の5）
　清家・宗次一所《いっしょ》に寄り、名残は多き物話、語れど尽きせぬ、そのうちに（五の5）

とある。『鹿児島方言大辞典』に「モノバナシ　語り草。話題。話の種」とある（『日本国語大辞典』も宮崎・鹿児島の方言としてあげる）が、鹿児島の今一つの男色物語『雪折り竹』にも「暮に内村半平が宅へ来たりしかど、物話もせずして帰るさに」（九ウ）とあり、『賤のおだまき』や『雪折り竹』の例は、話の種というよりは、むしろ「話。物語。談話」と同意と見た方がよさそうである。

〈参考文献〉

【本文】（第三部第三章を参照）

『賤之麻玉記』（鹿児島県立図書館蔵の写本）
『賤の緒玉記』（東北大学附属図書館・狩野文庫蔵の写本）
『賤の麻玉記』（都城市立図書館蔵のペン書き写本）
（表紙を欠く）（鹿児島県歴史・美術センター黎明館寄託・野邉盛雅氏蔵の写本）
『賤のおたまき』（明治十七年の叙・跋を持つ刊本＝国立国会図書館蔵本。鹿児島県立図書館のコピー本）
「賤のをたまき」（「自由燈」明治十七年七月以降の連載・翻刻）
『賤の小田巻』（明治十七年十一月、田中斧三郎編集・出版の刊本＝国立国会図書館デジタルコレクション）
『賤のおたまき』（明治十八年八月、東京同益出版社の刊本＝国立国会図書館デジタルコレクション）
『賤のおたまき』（明治十八年十月、二書房の刊本＝国立国会図書館デジタルコレクション）
『賤のおたまき』（明治二十年八月、精文堂の刊本＝国立国会図書館デジタルコレクション）
『賤のおたまき』（大正五年二月、文教社の刊本＝著者所蔵本〈奥付を欠く〉、鹿児島県立図書館のコピー本）

【現代語訳】

『現代語訳　賤のおだまき　薩摩の若衆平田三五郎の物語』（鈴木彰訳・笠間千浪解説。平凡社＝二〇一七年七月）

【翻刻・研究】

浜田亀峰「平田三五郎物語」（「さんぎし」＝一九五八年五月～五九年八月。山本哲氏旧蔵本『賤の男玉記』の翻刻を含む）

前田愛「『賤のおだまき』考」（『成蹊国文』三号＝一九六八年。増補して「鷗外」一八号＝一九七五年。後に『近代日本の文学空間』＝一九八五年に収める）

橋口晋作「平田三五郎物語の流れ」（『鹿児島県立短期大学地域研究所研究年報』一八号＝一九九〇年。『賤之麻玉記』の翻刻を含む研究論文）

伊牟田經久「『賤のおだまき』考」（『志學館大学人間関係学部　研究紀要』三八号＝二〇一七年一月。物語の成立に関する研究）

笠間千浪「西薩婦女考」（『現代語訳　賤のおだまき』平凡社＝二〇一七年八月）

【引用・紹介】

坪内逍遥『当世書生気質』（晩青堂＝一八八五年六月〜八六年一月。岩波文庫）

山田美妙『新体詞華　少年姿』（『我楽多文庫』四集＝一八八五年。翌明治十九年に香雲書屋から出版）

巌谷小波『五月鯉』（『我楽多文庫』一〜一二号＝一八八八年。『明治文学全集』20）

本富安四郎『薩摩見聞記』（一八九八年、春陽堂。『日本庶民生活史料集成』12）

内田魯庵『社会百面相』（博文社＝一九〇二年。岩波文庫）

森鷗外『キタ・セクスアリス』（『スバル』第一年七号＝一九〇九年。『鷗外全集』5）

田岡嶺雲『数奇伝』（玄黄社＝一九一二年。『日本人の自伝』4）

徳田秋声「最初の大衆小説」（『文芸春秋』一九三四年十一月号。後に『思ひ出るまま』＝徳田秋聲全集・二二巻に所収）

笹川臨風『明治還魂紙』（一九四六年六月、亜細亜社。『明治文学全集』99）

岩田準一『男色文献書志』（昭和二十七年序。一九七三年刊行）

五代夏夫「薩摩の男色」（『薩摩問わず語り（下）』〈葦書房＝一九八六年〉所収）
白洲正子「賤のをだまき」（「新潮」一九九四年五月号。後に『両性具有の美』〈新潮社＝一九九七年〉に収める）
氏家幹人『江戸の少年』（平凡社ライブラリー＝一九九四年）
小森陽一「日本近代文学における男色の背景」（「文学」六巻一号＝一九九五年）
小森陽一・五味文彦・神田龍身・高田衛・渡辺守章「座談会　日本文学における男色」（「文学」六巻一号＝一九九五年）
氏家幹人『武士道とエロス』（講談社現代新書＝一九九五年）
氏家幹人『江戸の性風俗』（講談社現代新書＝一九九八年）
伊牟田經久「『賤之麻玉記』義に殉じた美少年」（南日本新聞「南九州文学の水脈」一九九八年九月六日）
五代夏夫「青木静左衛門と『賤のおだまき』」（「古書目録」三号・下園あづさ書店本舗＝一九九九年）
五代夏夫「薩摩の男色」（『薩摩秘話』〈南方新社＝二〇〇二年〉所収）
日高旺「薩摩人のエロス」（『薩摩の笑い』〈春苑堂出版＝二〇〇二年〉所収）
桐野作人「『無双の美童』平田三五郎の散華」（南日本新聞「さつま人国誌」二〇〇七年七月。後に『さつま人国誌　戦国・近世編』〈南日本新聞社＝二〇一一年〉に収める）
氏家幹人『江戸のエロスは血の香り』（朝日新聞出版＝二〇一〇年）
氏家幹人『江戸人の性』（草思社文庫＝二〇一三年）

【成立に関わる史料など】

『鹿児島県史料　旧記雑録・後編三』（鹿児島県＝一九八三年）
『庄内軍記』（都城市立図書館＝一九七五年）

『庄内軍記』（鹿児島県立図書館蔵の写本）
『異本二巻本　庄内軍記』（橋口晋作氏の翻刻〔鹿児島県立短期大学地域研究所研究年報＝一九九〇年・一九九一年〕による）
『庄内陣記』（鹿児島大学附属図書館・玉里文庫蔵の写本）
『天誅録拾遺』（鹿児島県立図書館蔵の写本）

【その他の参考資料】

山本正誼『島津国史』（島津家編集所＝明治三十八年刊）
得能通昭『西藩野史』（宝暦八年成立。『新薩藩叢書（二）』＝一九七一年）
『薩藩旧伝集』（『新薩藩叢書（一）』＝一九七一年）
清水盛香『盛香集』（『新薩藩叢書（三）』＝一九七一年）
白尾国柱『倭文麻環』（文化九年成立。明治四十一年刊。一九七四年に青史社より復刻版）
川畑篤実『松操和歌集』（文政十一年序。鹿児島県立短期大学地域研究所叢書＝一九八〇年刊）
松本彦三郎『郷中教育の研究』（第一書房＝一九四三年）
伊地知季直『殉国名藪』（鹿児島県立図書館蔵の写本）
『本藩人物誌』（天保十三年成立。鹿児島県史料・一三＝一九七三年）
稲葉行雄『「さつま」歴史人名集』（高城書房＝一九九一年）
本田親孚・平山武毅『薩藩名勝志』（文化三年成立。『鹿児島県史料集』＝二〇〇五年による）
五代秀尭・橋口兼柄ら『三国名勝図会』（天保十四年成立。青潮社の復刻＝一九八二年による）
『角川　日本地名大辞典・鹿児島県』（角川書店＝一九八三年）

『鹿児島県の地名〔日本歴史地名大系・四七〕』（平凡社＝一九九八年）
『財部町郷土史』（一九七二年）
『国分郷土誌』（一九七三年、一九九七年）
橋本満『鹿児島方言大辞典』（高城書房＝二〇〇四年）

【薩摩琵琶】

萩原秋彦・千田幸夫『注解　薩摩琵琶歌集』（龍洋会＝一九六五年）
島津正『江戸以前　薩摩琵琶歌』（ぺりかん社＝二〇〇〇年）

【鹿児島の男色文学】

井原西鶴『好色五人女』
西村天囚「薩摩心中」（「都の花」五七号＝明治二十四年二月）
『雪折り竹』（鹿児島県立図書館蔵の写本。橋口晋作氏の翻刻〔「鹿児島県立短期大学地域研究所研究年報」一七号＝一九八八年〕）
『雪折之松』（出水市歴史民俗資料館の写本。橋口晋作氏の翻刻〔「鹿児島県立短期大学地域研究所研究年報」二一号＝一九九二年〕）

【著者略歴】
伊牟田經久（いむた・つねひさ）
1931 年、鹿児島県生まれ。東京教育大学（現在の筑波大学）卒。鹿児島大学・志學館大学名誉教授。
著書に『かげろふ日記総索引』（共著・風間書房）、『日本古典文学全集　土佐日記・蜻蛉日記』（共著・小学館）、『「大石兵六夢物語」のすべて』（南方新社）、『かごしま昔物語「倭文麻環」の世界』（南方新社）など多数。

小径選書 ❺

武士道と男色物語 ―『賤《しず》のおだまき』のすべて―

2020 年 6 月 25 日　第 1 刷発行

編著者　伊牟田經久
発行者　稲葉義之
印刷所　株式会社シナノパブリッシングプレス

発行所　株式会社 小径社 Shokeisha Inc.
〒 350-1103　埼玉県川越市霞ケ関東 5-27-17　TEL 049-237-2788

ISBN　978-4-905350-12-5

小径選書③

歴史と文学

―文学作品はどこまで史料たりうるか―

樋口州男　村岡　薫
戸川　点　野口華世
田中暁龍
／編著

ISBN978-4-905350-04-0　四六判／二五六頁／定価 一、六〇〇円（税別）

文学作品を歴史研究に利用することは可能なのか?!

文学作品を歴史研究の史料として利用するさいのアプローチの方法は、たとえば「文学作品と歴史史料を対比させて展開する」「文学作品そのものの歴史史料性を追求する」「文学作品に描かれた内容から時代性を浮かび上がらせる」などさまざまである。そこから創作と史実の境界線を探ることもできるのではないかと考えたのが本書である。

文学作品を読む楽しさと歴史を考える面白さを同時に味わっていただけると誠に幸いである。（はしがきより）

小径選書④

歴史の中の人物像

―二人の日本史―

樋口州男　小林　風
戸川　点　中村俊之
野口華世
／編著

ISBN978-4-905350-10-1　四六判／三〇四頁／定価 二、〇〇〇円（税別）

二人の人生が歴史の中で交差する!!

「古代から近代にいたる歴史上の人物を二人ずつ取り上げ、その関係を解説することで日本史をたどる」（「あとがき」より）。

過去、二人の関係性で読ませる本はいくつも存在するが、本書では今までにない意外な組み合わせや、組み合わせ自体はオーソドックスでもその関係性があまり知られていない、などの点において新鮮な話題を集めた。それらの人物の対比や関係性から、新たな歴史の視点と歴史を学ぶことの楽しさが見えてくるに違いない。

わが国最大かつ最高水準を誇る僧侶の伝記大成を完訳!!

『本朝高僧伝』は、臨済宗の僧卍元師蠻《まんげんしばん》が、元禄十五（一七〇二）年に完成させたわが国最大の僧侶の伝記集で、仏教を初めてわが国に伝えた朝鮮僧曇慧《どんえ》・道深《どうじん》伝から、江戸寛文年間の禅僧隆琦《りゅうき》伝まで 1130 余年間にわたる、1660 名あまりを収録した大僧伝です。現代の歴史事典・百科事典・人名辞典の僧侶の略歴の多くは、本僧伝に基づいています。日本仏教史のみならず、様々な歴史分野における貴重な一級資料です。
本シリーズは、漢文で記された原文に訓読・語注を施し、完全現代語訳化を果たした、史上初の完訳本です。（三巻以降、順次刊行予定）

濃州盛徳沙門 卍元師蠻／撰述　斯于明／訳註

完訳 本朝高僧傳（一）

巻之一～巻之四。曇慧に始まり仁秀までを収録。最澄・空海を含む古代の高僧を網羅。
ISBN978-4-905350-07-1／A5判／三六八頁
定価 八、五〇〇円（税別）

完訳 本朝高僧傳（二）

巻之五～巻之八。善議から義昭まで（9世紀～10世紀）を収録。
ISBN978-4-905350-11-8／A5判／三六八頁
定価 八、五〇〇円（税別）

史料が語るエピソード 日本史100話

樋口州男／編著

ISBN978-4-905350-01-9　四六判／二九六頁／定価 一、七〇〇円（税別）

そんなこと知らなかった——

古代から近代まで、日本史の100の「？」を考察する‼

教科書の日本史はつまらないけれど、先生が語る歴史の裏話はとても面白い。誰もがそんな経験あるのではないでしょうか。本書はそんな日本史の一〇〇のエピソードを選び出し、解説しています。すべて史料の裏付けのあるものばかりです。最新の研究成果に基づき、根拠をしっかり示した、少々「骨太」のエピソード集です。

日本史の研究は日進月歩。目からウロコの日本史を楽しむことができる、日本史ファン待望の書です。

解説と鑑賞 書で味わう万葉百歌

針原孝之／福島一浩

ISBN978-4-905350-08-8　A５判／二一六頁／定価 二、三〇〇円（税別）

万葉集愛好家と書道を学ぶすべての人々に送る、新しい万葉秀歌誕生！‼

万葉集研究第一人者の針原孝之（二松学舎大学名誉教授）が万葉集から秀歌百首を選定して各首に丁寧な解説を施し、それらの百首を気鋭の仮名書家福島一浩（二松學舎大学教授）が、書下ろしで作品化しました。作品ごとに創作の意図と鑑賞法の解説を付し、書道の初心者でも楽しめる構成としました。

書を味わいながら万葉の世界を徘徊することのできる画期的な万葉秀歌集です。